U0558065

改革开放以来
畅销书出版口述史

庞沁文 主编

中国书籍出版社
China Book Press

图书在版编目(CIP)数据

改革开放以来畅销书出版口述史 / 庞沁文主编. -- 北京 : 中国书籍出版社, 2024.1

ISBN 978-7-5068-9707-5

Ⅰ.①改… Ⅱ.①庞… Ⅲ.①畅销书—出版工作—历史—中国 Ⅳ.①G239.29

中国国家版本馆CIP数据核字(2023)第234907号

改革开放以来畅销书出版口述史

庞沁文　主编

责任编辑	庞　元
责任印制	孙马飞　马　芝
封面设计	东方美迪
出版发行	中国书籍出版社
地　　址	北京市丰台区三路居路 97 号（邮编：100073）
电　　话	（010）52257143（总编室）　（010）52257140（发行部）
电子邮箱	eo@chinabp.com.cn
经　　销	全国新华书店
印　　刷	北京九州迅驰传媒文化有限公司
开　　本	787毫米×1092毫米　1/16
字　　数	360千字
印　　张	24
版　　次	2024年1月第1版
印　　次	2024年1月第1次印刷
书　　号	ISBN 978-7-5068-9707-5
定　　价	98.00元

版权所有　翻印必究

名家荐言

　　四十多年的改革开放，创造了中国历史上少有的社会大发展的奇迹。畅销书是这个时期文化出版领域里的一道耀眼的风景。《改革开放畅销书出版口述史》为这道风景留下宝贵的记录。

　　畅销书一直是出版者的追求，同时，它更是一个时代文化风尚的体现与引领。通过这些畅销书的写作出版过程，业界人士可以从中获得许多专业上的借鉴与启发，更多的读者则可以从中感受到一代中国人的思想历程与精神风貌。

　　所以，我认为这本书的出版既有现实意义，又有历史价值，很值得推荐。

唐浩明 2023.12.1

序　言
一部个性化叙事的畅销书出版史

2023年是改革开放45周年，为了给改革开放45周年献礼，我提出了将我主持的中国新闻出版研究院课题"改革开放以来畅销书出版口述史"研究成果整理出版的建议，这一建议得到了新闻出版研究院领导的大力支持，《改革开放以来畅销书出版口述史》因此有了得以面世的可能。

"改革开放以来畅销书出版口述史"课题成果只是一些采访到的畅销书出版口述史料的集合。由史料结集到口述史研究著作还有许多研究工作要做。比如史料的考证、主题的确立、结构的安排、史料的组织、文字的修改整理加工，等等，都需要投入大量的时间和精力，而且修改后的文本还需要口述者的审阅确认。经过连续十多个月的紧张工作，《改革开放以来畅销书出版口述史》终于逐渐成形，得以付梓印行。为便于读者阅读理解，特将本书的特点总结如下。

一、以个性化视角，描述出自我心目中的畅销书出版史

研究畅销书口述史的前提是研究者必须对畅销书出版史有所了解，在此基础上来确定畅销书出版口述史的口述人，撰写对口述人的访谈题

纲等。我在开展"改革开放以来畅销书出版口述史"课题之初就对畅销书出版史做了研究，在以往研究及畅销书出版口述史采访的基础上，我撰写了《一个口述史研究者眼中的改革开放以来图书出版热点》一文，作为本书的绪论。这个绪论有很强的个人性，是以一个出版者、口述史采访者的独特视角来展现畅销书出版史的，其中叙述了一些个人的出版经历和口述史采访内容，以个性化视角概述了改革开放以来图书出版热点的流变，不但描述了畅销书出版发展的历程，而且展现了畅销书的思想内容精华。

二、揭示出畅销书畅销的主要原因是塑造了契合时代需要、满足读者需求的典型形象

绪论之后，我从"改革开放以来畅销书出版口述史"课题中精选了聂震宁、唐浩明、周百义等11位畅销书运营及研究者的畅销书出版口述史，这些口述史的口述者大部分是知名出版人，也有个别作家及内容创业者。他们口述的内容各有不同，却不约而同地认为塑造出契合时代需要、满足读者需求的典型形象是图书畅销的一个重要原因。聂震宁认为"哈利·波特"系列书畅销的一个主要原因是其塑造了智慧、勇敢、顽强地与恶魔战斗的"哈利·波特"形象，这一形象激励着一代代少年儿童克服重重困难，不断成长。安波舜认为《狼图腾》的畅销得益于其塑造了追求自由、维护生态、具有团队精神的狼形象，这一形象鼓舞着企业员工、部队官兵及农民工等努力奋斗、不断拼搏。周百义认为长篇小说《张居正》的畅销原因是其塑造了讲谋略、看大局、办实事的改革家张居正的形象，这一形象对我们今天的经济改革具有一定的启发作用。书中还对曾国藩、雍正、褚时建等一系列畅销书中的典型形象进行了解读，揭示出其思想艺术特征与读者价值，形成了一个畅销书典型形象的历史画廊。由此读者

可以品味中国历史嬗变的内在根源，赏析时代发展与畅销书的内在关联。

本书从畅销书思想观念流变的视角展现了新中国政治、经济、思想文化发展史，为畅销书出版及人的生存发展提供了有益的借鉴。

三、在口述史访谈中从口述人的视角展现了畅销书的内容精华

在对口述者的访谈中，我们有意设计问题引导口述者从他个人的视角叙述畅销书的核心内容、重要观点、精辟见解。对文学类畅销书则力图展示口述者喜欢的人物形象、最精彩的故事、记忆最深的细节和最能获得共鸣的一句话等。比如，卢俊的口述不仅描述了引进财经畅销书的流变过程，还叙述了《杰克·韦尔奇自传》《重新定义公司》《从0到1》等书的核心观点。又比如六神磊磊口述了他最喜欢的金庸作品中的人物、精彩故事、典型细节、名言金句等。

总之，我们想努力通过采访将畅销书给口述者留下的最深刻印象表达出来，把口述者眼中的畅销书最能打动人心的部分呈现出来，把畅销书中最有价值的内容萃取出来，奉献给读者。在某种程度上，可以说本书集中了改革开放以来畅销书内容的精华。

四、展现了畅销书运营的具体过程及方法

本书中几乎每一个口述史访谈都涉及畅销书的策划、编辑、营销的过程及其背后的故事，由此我们可以掌握畅销书运营的模式、方法及机制。据聂震宁口述，2000年人民文学出版社根据教育部确定的中学生课外阅读推荐书目，将本社原来出版过的文学名著整合成"中学生课外必读文学名著丛书"出版，这些书很快就实现了畅销。据金丽红口述，

有的媒体做节目时从刘晓庆的自传《人生不怕从头再来》中提炼出"男人"和"坚毅"两个卖点，该书一下就狂卖了。据汪家明口述，山东画报出版社把销售《读书》的三联韬奋读书中心作为《老照片》的一个主要销售渠道，《老照片》被称为照片界的《读书》，很快就借《读书》的畅销之势实现了畅销。这些精彩的畅销书运作故事值得青年编辑学习借鉴。

五、在图书编排上注重彰显最精彩的内容

本书的采访人按语对每一位口述者运营畅销书的特点、独特的成功之道等，做了精辟的概括和总结。编者将采访人按语置于每一章的前面，突出了每一位口述者值得学习借鉴的独特之处。安波舜善于通过他独特的感觉来判断图书是否畅销，唐浩明能够自己写书自己编辑出版，周百义通过为作者服务把自己的名字与知名作家作品连在一起。这些知名出版人的独特之处都在采访人按语中被加以强调，并突出显示。

本书还把每一位口述者口述的最精彩的一句话放在篇章首页加以突出，将每一个段落的关键话语放在每一段的段首加以彰显。还将一些重点畅销书中最精彩、最核心、最能体现畅销书主题的名句与畅销书的封面照片组合编排在一起，凸显出来，便于读者便捷地掌握畅销书的精华内容。

通过编排突出体现书中的精彩之处，可以说是本书的一个创意。

本书可为畅销书研究者和大专院校出版传媒专业的老师提供一手的畅销书研究史料；为编辑出版专业、传媒专业的大学生的学习提供全新的畅销书案例解读；为出版从业者特别是从事畅销书出版实践活动的青年编辑提供鲜活的参考资料。本书可作为出版传媒专业大学生案例教学的教材及辅导读物，可作为青年编辑业务培训的教材。

更为重要的是，本书还为广大青少年学生提供改革开放以来畅销书的观点精华，可以作为畅销书导读和作文参考书，使其获得有益的人生借鉴。

本书的特点可以归纳为："聚焦改革开放以来畅销书典型案例，荟萃改革开放以来畅销书内容精华。"在某种程度上，本书可以说是"青年编辑、出版专业大学生必备，有志、有为青少年学习成长必读"之作。

浙江越秀外国语学院网络传播学院教授、

中国新闻出版研究院基础理论研究室原三级研究员

庞沁文

2023年10月8日

目 录

序 言
一部个性化叙事的畅销书出版史 / 1

绪 论
一个口述史研究者眼中的改革开放以来图书出版热点 / 1

第一章
"哈利·波特"系列图书与注重想象的魔幻文化
聂震宁畅销书出版口述史访谈 / 19

第二章
《曾国藩》与修身治国的儒家文化
唐浩明畅销书出版口述史访谈 / 51

第三章
《雍正皇帝》《张居正》与讲究谋略的改革文化
周百义畅销书出版口述史访谈 / 83

第四章
《狼图腾》与竞争需要拼搏的狼文化
安波舜畅销书出版口述史访谈 / 119

第五章
《金庸作品集》与笑傲江湖的武侠文化
六神磊磊畅销书出版口述史访谈 / 151

第六章
《老照片》与复原历史的反思文化
汪家明畅销书出版口述史访谈 / 181

第七章
《我们仨》与互爱、互助、共同前行的家庭文化
张荷畅销书出版口述史访谈 / 215

第八章

名人书与成功者的明星效应

      金丽红畅销书出版口述史访谈 / 241

第九章

财经书与由执行到创新的财经文化

      卢俊畅销书出版口述史访谈 / 267

第十章

财经书与汲取国外前沿文化精华

      韩焱畅销书出版口述史访谈 / 301

第十一章

励志书与治愈励志文化

      毛闽峰畅销书出版口述史访谈 / 335

后　记　　　　　　　　　　　　　　　／ 363

绪　论
一个口述史研究者眼中的改革开放以来图书出版热点

要研究畅销书出版口述史，研究者本人必须对改革开放以来图书出版的热点有自己的认识，这对于改革开放以来畅销书出版口述史口述人的选择、采访提纲的制订、采访资料的整理，以及最终研究成果的确定都有着非常重要的借鉴价值，也可以帮助读者从一个新的角度来认识改革开放以来畅销书出版史。这里，我着重从一个出版人、一个口述史研究者的视角，对改革开放以来的图书出版热点谈一些自己的看法。

中国改革开放40多年来发生了巨大变化，取得了丰硕成果，其内在的逻辑一个是改革，一个是开放。改革是从内在的视角来说的，就是改掉自身不适合发展的弊病，包括计划经济时代遗留下来的不适合生产力发展的体制机制。开放是从外在的视角来看的，就是借鉴国外先进的管理与技术。当然，改革与开放是二位一体的，改革是开放的改革，开放是改革的开放，二者无法截然分开。我们把改革与开放分开来说只是为了叙述的方便。从本质上来说改革与开放的核心是内省与外鉴。这是改革开放以来中国社会发展的内在逻辑，也是每一个人自我发展的内在逻辑，当然，"内省外鉴"也是中国出版业改革开放以来发展的内在逻辑，贯穿于图书出版发展的每一个阶段。

为了论述的方便，我把图书出版改革开放以来的历程分为4个阶段，即1978—1988年、1989—1998年、1999—2008年、2009年至今，相对应的每个阶段的特征归结为闯禁区、市场化、多元化、主题化。出版业的发展是一个连续的过程，是不可能截然分开的，这样的划分与出版业的发展状况并不完全吻合，但也能概略地反映出版业发展的整体情况。

下面我拟从各个阶段、各个层面剖析图书出版的热点现象及折射出的观念变革、历史变迁、在读者心灵中的印记，并对其中一些图书的观点加以评论。

一、闯禁区阶段（1978—1988年）

1978—1988年是图书出版业发展的一个高峰期，经历了十年"文化大革命"的广大读者的求知欲十分旺盛，此时的图书出版也开始摆脱禁锢，挖掘丰富的精神宝藏。由于读者需求巨大，出版市场自然是卖方市场，呈现一片繁荣景象。

在改革开放的第一个阶段，文学类图书出版最为活跃，在这一阶段，文学与政治高度相连，文学作为政治宣传的工具，在社会生活中发挥着重要作用。文学类图书大致包括外国文学、中国古代与现当代文学、中国港台文学和改革开放以来原创文学四个部分。与文学类图书密切相关的中外哲学美学著作出版也比较火热。

外国文学名著方面，"文化大革命"中不能出版甚至被批判的外国文学名著在1978年以后都得以出版，而且多家出版社都在出，"外国文艺丛书""二十世纪外国文学丛书""外国文学名著丛书"等层出不穷，西方现代派的象征派、黑色幽默、意识流、魔幻现实主义等各种文学流派的作品也一波接一波地涌入。有些在国外争议性很大的作品如《查泰莱夫人的情人》等都得以引进出版。随后，各种文学名著还出版了缩编版、少儿版、导读本等，在广大青少年读者中得到广泛传播。

外国文学名著是市场上的常销书。后来，教育部语文教学大纲确定了中学生课外阅读推荐书目后，人民文学出版社抓住时机出版了"中学生必读文学名著丛书"，这套丛书一直畅销不衰。我责编的一本《中学生必读文学名著图说》也搭了一把顺风车，这本书配了许多与名著有关的图片，还集中了文学名著的精华，诸如海明威的"一个人可以被毁灭，但不能给打败"、高尔基的"一个人追求的目标越高，他的才力就发展得越快"、斯威夫特的"意志坚强的人遭受的苦难小于那些恼怒不止的人"等名言，都被突出印在作者照片的下面，较好地彰显了名著的主题，很受中学生欢迎。当我站在山西太原尔雅书店的书架旁，看着我责编的图书被一个个中学生买走时，心中的快乐无法言喻。多年以后我采访中国出版集团原总裁聂震宁，他说他最大的快乐是看着自己编的书被读者买走。我忽然有英雄所见略同的感觉，但很快就明白只有聂总才配得上称英雄，我只不过是沾了文学名著的一些光而已。

说到外国文学名著的影响，还有一件事值得提及，原国家新闻出版署署长于友先在接受口述出版史课题组访谈时说："外国文学我不全懂，只懂一些中世纪文学；中世纪文学我不全懂，只懂一些英国文学；英国文学我不全懂，只懂一点莎士比亚；莎士比亚我不全懂，只懂一点《哈姆雷特》；《哈姆雷特》我也不全懂，只懂得哈姆雷特的一句话：生存还是死亡，这是一个值得思考的问题。"原来我只能在电视里见到的老署长谈起外国文学来如数家珍，大大出乎我的意料，外国文学对新中国一代人产生的影响由此可见一斑。

在第一个阶段，曾被列为封建"毒草"的历代国内文学名著也被争相出版，古典四大名著的版本数不胜数，各种通俗演义也蜂拥而出，连古代的禁书《金瓶梅》也被翻出，出了删节本。古典名著之后，民国作品出版热了好长时间。现当代文学作品方面，1979年6月，上海文艺出版社出版的《重放的鲜花》，汇集了过去受到错误批判的作品，标志着思想禁锢在出版领域被进一步打破。此后，一些在现代文学史上受到批判或者关注度不够的作家的作品相继走红，胡适、林语堂、周作人、梁实秋、沈从文、钱锺书、张爱玲等人的作品开始进入大众的视野。

原创文学出版方面，文学作品担负起了反映时代、改革现实的光荣使命，生成了各种各样的文学现象，《芙蓉镇》之类揭露与控诉"文革"的伤痕文学；《沉重的翅膀》之类冲击当时经济体制的改革文学；《人啊，人！》之类深刻思考人性的反思文学；《棋王》之类寻找民族之根的寻根文学；《你别无选择》之类探索新型表达方式的先锋文学，一浪高过一浪，汹涌而来，每一个浪退去后都会在海边留下一些精美的贝壳。

20世纪80年代，紧闭的港台文化的大门也被打开，港台的武侠文学、爱情小说破门而入，为大陆读者展现了一个新的娱乐世界。

武侠文学的作者包括金庸、梁羽生、古龙、还珠楼主等。其中金庸的小说最受关注。他的《射雕英雄传》最早于1981年在《武林》杂志连载，后来三联书店出版了《金庸作品集》。金庸的小说在大陆颇为流行，但早先被当作俗文学上不了台面，后来北京师范大学中文系教授王一川主编的《二十一世纪中国文学大师文库·小说卷》，将金庸列于鲁迅、沈从文、巴金之后，排名第四。无论这种看法是否正确，金庸小说对一代人成长的影响是毋庸置疑的。如"六神磊磊读金庸"公众号的作者六神磊磊，从小非常喜欢读金庸的作品，有了感想就发表在网络上，一不留神就成了知名网红。研究金庸的名家并不少见，但像"六神磊磊读金庸"这样借金庸作品中的人物针砭现实并产生广泛影响的并不多见。他获得的打赏和广告收入数量不菲，这固然缘于他独到的见解，但金庸作品深入人心的艺术魅力也功不可没。

20世纪80年代，琼瑶、三毛、岑凯伦、亦舒等的爱情小说先后在大陆出版，其中琼瑶的小说影响最大。1981年，琼瑶的《窗外》第一次在大陆出现，很快其爱情小说就风靡大陆，成为80年代图书出版的奇观。琼瑶式纯情、唯美的爱情让一代年轻人为之着迷，也招来了一片批评之声，有人称其为精神鸦片，有人担心年轻人会沉迷于爱情而忽视了其他人生要义。但纯真的爱情永远是年轻人的向往，琼瑶的小说都比较畅销，而且根据小说拍摄的电视剧、电影也很受欢迎。琼瑶的影视剧成就了许多影视明星，其中不少明星至今都活跃在影视一线，演绎着类似于琼瑶小说的各种故事。瑶女郎林青霞在上演了许多爱情故事后，在后来出版的《窗里窗外》一书中说："当你遇见一些不如意事时，最好的办法就是面对它，然后你必须接受那既成的事实，好好地处理它，处理完后不要让它占据你的心，必须放下。"这显然比琼瑶小说中爱得死去活来的人物成熟了许多。

文学类图书之外，外国的哲学美学著作也先后被介绍进来，"现代西方学术文库""新知文库""走向未来丛书"都十分畅销，特别是介绍西方哲学思想的图书很受高校学生的欢迎。我原来曾经跟着别人一起批判过萨特的虚无主义、尼采的权利意志，后来读了他们的书才知道，萨特是要在虚无中创造自我，尼采是主张彰显生命的强力意志。还有海德格尔原来没听说过，读了他的书才知道什么是"诗意地栖居"。那时曾一度为西方哲学着迷，感觉中国没有成体系的哲学，后来，当国学热逐渐兴起的时候才认识到原来中国的哲学也同样博大精深。当时还有一本周国平写的介绍尼采哲学思想的《尼采——在世纪的转折点上》一书也颇为畅销，他后来写的一系列哲理散文也深受年轻人喜爱。尼采在《悲剧的诞生》一书中说："就算人生是出悲剧，我们也要有声有色地演这出悲剧，不要失掉了悲剧的壮丽和快慰；就算人生是个梦，我们也要有滋有味地做这个梦，不要失掉了梦的情致和乐趣。"从中我可以体会到尼采强力意志的精神。

第一个阶段内，国内的哲学美学著作中，宗白华的《美学散步》、李泽厚的《美的历程》、刘再复的《性格组合论》等图书比较畅销，这可以说是国内原创学术著作出版的第一个高潮。

二、市场化运营阶段（1989—1998年）

1978年十一届三中全会后，我国开始以经济建设为中心，市场化改革就此酝酿。最开始的提法是有计划的市场经济，到20世纪80年代末市场经济已经开始深入人心，1992年党的十四大召开，正式确立了社会主义市场经济的改革目标，商业化成为各行各业追逐的目标。出版业比较特殊但也卷入了市场化改革的大潮。事业单位企业管理的体制得到进一步确认，处在急剧市场化改革过程中的中国出版业既要坚持社会效益第一，又要争取更好的经济效益，有无市场需求成为了书稿能否出版的一个重要指标，通过市场化运营取得更好的经济效益成为不少出版社自觉的追求。

市场化大潮对文学创作产生了很大影响，文学创作自身也力图摆脱政治的影响，文学创作在一定程度上被边缘化，有不少作家和诗人开始弃文经商，现在的不少企业老板都是当时的文艺青年，现在许多知名的民营书商在20世纪80年代都曾做过诗人梦和作家梦。一部分人离开，一部分人坚持，一部分人加入，文学创作者队伍经过分化重组，创作理念也发生了很大变化，文学政治化的作品慢慢减少了，单纯探索艺术形式的先锋文学衰落了，书写自我小资情调的作者们在小圈子里自娱自乐，代之而起的是经过市场洗礼的历史小说、新历史主义小说和所谓的"痞子文学"。

首先是长篇历史小说出版出现空前繁荣。凌力的《少年天子》、唐浩明的《曾国藩》、二月河的《雍正皇帝》、高阳的《胡雪岩全传》以及后来熊召政的《张居正》都产生了很大影响，有的还获得了茅盾文学奖。这些长篇历史小说在尊重历史的大前提下加以合理虚构，塑造出一批鲜活的历史人物，其总体特征是借古喻今、"替古人画像，供今人照镜子"，其最吸引读者的卖点是给历史人物平反，对历史人物作出全面真实的评价。比如，曾国藩由一个镇压农民运动的刽子手在唐浩明的《曾国藩》中变成了传统知识分子完善人格的代表,他注重修身养性、善于抓机遇、屡败屡战、依时而变、成功不居功,以至于"做官要学曾国藩,经商要学胡雪岩"成为当时广为流传的流行语。又比如历史上篡位、弑母、屠弟、杀戮功臣、大兴文字狱的雍正皇帝在二月河的《雍正皇帝》中变得非常勤政,坚持改革,整治贪官污吏,摒弃朋党,为乾隆帝营造了一个较好的吏治环境。这似乎隐喻着当时我国艰难的经济体制改革也会为后世的经济发展打下良好的基础,由这部小说改编的电视剧《雍正王朝》在当时产生了空前的轰动。

与历史小说同时兴盛的还有新历史主义小说,这类小说受西方新历史主义影响,对其总体特点的解读多种多样,我更看重的是其在各种虚构的历史场景中展示出人对命运的抗争。莫言的《红高粱家族》、余华的《活着》、陈忠实的《白鹿原》可以说是其中的代表。这些小说汲取了西方现代派的营养又扎根于中国的土地,具有鲜明的中国特色,形成了中国小说史上的一个高峰。《红高粱家族》以抗日战争中虚拟故事张扬的是无拘无束畅快淋漓的生命,以至于后来电影《红高粱》的插曲"妹妹你大胆地往前走"传遍大街小巷。《活着》主人公福贵的亲人因为天灾人祸先后离他而去,但他没有抱怨,依然微笑着面对世界。或许作者想告诉世人:生命能够承受一切,活着就是胜利。《白鹿原》采用了各种现代派手法塑造了白嘉轩等形形色色的人物,将原生态的生活与宏大的历史进程相结合,构建了一部体现民族精神的家族史。《白鹿原》中白嘉轩说,"能享福也能受罪,能人前也能人后,能站起也能圪蹴得下,才活得坦然,要不就只有碰死到墙上一条路可行了"。这或许是作家陈忠实在借作品表达他自己的人生观。著名文学评论家白烨认为:"《白鹿原》本身就是几乎总括了新时期中国文学全部思考、全部收获的史诗性作品。"当时主管出版发行工作的新闻出版署副署长杨牧之在接受口述出版史课题组采访时说,《白鹿原》首次出版之时,有人认为其中有多处暴露的性描写,不宜出版,而他认为这些性描写"不能说是色情描写，这种描写是人物形象塑造和小说情节发展需要的"。后来《白鹿原》得以顺利出版，作家陈忠实为此专门给杨牧之寄了一个条幅，成就了一段文坛佳话。

改革开放第二个阶段值得提及的还有余秋雨的大文化散文集《文化苦旅》，该书的文化价值一开始并没有得到出版社认可，有的出版社想把它作为旅游指南放在旅游景点售卖，有的出版社想把它收入散文丛书中以小的开本出版，均被余秋雨拒绝。1992年，知识出版社将《文化苦旅》作为重点书立项运作，出版后受到读者广泛欢迎。随后余秋雨又出版了《山居笔记》《霜冷长河》《千年一叹》等，余秋雨散文作品中始终贯穿着一条鲜明的主线，那就是对中国历史和中国文化的追溯、思索和反问，从《道士塔》中王道士为了少许银两将大批珍贵文物卖给外国人的行径中，他看到了中华民族的伤口在滴血，这与鲁迅小说《阿Q正传》对国民性的批判有异曲同工之妙。

1998年山东画报出版社出版了以书代刊的《老照片》，老照片的出版有三个贡献，一是开启了读图时代，二是掀起了怀旧思潮，三是强化了私人叙事。

此外，陈惠湘的《联想为什么》等财经类图书、赵忠祥的《岁月随想》等名人书也开始受到关注，图书出版进入兴盛时期则到了下一个阶段。

三、多元化发展阶段（1999—2008年）

改革开放的第一个阶段，市场类图书中只有文学类图书比较醒目；第二个阶段，随着市场改革的深入，读者的阅读兴趣更加多样，出版市场开始细分，朝多元化的方向发展；第三个阶段，出版社的市场化改革得到大力推进，市场化运营日趋成熟，出版的细分市场更加成熟，多元化的出版市场格局基本形成。具体地说，在原来比较平淡的各个细分市场，都形成了令人瞩目的出版现象。财经书由社科图书中的一个小门类，成为了畅销书频出的大领域；文学书中青春文学从无到有，开始成为文学类图书中最耀眼的板块；少儿书中产生了"哈利·波特"系列书之类许多令人刮目相看的超级畅销书；一向不温不火的养生保健书，成了许多出版社争相出版的热门书。还有名人书、网络文学书、素质教育类图书等的销售成绩，都令人刮目相看。

随着我国市场经济改革的不断深入，随着我国加入WTO，随着人民群众生活品位的不断提高，市场对企业发展提出了更高的要求，原来只要埋头生产产品就会活得很好的企业忽然感到企业不好做了，企业必须定好位，做好管理运营才有可能在市场中生存。市场经济使每一个人的思想观念都发生了重大变革，人们对财富的关注热情日益高涨，这使得财经类图书有了广泛的市场基础。中信出版社原常务副总裁卢俊在接受出版口述史课题组采访时说，财经类图书已经由专业类图书转变成了大众图书，原来只有张瑞敏等专业人士才读的德鲁克管理经典系列图书、曼昆的《经济学原理》等财经专业图书已开始走向大众读者的案头。如何组织人去完成使命，如何以最少的资源获得更大的价值，这些管理和经济的问题成为了人们日常生活中考虑的问题。尤其是国外大企业管理者的传记类图书及总结大型企业成功经验的图书受到普遍欢迎，《杰克·韦尔奇自传》《谁说大象不能跳舞》《基业常青》《从优秀到卓越》《赢在执行》等图书成为了畅销书榜的常客。

当时，最受大众欢迎的财经书是在国外被称为管理寓言的图书，如《谁动了我的奶酪》《致加西亚的信》《邮差弗雷德》《富爸爸 穷爸爸》等，这类图书具有一定的管理功能又具有一定的励志功能，被称为财经励志书，而通过故事说明道理的特色更适合大众的口味。2001年9月，由中信出版社出版的《谁动了我的奶酪》讲两只小老鼠和两个小矮人平常吃的奶酪忽然消失了，两个小矮人为此愤怒、痛苦和哀伤，而两只小老鼠则毫不犹豫地去寻找新的奶酪。这个小故事告诉人们：不要沉迷于失去的痛苦，而要努力寻找新的未来。这个朴素的真理在当时发挥了巨大的作用。当时国有企业正处在改革的阵痛中，企业老板会给每一个下岗员工发一本《谁动了我的奶酪》，告诉他：你不要为下岗而难过，你会找到新的奶酪。从今天来看，实际的情况是大部分下岗职工都得到了妥善的安置，有一些人还自己创业成了企业的大老板。《富爸爸 穷爸爸》一书提出了财商的概念，其出版方则提出"智商、情商、财商，一个都不能少"的口号，把财商和智商、情商提到了同一高度，同时还举办各种培训班普及财商知识。这顺应了当时以经济建设为中心的时代大潮，也契合了社会大众致富的梦想，一时在全国掀起了实现财富自由的紫色风暴。

  本土财经类图书值得提及的有：总结企业经验的《大败局》《细节决定成败》等，以名著说管理的《水煮三国》《孙悟空是一个好员工》等。这个时期对中国企业管理产生重大影响的一部书叫《狼图腾》，《狼图腾》其实是一部讲述狼故事的小说。其策划者安波舜在接受口述出版史课题组采访时说，《狼图腾》主要表现的是狼宁死不屈、为自由奋斗的精神，许多企业家看中的却是其中的狼性企业文化。狼文化具体体现在三个方面：第一，狼嗅觉灵敏，能够及时捕捉到猎物气息，较早发现各种机遇；第二，狼成群结队，袭击羊群时相互呼应，团队合作精神突出；第三，狼不屈不挠，遇到猎物紧追不舍，最终能获得好的收益和效益。《狼图腾》能够畅销是因为它适应了我国经济市场化转型过程中行业、企业急需竞争精神、拼搏精神、团队精神的大时代背景的要求，是因为它被贴上了标志性狼文化的标签，成为了传播狼文化的大众普及教材。华为总裁任正非说华为永远都是狼文化，百度总裁李彦宏、巨人网络董事长史玉柱等都在公司中推行过狼文化。《狼图腾》的出版引发了一系列狼文化图书的出版，掀起了一股狼文化热潮，尽管狼文化有许多不足，但其对许多企业参与市场竞争的推动作用不可否认。从总体上看，第三个阶段出版的财经类图书的核心理念大都是"管理重在执行"。

2000年，作家出版社出版了韩寒的第一本书《三重门》，由此开了青春文学图书出版的先河，此后韩寒的《长安乱》《零下一度》《毒》，以及王文华、春树、曾炜、张悦然、藤井树、蒋峰、李傻傻等青春文学写手的图书相继出版，形成了青春文学出版的大潮，其市场关注度甚至高过许多知名作家。青春文学由反叛到忧伤、迷茫再到幻想，和一代青年人成长的心理需求密切相关，出版人的团队运作与造星工程也不可忽视，出版机构对青年作者及团队进行全方位的开发，形成了流水线式的畅销图书生产机制，这一点仍值得后来的出版人借鉴。韩寒、张悦然均成名于《萌芽》杂志等发起的新概念作文大赛，由作文大赛到图书出版，再到影视制作，《萌芽》杂志、万榕书业、春风文艺出版社、长江文艺出版社等出版机构都是这些文学明星的幕后推手。尽管后来的青春文学作品存在一些语言不规范、身体写作、快餐化、价值观失落的不足之处，且跟风写作盛行，但其积极作用也不可忽视，至少它陪伴了一代人的成长。"你甚至会感到自己很孤独，你会受到很多的排挤。度假和旅行都解决不了这些问题，我解决问题的办法，就是不停寻找我热爱的一切。"韩寒在《一座城池》中所说的话，可以说是他生活的写照，也是那一代年轻人无悔的选择。

"不能让孩子输在起跑线上！""望子成龙"的家长们自己未必会读书，但在给孩子买书上却毫不吝惜。少儿图书市场的需求大，竞争充分，不受其他因素影响。除专业少儿出版社外，许多非专业出版社、民营书商、国外出版机构也都进入少儿出版领域，形成了所谓"四狼"竞争的格局。少儿出版包括学前低幼、科普百科、儿童文学等诸多领域，原创少儿文学图书无疑是最引人瞩目的。

"哈利·波特"系列、"冒险小虎队"、《窗边的小豆豆》等一系列超级畅销书的成功引进，形成了少儿图书销售的高峰，"哈利·波特"系列书可以说是这座高峰的峰顶。"哈利·波特"作者罗琳借助她的想象创造了一个魔法世界，由此唤起了众多读者的想象。作为回报，她得到了亿万稿酬，实现了想象的价值，改变了她的父母认为想象不能当钱花的观点。"哈利·波特"系列书的畅销表明想象力的培养已经广泛受到我国家庭与社会的关注。国内原创儿童文学图书方面，杨红樱、秦文君、郑渊洁等作家的作品也逐渐畅销了起来，形成引进、原创交相辉映的良好局面。郑渊洁曾经创造过一个人写一本儿童文学杂志《童话大王》并被写入吉尼斯世界纪录的奇迹，且多次荣登作家富豪榜榜首。据于友先口述，郑渊洁曾在一次会议上说，1978年郑渊洁未成名时向多家刊物投稿收到的都是铅印退稿信，但向《向阳花》杂志投稿时，得到了当时做编辑工作的于友先亲笔写的鼓励信，这坚定了他创作儿童文学的信心。可见，儿童文学图书的繁荣离不开编辑的辛勤培育。

随着国学热在国内的兴起，中央电视台的《百家讲坛》节目开始热播并很快波及图书市场。2005年中华书局出版的阎崇年的《正说清朝十二帝》切中了当时戏说历史电视剧造成的时弊，开始产生广泛影响。随后易中天的《品三国》、于丹的《于丹〈论语〉心得》、刘心武的《刘心武揭秘〈红楼梦〉》等一系列百家讲坛延伸的图书都登上了畅销书排行榜。其中《于丹〈论语〉心得》引发的争议最大，许多专家指责于丹对《论语》的解说错误百出，而于丹则强调她只是讲自己学《论语》的心得。中国出版传媒股份有限公司总经理李岩曾说过，于丹的聪明之处在于书名中用了"心得"二字。既然是心得，一千个读者心中有一千个哈姆雷特，那就怎么解释都不为过。事实上于丹只不过是借《论语》讲她自己对人生的感悟。比如在讲到孔子的"恕"字时，于丹用了一个希腊仇恨袋的故事说，挡在你面前的仇恨袋，你绕过去就行了，如果你踢他，他就会越来越大，挡住你的去路。这个故事与"恕"的含义是否一致有待探讨，但其对人生有一定的启示意义则是无可置疑的。

　　由于现代社会节奏加快、压力加大，许多人处于亚健康状态，当看到身边的亲人、朋友、同学不断地离去，人们越来越认识到健康的重要性。"健康是1，事业、爱情、金钱、住房等都是后面的0，只要有健康这个1在，后面的0越多，生活就越幸福；如果没有了1，后面的0再多也等于0。"这种把健康排在第一的理念催生了健康养生类图书的兴盛。2002年8月，洪昭光的《登上健康快车》一书出版，养生书开始在图书市场崭露头角；2006年吴清忠的《人体使用手册》一时风靡大江南北；2007年中里巴人的《求医不如求己》成为年度畅销书；2008年曲黎敏的《从头到脚说健康》引领健康书市场的风向，健康养生图书出版形成热潮。"相信自己，我们每个人都是上天降下的独特个体，我们各怀绝技，无可替代。"《求医不如求己》中的这句话不是养生，而是养心。

　　在第三个阶段名人传记类图书也颇受读者关注。白岩松的《痛并快乐着》、冯小刚的《我把青春献给你》、崔永元的《不过如此》、朱军的《时刻准备着》，可以说都是销量不俗的畅销书。这些书借名人的偶像效应，吸引了许多粉丝。金丽红说，名人书自带流量，无论是其成功经验还是倒霉经历都能吸引普通人的注意，值得编辑与读者持续关注。这一时期的名人传记中，杨绛先生的作品《我们仨》最具特色。《我们仨》的责任编辑张荷在接受口述史课题组的采访时说，《我们仨》在对杨绛、钱锺书和女儿钱瑗日常琐碎生活的描述中展示了一代知识分子的精神人格，事实也确实如此。杨绛在《我们仨》中说："惟有身处卑微的人，最有机缘看到世态人情的真相。一个人不想攀高就不怕下跌，也不用倾轧排挤，可以保其天真，成其自然，潜心一志完成自己能做的事。"对此我深有同感，帝王将相、英雄豪杰固然对历史发展起到了重要作用，但一个凡夫俗子如果能潜心做自己的事的话也必然会成就一番事业，没有必要羡慕他人的荣华富贵、丰功伟绩，做好自己该做的事才是最重要的。读《我们仨》有这一点感悟，足够了。

网络文学类图书也是第三个阶段内较有影响的出版现象，痞子蔡的《第一次的亲密接触》1999年由知识出版社从台湾引进出版后，《诛仙》《盗墓笔记》《鬼吹灯》《梦回大清》《步步惊心》《明朝那些事儿》等一系列网络文学图书先后面世。网络文学是最富想象力和创新性的领域，网络文学作品不但被编成图书出版，而且被改编成网剧、网络游戏、电视剧、电影等，并且由此生产出许多衍生产品，网络文学是整个IP运营产业链的源头，在走向世界方面也独具特色。网络文学类图书是第三个阶段及后来相当长时间内图书出版的重要组成部分。

四、主题化发展阶段（2009年至今）

长期以来主题出版一直是我国出版业发展的重要方面，改革开放以来的第四个阶段，特别是党的十八大召开以后，在党和国家政策如国家出版基金等的扶持引导下，主题出版由政治任务转变为出版单位的自觉追求，主题出版更加突出、更加繁荣，形成了以主题出版引领、多元出版共同繁荣的新格局。

全国各出版单位以习近平新时代中国特色社会主义思想为指导，坚持以人民为中心的创作导向，紧紧抓住创作生产优秀作品这一中心环节，出版了《习近平谈治国理政》《朱镕基讲话实录》《中国共产党为什么能》《理论热点面对面》《中国震撼：一个"文明型国家"的崛起》等一系列主题出版物。这些主题出版物有三大特点：一是体现社会主义核心价值观，传播当代中国价值观念，弘扬中国梦主题；二是讲述中国故事，生动形象，具有中国作风与气派；三是把大道理与小道理结合起来，通过真实细节、鲜活语言让人感同身受。这些主题出版物更富人情味、更接地气、更能触动人心，在图书市场中亮点频频，实现了常销、畅销，引领了思想文化的发展，在社会上产生了广泛影响。主题出版物大放异彩，改变了有些人认为主题出版物是应景之作、叫好不叫座的看法，也为今后的图书内容生产提供了值得借鉴的经验。据新闻出版广电报报道，截至2016年9月，《习近平谈治国理政》发行量已突破600万册，海外发行超过40万册，发行到世界100多个国家和地区。"中国梦是民族的梦，也是每个中国人的梦。""生活在我们伟大祖国和伟大时代的中国人民，共同享有人生出彩的机会，共同享有梦想成真的机会，共同享有同祖国和时代一起成长与进步的机会。""有梦想，有机会，有奋斗，一切美好的东西都能够创造出来。"习近平总书记的这些语录将永远铭刻在每一个中国人心中，鼓舞每一个人人生出彩、梦想成真，为实现共同的中国梦而奋斗。

向现实主义复归是改革开放第四个阶段文学创作与出版的显著特征，如贾平凹的《带灯》、金宇澄的《繁花》、陈彦的《装台》等现实题材长篇小说都在社会上产生较大反响，先锋文学的探索者也开始向现实主义回归，格非的"江南三部曲"、苏童的《黄雀记》、余华的《第七天》等都开始把形式探索与现实关怀相结合。关注改革现实，反映生活新气象和书写关乎民生的社会焦点与热点成为这一时期文学创作的主流，其中周梅森的新著《人民的名义》较具代表性。《人民的名义》不同于那些官场小说，不是一味地展示官场腐败与权谋，也不同于一般的反腐小说一味地歌颂高大上的纪检干部，而是从纪检干部与贪官的交锋中展示出正义与邪恶的搏斗场景，并揭示出正义必将战胜邪恶的真理。这样的主题既契合了广大人民群众的心理，也受到了有关方面的肯定，体现出了时代最强音。2017年1月北京十月文艺出版社出版小说《人民的名义》，3月底前图书销售约7万册，同名电视剧播出以后，图书销售快速增加到150万册，其电子书和有声读物也都销量大增，得到社会各界的广泛认同，成为2017年度当之无愧的"现象级作品"。

财经类图书在第四个阶段与时代结合也比较紧密，财经理论由工业时代转向互联网时代，管理类图书的主题由"执行"转向创新，企业家传记由工业企业家转向互联网企业家和高科技企业家。关于互联网理论的图书有《长尾理论》《免费》《失控》《蓝海战略》《分享经济：互联网共享主义》《大数据时代：生活、工作与思维的大变革》等；关于创新类的图书有克里斯坦森的创新三部曲、凯文·凯利的《必然》《从0到1》等；企业家传记有《史蒂夫·乔布斯传》以及马化腾、任正非、李彦宏、刘强东等的传记。《史蒂夫·乔布斯传》的畅销源于广大民众对创意、创新的渴望，乔布斯"活着就是为了改变世界"的名言引发了广大读者的共鸣。《从0到1》等创业类图书因适应了大众创业、万众创新的时代大潮，也颇受欢迎，"成功的人自意料不到的地方发现价值"，这可以说是许多创业者成功的秘诀。《大数据时代：生活、工作与思维的大变革》是国外大数据研究的先河之作，在我国引进出版之后，"大数据"的概念迅速在全社会引发热议，商界、信息技术界、政界乃至医学界、教育界等众多领域都试图将其付诸应用。然而"大数据"分析只是人的一种参考工具，它不能代替人脑的判断，要警惕被"唯大数据"热烧坏脑子，希望不要给喜欢吃肉的胖子再推送肉类食品了。

  第四个阶段，青春励志这一永恒主题又产生了新的成果。张嘉佳的《从你的全世界路过》、大兵的《乖，摸摸头》、刘同的《向着光亮那方》、卢思浩的《愿有人陪你颠沛流离》，以及苑子文、苑子豪的《穿越人海拥抱你》等一批青春励志、心理治愈系图书，用青春年华里每一个人都可能经历的故事抚慰、温暖、激励年轻人健康成长，散发出青春的光彩。曾经策划运营这一系列书的博集天卷副总编辑毛闽峰在接受口述出版史课题组采访时说：他最喜欢张嘉佳的《从你的全世界路过》，原因就是张嘉佳用一种非常诗意的新语言写出了一些年轻人的新感受，这些东西让人哭了又让人笑，最后让人拍拍身上的灰尘，勇敢向前，直接面对感情、面对人生。

引进版治愈类图书包括《岛上书店》《追风筝的人》《解忧杂货店》等。《解忧杂货店》讲述了几个爱与救赎的故事。僻静的街道旁有一家杂货店，现代人内心流失的东西，这家杂货店能帮你找回。三个小偷意外闯入这家杂货店，开始为那些陷于生活苦恼的人提出真诚建议，而这三个小偷最终也听取了杂货店主人浪矢雄治的意见获得了新生。除了精彩的故事外，书中还有不少令人警醒的闪光名句："其实若真正有才华，运气并不是那么重要""人的心声是绝对不能无视的""一切全在你自己。对你来说，一切都是自由的，在你面前是无限的可能"。

此外，在第四个阶段里，曹文轩以《草房子》等儿童文学作品获国际安徒生奖，刘慈欣的《三体》获科幻文坛最高荣誉雨果奖最佳长篇故事奖，《朗读者》《见字如面》《中国诗词大会》等优秀电视节目引爆同名图书畅销等现象也值得提及。

改革开放40多年，图书出版与时代发展的脉搏同频共振，发挥了重要而独特的作用，然而互联网信息技术的发展、新兴媒体的竞争、读者的个性化需求，对图书出版提出了严峻的挑战。为了应对这种挑战，出版社在利用新媒体进行选题策划、营销宣传的同时，努力实现图书和新媒体融合发展，形成了图书数据库、电子书、有声书、AR/VR图书、多媒体电子书、现代纸书等多种图书形态，其中不少新的图书形态已经开始崭露头角，四大名著演播版、《科学跑出来》（VR版）等都获得了不菲的销量，通过纸书加二维码链接周边服务的现代纸书也逐渐受到读者认可，新的图书形态将成为图书出版的一种重要趋势，未来会有更大的发展前景。让我们静下心来，齐心协力，开拓创新，共同迎接数字化、智能化、多功能化的图书出版新时代。

庞沁文

2023年10月8日

版权是出版人最主要最本质的经营资本，出版人最重要最核心的竞争力就是获取版权、经营版权的能力。

——著名出版家、作家、中国出版集团公司原总裁
聂震宁

/ 庞沁文和聂震宁 /

第一章
"哈利·波特"系列图书与注重想象的魔幻文化

聂震宁畅销书出版口述史访谈

采访时间 2023 年 6 月 29 日

采访地点 韬奋基金会聂震宁先生办公室

采访对象 聂震宁

采访人 庞沁文 游 翔

摄 像 李 婧

整 理 庞沁文

/ 采访人按语 /

在大众的心目中,聂震宁先生是一位著名的出版家、作家、阅读推广人,但他还有一个重要的角色是"哈利·波特"系列图书在中国的出版人。他高度重视瞄准市场需求,集中团队全力整合资源进行市场化运营,反对考核到个人的单兵作战模式;他高度重视版权运营与优质版权的深度开发,反对漠视浪费版权资源;他高度重视为读者提供文化价值、提供正能量,反对脱离主业单纯追求经济效益。这或许是"哈利·波特"系列图书能够和他的名字连在一起进入大众视野的主要原因。

庞沁文：聂总好，今年是中国改革开放45周年，您是最早开始把"哈利·波特"系列书引进中国的出版人。请您从改革开放45周年这个视角来回顾、总结、反思一下"哈利·波特"系列书畅销的社会原因、读者价值、引进出版过程、社会影响，等等。

聂震宁：20年前我对"哈利·波特"系列书的引进做过一次演讲，后来整理成一篇文章，题为《一部超级畅销书的生命工程——〈哈利·波特〉的整体开发与营销》，《中国图书商报》全文三个版转载，中国书籍出版社编选出版的《编辑的故事》中就选了这一篇。那个时候是刚刚做完"哈利·波特"系列书之四，故事还很新鲜，现在过了20多年了，对我来说，可以谈谈一些比较深刻的印象和有什么样的新认识。

庞沁文：您的那次演讲我也去听了，当时我就向您约稿，后来作为封面文章刊登在《编辑之友》2002年第5期上。不过过去是否谈过并不重要，重要的是我们今天是从改革开放45周年这个视角来回顾反思"哈利·波特"系列书在中国的诞生与成长。当然，非常希望您能以讲故事的方式来回顾，尽量讲得生动形象一些。

一、"哈利·波特"系列图书畅销的时代原因

庞沁文：任何一本书的畅销都和它所处的时代密切相关，都是时代的产物。首先，请您回顾一下"哈利·波特"系列书畅销的时代原因。

聂震宁：时代原因那不就是改革开放嘛。党的十一届三中全会作出了实行改革开放的战略决策，开启了改革开放历史新时期。出版业的发展与改革开放是紧密相关的，改革开放45周年的时候，我们再回顾历史时发现，"哈利·波特"系列书的成功是多方面的，但最重要的是，没有改革开放，就不可能有"哈利·波特"系列书在中国的出版，这是可

以肯定的。国家的改革开放政策是基本国策，我们一直在享受着这种基本国策，有了改革开放这么一个基本国策，才有了出版业的持续发展繁荣。改革开放为"哈利·波特"系列书的引进与营销提供了前提和保障。"哈利·波特"系列图书能够在我国比较及时地引进出版，首先得益于国家改革开放的持续推进。我们对"哈利·波特"系列书内容的把握，还有对它传播的信心和作为，都必须是在改革开放环境下才能做到的。事实上，这套书的引进几乎与我国入世同步，都是在21世纪之初，那时"引进来""走出去"已经成为一种常态。

《哈利·波特与魔法石》

沉湎于虚幻的梦想而忘记现实的生活，这是毫无益处的。

顺应少儿图书市场迅猛发展的趋势，成立专门的少儿图书编辑部，为"哈利·波特"系列图书的引进提供了组织保障。

庞沁文：党的十一届三中全会明确了市场经济改革的方向，1992年党的十四大召开，正式确立了社会主义市场经济的改革目标。市场化改革是改革开放的重要内容，市场化改革对"哈利·波特"系列书的畅销有什么影响吗？

聂震宁："哈利·波特"系列书的引进与畅销可以说是市场化改革催生的。出版业的市场化改革总的原则是要在坚持社会效益第一的同时，努力实现社会效益与经济效益的统一。

1999年年初，我从广西新闻出版局调到人文社担任社长。当时社里经济情况非常不好，畅销的长篇小说我们几乎没有，畅销的外国文学长篇小说也几乎没有。偶尔出过一两本，但是没有形成大的规模。1990年代初，曾经出版过美国的畅销小说《廊桥遗梦》，也印了几十万册，但是薄薄的一本书，没形成规模，更没有形成出版社编辑业务的结构性变化。

我到人文社后，针对其市场化运营不足的问题，提出的口号是："挺拔主业，优化结构，强化品牌，丰富品种，加大市场覆盖面，争取更大双效。"人文社主业是文学出版，但是品种不够，那就要优化结构，要通过优化结构来拓展业务规模。我说儿童文学也是文学的一部分，为什么人民文学出版社不能把儿童文学出版作为一个板块来经营？当时人们都普遍认为长篇小说是人文社的主业，我赞成。我在人文社还说过，如果人文社长篇小说出版质量降下来了，甚至是茅盾文学奖评奖，我们被剃光头了，那么我赚再多的钱，你们都可以说我这个社长没做好。这是我要主抓的，从一定意义上来说这是出版社的生命线。但生命线不能只有一条。一个出版社，它体量大了以后，生命线会有多条，品牌产品就是生命线，品种结构也是生命线，市场运营能力也是生命线，因为我们是要通过市场来实现两个效益的。当然第一个生命线是社会效益，无论谁当人文社社长，一定要想明白，长篇小说是要主抓的，要盯住，每年重要的长篇小说一定要有一定的数量，不能少。但是，像儿童文学、课外文学读物这样扩大品种、改善结构的，特别是受市场欢迎的品种，也要坚决去做。

为了做好少儿文学和课外读物这两个板块，我和社务会决定成立少儿读物编辑室和教材出版中心。因为要增加两个部门，搞"三讲"活动时，有人给我提意见，说我增加了两个处级干部职数。有些同事也劝我，不必成立专门的编辑室，哪个编辑室有少儿选题做就是了。我说，成立两个编辑室对我来说是要开垦两块新地，要专门组成两个生产队，而不是什么处级部门。我不是为了封官许愿，而是为了做事方便高效。少儿文学和课外读物市场广阔，必须有可靠的适应市场化运营的组织机构来落实，必须成立专门的编辑部来集中力量做重点选题，必须有专门的人来做专门的事。

当然我也提出了具体要求，成立编辑室必须有重点项目，没有重点项目不成立。我曾对教材出版中心的筹备主任说，你先跑教育系统，给我提出重点选题，然后就成立。我对筹备少儿编辑室的王瑞琴主任说，什么时候找到重大选题，什么时候就成立编辑室。决不能只搬桌椅板凳，把原来八九个人的一个编辑室，重新组建成三五个人的一个少儿编辑室，然后各做各的事情，喝茶聊天，上班下班，这样不行。后来，教材出版中心找到了中学生必读课外文学名著，少儿编辑室找到了"哈利·波特"系列图书。再后来，人民文学出版社创建了天天出版社，专做少儿出版。有专门的组织机构和没有组织机构是不一样的，出版企业的市场化改革必须有专门的组织机构来保障。

庞沁文：您在挺拔主业与丰富品种结构进行市场化运营方面把握得非常到位，您主张部门团队集中力量重点运作、反对编辑个人单干的经营思路也被实践证明是正确的。虽然遇到了一些人的反对，但并没有影响到市场化改革的实行。据我所知，在出版业市场化改革的过程中有一些出版社的领导因为没有处理好主业与市场效益的关系，去开发教辅市场，遭到了许多老员工公开激烈的反对，最后不得不被迫离开领导岗位。您在坚持挺拔主业的同时，通过优化品种结构获得了很好的经济效益。这一点，值得其他出版社认真学习借鉴。

素质教育改革开启了少儿课外阅读市场，为"哈利·波特"系列图书的畅销打开了广阔空间。

庞沁文：那您为什么要选少儿文学与课外阅读作为优化结构、丰富品种、提升两个效益的方向呢，这两个板块后来取得的效益如何？

聂震宁：1994 年 6 月召开的第二次全国教育工作会议明确提出了素质教育概念，1999 年 6 月召开第三次全国教育工作会议，发出了全面推进素质教育的动员令，我国中小学教育从应试教育向素质教育转变成了大势所趋。在出版业内，应试教育是什么？就是练习册、教辅。素质教育是什么？就是课外书。2000 年开始，大量的练习册、教学辅导读物下架，很多以出版练习册为主的少儿出版社难以为继了，那么这个时候的儿童文学，包括其后的绘本，异军突起，"哈利·波特"系列书就在这样的背景下得以畅销。"哈利·波特"系列图书每年以百万册以上的营销业绩成为少儿图书市场上的常青树。

教育部在提倡素质教育的同时还做出了一些具体规定。2000 年 3 月教育部颁发了《九年义务教育全日制初级中学语文教学大纲（试验修订版）》《全日制普通高级中学语文教学大纲（试验修订版）》确定了 10 本初中生课外阅读推荐书目和 20 种高中生课外阅读推荐书目。教材出版中心就依此找到了"中学生课外文学名著必读"系列选题，针对中学生课外阅读的需求，于 2000 年 7 月就推出了"中学生课外文学名著必读丛书"（后改名为"教育部统编《语文》推荐阅读丛书"）。后来我统计了一下，该丛书最早收入的 26 种图书没有编成丛书前，1999 年度全年发货码洋只有 1700 万元，2000 年 6 月编成丛书后半年时间发货码洋就超过 5000 万元，那 5000 万减 1700 万就是整合成"中学生课外文学名著必读丛书"半年里与前一年全年相比的增量。然后社里面有人说老聂来，他也不是做了多少新产品，他就是把我们过去的书扒拉扒拉，就产生了效益。我说可不是扒拉扒拉，而是建立了专门的适应市场的组织机构，抓住了重要的阅读机遇，抓住了市场的走势。做出版社社长，千万不要忽视出版社过去累积的出版资源，而是要用市场的眼光加以审视，要经常想想过去的那些东西有没有可能按新的需求重新整合。

经过近 20 年教育改革的深化，以及人民文学出版社后续几任社长和同事们的努力，"教育部统编《语文》推荐阅读丛书"已经拓展到 137 种，2019 年发货码洋超过 3.16 亿元。

庞沁文：我国教育由应试教育向素质教育改革催生了一大批畅销书，如作家出版社 2000 年出版的《哈佛女孩刘亦婷》、浙江教育出版社 1999 年出版的《素质教育在美国》系列图书等。"哈利·波特"系列图书、"教育部统编《语文》推荐阅读丛书"都是在这轮素质教育改革大潮中涌现出来的畅销书。您这种善于借助改革、抓市场机遇的能力与功力是非常值得学习的。

"哈利·波特"系列图书的常销畅销来源于对外开放的持续推进，体现了出版业对外开放的成就。

庞沁文：对外开放是改革开放的一个重要方面，十一届三中全会后中国经济就努力寻求对外开放。我国自 1986 年申请重返关贸总协定，2001 年 12 月 11 日正式加入世界贸易组织，出版业的对外开放与经济的对外开放基本同步。请您从出版业对外开放的历史进程中回顾一下"哈利·波特"系列书的引进出版。

聂震宁：出版业这 45 年来的对外开放是逐步深入的。早在改革开放起始的 1978 年，原国家出版局组织重印的 35 种中外文学名著中就有《悲惨世界》《高老头》《牛虻》等 16 种外国文学名著，此后有不少外国文学名著被引进出版，外国文学名著的引进可以说是改革开放以来图书引进的第一个阶段。此后我国的出版业，立足中国，面向世界，引进了"走向未来丛书"、《第三次浪潮》等一大批以思想启蒙为特色的现代国外学术文化图书，这可以说是国外图书引进的第二个阶段。图书引进的第三个阶段可以说是国外优秀畅销书的引进阶段。"哈利·波特"系列书的引进是这一阶段引进畅销书的典型代表。"哈利·波特"系列书的引进，充分体现了编辑选择策划的主体性及全程市场化运营特征，对出版业可持续发展具有一定意义上的示范作用。"哈利·波特"系列书的引进已经不单纯是几本图书的引进，而是形成了一种具有广泛影响的文化现象，代表了出版业对外开放的成就，体现了出版业对外开放的态势，也体现出我国文化对外开放的特征。

《哈利·波特与密室》

决定我们成为什么样人的，不是我们的能力，而是我们的选择。

所以从一定意义上说，只要"哈利·波特"系列书还在中国正常出版，国际上就不能对我国的对外开放、对出版业的对外开放说三道四。人文社十多年来一直在出版"哈利·波特"系列书，2017年教育部的部编语文教学大纲把《哈利·波特与死亡圣器》收进了学生的课外阅读推荐书目，这进一步表明了我们国家坚定的对外开放态度，这也为"哈利·波特"系列书的持续畅销奠定了坚实的基础。

二、"哈利·波特"系列图书的读者价值

想象力是"哈利·波特"系列图书为中国的孩子们提供的重要价值,中国的孩子们也特别需要想象力。

庞沁文:衡量一本图书是否值得出版、是否能畅销,关键看它是否能为读者提供读者价值。您认为"哈利·波特"系列书的读者价值体现在什么地方,或者说"哈利·波特"系列书到底为读者提供了一些什么样的价值?

聂震宁:首先是想象力。当初我们决定引进"哈利·波特"系列书版权到中国来,对作品内容是有比较科学理性的判断的,我们注意到"哈利·波特"系列书与中国小读者看惯了的许多中外文学名著比起来,是一部非常具有想象力的作品。作者充分发挥自我的想象,描绘出一个别开生面的魔法世界,阅读"哈利·波特"系列书能使孩子们提升想象力。想象力是"哈利·波特"系列书为中国的孩子们提供的重要价值,中国的孩子们也特别需要想象力。这正是许多父母非常愿意引导孩子阅读"哈利·波特"、孩子们也愿意阅读"哈利·波特"的重要原因,而想象力的培养也正是我国素质教育所需要的。

"哈利·波特"系列中译本刚出版时在上海卖得不太好,我就亲自带队去上海,跟文汇报联合召开了一次专家研讨会,把上海一些有影响力的作家王安忆、秦文君、梅子涵、彭懿等请来讨论"哈利·波特"系列书,讨论的题目是"'哈利·波特'给中国小读者带来了什么?"与会专家一致认为"哈利·波特"系列书为小读者带来了"想象力",这一观点立刻得到了老师、家长、孩子们的认同,"哈利·波特"系列书很快就在上海热销起来了。

在"哈利·波特"系列书之前，我国少儿图书市场影响力最大的往往都是现实主义儿童文学，讲儿童的生活故事、学习故事。再早就是革命战争年代的儿童故事，还有就是一些道德故事。但像"哈利·波特"系列书这种具有魔幻性的儿童文学作品比较少，不是说没有，一定是比较少的，而且没有产生过很大影响。"哈利·波特"系列书中的魔杖、有求必应屋、载人飞行的扫帚、九又四分之三站台，然后还有光轮2000、光轮2001等，这些奇特事物与奇特的故事情节都会唤起儿童的想象，引发儿童的阅读兴趣。

"哈利·波特"系列图书塑造了一个顽强与恶魔战斗的小男孩形象，他成为孩子们心目中的偶像。

庞沁文： 在"哈利·波特"系列书中哪位人物形象给您留下了深刻印象？

聂震宁： 当然是那个智慧、勇敢、英勇战斗的小魔法师哈利·波特了。哈利·波特从小寄养在姨母家，受尽苦难，但他却没有被苦难压倒，自收到猫头鹰海格送来的信，进入格兰芬多魔法学院后，就开始了英雄的旅程。他历经艰难，顽强战斗，惩恶扬善，维护正义，在他的老师邓布利多和朋友罗恩、赫敏的帮助下，最终成功地摧毁了伏地魔所有的魂器，打败了黑魔王伏地魔，体现了正义必将战胜邪恶的主题，鼓舞孩子们为正义而战。北京一所著名大学的一位年轻老师说，他从12岁到18岁的成长阶段一直在阅读"哈利·波特"系列书，在他遭遇各种困难挫折、迷茫时，他的脑海里就会浮现出顽强与恶魔战斗的小男孩形象，哈利·波特就像朋友一样和他形影不离，给了他生活的勇气和启示，成为他生命中完全无法替代的力量源泉。

"哈利·波特"系列图书不只体现了西方文化的价值观，还体现了人类共有的优秀价值观。

庞沁文： 您觉得为什么"哈利·波特"系列书会受到全世界少儿读者的欢迎呢？

聂震宁： 这个问题我可以通过一个故事来说明。在"哈利·波特"系列书前三种图书首发式上，有路透社一个记者对我说："'哈利·波特'系列书当然是代表我们西方文化的作品。"我说："是。"他说："哈利·波特身上体现了很多西方的价值观，我想你也是了解的。现在那么多读者在买'哈利·波特'系列书，是不是就意味着中国读者能够接受西方的价值观呢？"我说："你这个说法不符合逻辑，喜欢读'哈利·波特'系列书与接受西方的价值观是两个完全不同的问题，不能混淆在一起。"我接着说："'哈利·波特'系列的前三本书我看了，我觉得很好看，我首先认为它是文学作品，而且是很好的儿童文学作品，充满着儿童的趣味，同时它也充满着文学的情节感，还有很好的人物性格和细节感，我首先看到这些。哈利·波特所体现出来的价值观，比如他勇敢，他善良，他有同情心，他团结友爱、疾恶如仇等这些，并不能说只是你们西方的价值观，这些东西我们中国的价值观里面也有，应该说是人类共有的价值观。我们中国的价值观当然有我们的特点，你们也有你们的特点，但在'哈利·波特'系列书里体现的价值观是人类的一种共识，善良、勇敢、顽强、团结、友爱，等等。这些优秀品德都是人类共有的。"

当时，美联社的一个记者采访我们的编辑，他问："你们的社长是不是高干子弟？"2000年的时候说的高干子弟，现在叫"红二代""官二代"。编辑回答道："他不是，他是平民子弟。"那位记者说："我觉得他应该是高干子弟。"编辑问："为什么？"记者答："你们不是有个姓聂的元帅吗？他姓聂，那个元帅也姓聂，他们若不是一家，那他怎么敢出这种书?"最重要的问题出来了,怎么敢出这种书?我们的编辑跟我说起这事,我哈哈一笑,心想:能体现人类共有美德的书,我为什么不敢出呢。

庞沁文:您能举例说明"哈利·波特"系列书中哪些地方体现了这些人类共有的价值观吗?

聂震宁:这样的例子太多了。比如哈利·波特的妈妈为了保护他献出了自己的生命,并在他身上留下了爱的印记,使伏地魔不能伤害他的性命;比如在与伏地魔的斗争中,哈利·波特与罗恩、赫敏建立了"铁三角"友谊;比如邓布利多对哈利·波特的悉心照料与谆谆教诲,等等,所有这些人类美好的品德只有在阅读原书中才能体会到。

"哈利·波特"系列图书不是欺骗世人的巫术小说,而是充满正能量的奇幻儿童文学作品。

庞沁文:肖夏林在2002年12期《博览群书》上刊登的《两个神话的永恒与速朽》一文可以说是对"哈利·波特"系列书批评最激烈的一篇文章。文章称"哈利·波特"系列书是"典型的欺骗世人的巫术小说,或者是鸦片小说"。您对此如何看待?

《哈利·波特与阿兹卡班囚徒》

即便在最黑暗的时候,也可以找到幸福,只要你记得开灯。

聂震宁： 你说的这种观点，我没有留意。但当时有一些类似的观点，我是了解的。当时有一家出版社的一个领导公开说，现在许多出版社争着买"哈利·波特"的版权，这本书是教小孩学魔法的，跟反法轮功的形势绝对是拧的，很危险，我们不会买。我当时正在买"哈利·波特"的版权，我没说我不买，也没说我要买，我什么也没说，但我并不相信他们的判断。

我认为"哈利·波特"系列书，不是教孩子去练巫术、练魔法的，更不是让人去信仰邪教的，它是一部奇幻儿童文学作品，他只是把西方童话文化作为重要的表达内容，里面有魔法的东西，但只是奇幻文学的表达方式。安徒生的童话里面多少也有这种魔法的东西，你能说它是教魔法的吗？从另一个方面看，当时"哈利·波特"已翻译成35个语种出版，而且全球畅销，难道这些国家的人都没有审美判断、价值判断、正邪的判断吗？一本全球畅销的超级畅销书，我们中国的少年儿童看不到，是不是有些不可思议呢？当然，我们也不能盲从别人，我们也找了一些专家来研究了文本，大家都觉得这是一个非常好看的儿童小说，表面上看写的是一个魔法世界，其实是在写魔法世界里正义与邪恶的斗争，里面充满了爱、友谊、奋斗、正义战胜邪恶等我前面说的正能量的东西。罗琳是一个普通的单亲母亲，她当时的生活条件很艰苦，冬天生不起火炉，就在咖啡馆里写作，她是怀着满满的爱来写的，送给正在长大的女儿当礼物的。她是一个热爱孩子的作家，她不是一个巫师，不是一个魔法师，怎么可能教孩子们学魔法与巫术。

现在教育部指定《哈利·波特与死亡圣器》为中学生课外推荐阅读图书，这说明教育部的有关专家和我们的看法是一致的，这也充分说明我们当时的判断是正确的。

庞沁文： 我非常赞同您的观点，在"哈利·波特"系列魔法世界的外壳里面隐藏着真实的人性世界。我们不能因为罗琳写了魔法就认为她是教人学魔法的，或者让人信仰邪教的。

您一贯倡导儿童写作与阅读的儿童本位，倡导兴趣阅读，倡导知之者不如乐之者，乐之者不如好之者。"哈利·波特"系列书可以称得上是一部有趣味的作品吗？

聂震宁：当然。"哈利·波特"系列书总体上看是一部奇幻儿童文学作品，少年儿童天生对奇幻的东西感兴趣。我在长篇小说《书生行》一书中也写道，我们在20世纪五六十年代的时候都喜欢读《安徒生童话》《伊索寓言》《格林童话》。因为孩子们经常有一些奇思妙想，孩子就是天生的科学家。科学家是什么，科学家就是有想象力，有好奇心，孩子们都有这种特点，他们读"哈利·波特"系列书是真的感兴趣，他们并不因为它瞎扯去读，他们不会。事实上，从我了解的情况看，许多小朋友是发自内心地对"哈利·波特"系列书着迷。

三、"哈利·波特"系列图书的版权运营

获取版权的第一步，从作者、出版者、出版经纪人中找到版权的持有者。

庞沁文：您在2001年第5期《出版经济》发表了《面向21世纪的版权贸易》一文中提出"版权是出版人最主要最本质的经营资本，出版人最重要最核心的竞争力就是获取版权、经营版权的能力"。请您先谈一谈人文社是如何获取"哈利·波特"系列书版权的。

聂震宁：我到人文社后，要求编辑高度重视信息收集工作，从各种信息中发现有价值的选题。很快，王瑞琴和叶显林两位编辑就来向我汇报"哈利·波特"系列书在国际上走红的信息。我让他们尽快联系"哈利·波特"系列书前三本的版权，他们说，没法联系这个作者。我说，不一定要直接联系作者。他们说,那联系谁？我说联系最早出版"哈利·波

特"的英国出版社啊,在网上找他们的联系方式,找他们的电话,问他们"哈利·波特"的版权在谁手里。过了几天他们告诉我找到"哈利·波特"的版权持有者——J.K.罗琳的出版经纪人克里斯托夫·里特了,他希望我们把出版社的情况报过去,他说已有好几家中国出版社在跟他们联系。

有趣的是,在我们正和罗琳的经纪人洽谈版权的时候,外界盛传有一家报社出版社买到"哈利·波特"的版权了。这家报社出版社为什么认为他们能买到呢?因为他们委托报社的国际记者去采访了罗琳。中国知名报社记者来采访她,请她谈"哈利·波特"创作出版的情况,罗琳当然很高兴。记者采访完了后和她说,我们报社有一家出版社,希望能在中国出版你的书。罗琳说太好了。那位记者就以为罗琳会把"哈利·波特"系列图书的版权交给报社出版社。那位记者忽视了一条,罗琳已经把"哈利·波特"系列书的版权授权给他的出版经纪人了,她必须和出版经纪人协商才能决定把版权卖给谁。所以说只找作者联系版权未必是最好的做法,除非这个作者坚持跟版权经纪人说:"你要把版权给他,不能给别人。"但是罗琳哪是那种操作型的人!她是每天耽于幻想的这么一个作家,她表示太好了,只是应酬的一句话,具体如何决定她还需要听取经纪人全面的分析意见。可那位记者就此笃定他们拿到版权了。所以就有了某报社出版社拿到"哈利·波特"版权的传说。

庞沁文:您讲的这个故事形象地说明引进版权的第一步是要找到版权的持有者,这个持有者可能是作者,可能是出版社,也可能是版权经纪人。

版权谈判要努力了解、掌握对方心理,据其需求突出自身优势。

庞沁文：请您谈谈你们是如何洽谈"哈利·波特"系列图书版权的。

聂震宁：在版权谈判前，我看到《参考消息》上面转载了国外的一篇批评"哈利·波特"系列书的文章，说"哈利·波特"系列书事实上是一部通俗小说，文学性并不强，等等。我也了解到"哈利·波特"系列书最早是在英国一家不太知名的小型出版社出版的。所以我和编辑说，一定要让作者觉得在我们社里出版她的作品是她的荣誉，要让她有荣誉感。首先要强调我们是中国水平最高的文学出版社，相当于他们英国的皇家出版社；其次，强调我们是出版过英国重要文学作品的出版机构，我们出版过《莎士比亚全集》，出版过《狄更斯文集》，出版过《哈代文集》等英国顶尖作家的作品集；第三，要强调我们是很具规模的一个出版机构。编辑按我说的把我们的资料发给了罗琳的版权经纪人。后来的事实证明，我们的做法是正确的，罗琳和他的经纪人更倾向于和一家权威的文学出版社合作。

庞沁文：据《中华读书报》报道，参与"哈利·波特"系列书版权购买的有好几家专业的少儿出版社，罗琳的经纪人没有选择他们，却选择了没有多少少儿图书出版经验的文学出版社。可见，人文社的优势正是他们所需要的。

《哈利·波特与火焰杯》

该来的总会来，来了我们就要勇敢面对它。

> "哈利·波特"系列图书的多元版权运营，对哈利·波特形象是一个有力的宣传，形成了更大范围内的品牌效应。

庞沁文：请您谈一谈"哈利·波特"系列书多元版权开发的情况。

聂震宁："哈利·波特"系列书的多元版权，应该是在美国时代华纳手中，他们委托了一家公司做"哈利·波特"明信片、画报、立体画册、填色书等一些纪念品。我和编辑说跟他们联系，我们在中国做独家代理。尽管后来没有形成太大的销售势头，但市场效果也还可以，最重要的是表现出我们这么一种全方位进军"哈利·波特"版权，全方位对接国际出版版权多元开发这种模式的努力。当然版权的多元开发形成了与图书出版的互动，对哈利·波特形象是一个有力的宣传，形成了更大范围内的品牌效应，促进了"哈利·波特"系列书的销售。

虽然我们当时没有购买"哈利·波特"电影版权，没有制作"哈利·波特"电影的能力，但我们配合"哈利·波特"电影的引进做了一些工作，较早形成了影视放映与图书出版的互动，有力地促进了图书销售。当时"哈利·波特"系列书前三册新书出现了畅销的势头，传来中国电影总公司想要引进《哈利·波特与魔法石》电影的信息，中国电影总公司——当时是这么叫，现在可能不这么叫了——想请我们的编辑，去给他们讲讲"哈利·波特"。当时美国已经在拍"哈利·波特"电影了，他们想买这个电影拷贝。要买拷贝，在中国是有指标的，当时入世时承诺，一年买20部译制片。买了这一部，就用掉了一个指标，如果买错了，就失去了一次盈利的机会和经营的机会。所以值不值得买，他们想请我们的编辑去讲讲。我们的编辑跟我说："我觉得挺烦的，跟他们电影说不着。你说去不去？"我说一定要去啊，怎么不去，太重要了。电影上映了一定会带动我们书的销售，书的销售一定会带动电影的播映，我们是互动的。我们要有这种媒体互动意识，一定要去。你好好准备，把里面精彩的故事讲一讲，讲一讲儿童趣味，讲讲小说让我们匪夷所思的那种镜头感，那种环境感，讲讲好校长是什么样子，坏老师是什么样子，无非就是这些东西嘛。后来中国电影总公司下决心引进"哈利·波特"系列电影。这就是做出版、做编辑，你得有一点媒体互动意识，就是说图书与各种媒体可以形成联动效应。

庞沁文："哈利·波特"在国外已经形成了图书、电影、游戏、主题公园、玩具、纪念品等完善的立体开发模式，可以说是IP运营的一个典型范例，我们中国在"哈利·波特"的立体开发方面也做了不少工作，在版权的立体开发方面还需要进一步探索。

"哈利·波特"系列图书的版权值得用大价钱拿下。

庞沁文：请您谈谈人文社在"哈利·波特"系列书版权维护方面做了哪些工作？

聂震宁："哈利·波特"系列书的版权维护是后来的人文社领导们所做的事。他们持续地在维护"哈利·波特"系列书的版权。我们当时签的是十年版权，在"哈利·波特"系列书版权到期的时候，人文社的现任领导说，绝对不能把老聂弄来的这么一个版权拱手相让，他们投入很大力量，想了各种办法，花了很大的价钱，把"哈利·波特"系列书的版权续签了下来。为什么要花大价钱？我知道的是有家民营文化公司，而且是上了市的民营文化公司，决心要花大价钱把"哈利·波特"系列书版权拿下。我们知道加西亚·马尔克斯《百年孤独》的版权，就是这家上了市的民营文化公司花大价钱拿下的。尽管很多出版社都知道加西亚·马尔克斯的作品非常有价值，但也没有人下这个决心，愿意花大价钱把版权买下，最后版权被这家民营公司买走了。"哈利·波特"系列书的版权也被这家民营公司看中了,他们想把版权拿走。人文社说这是一个标志性的产品,我们必须花大价钱把版权留下。

庞沁文: 从2000年到现在已经20多年了,人文社能够一直把"哈利·波特"系列书的版权留住,这说明他们的版权经营意识是很强的。遗憾的是许多出版社缺乏版权经营意识,起码是没有高度重视,导致许多优质图书的版权都相继被民营公司拿走。比如余华的《活着》、路遥的《平凡的世界》、王小波的《黄金时代》等的版权都流失到民营公司了。当然,民营文化公司专拿优质常销图书版权的经营思路也值得国有出版单位学习借鉴。

20多年了,"哈利·波特"系列书现在的销售状况如何呢?

聂震宁: 人文社的编辑后续做了很多工作,他们搞了"哈利·波特"进校园、"哈利·波特"之夜、"哈利·波特"夏令营,各种活动都做,他们持续地保持着当初我们开创时候的那种精神。他们在做"哈利·波特"系列书的同时也做了一些相关的图书,这一块每年有3个亿销售码洋。还有那个"教育部统编《语文》推荐阅读丛书"大概有5个多亿销售码洋,这样把其他书的销售也都带起来

《哈利·波特与凤凰社》

那些消失的东西总是会回来的,尽管方式出乎我们的意料。

了，所以人文社现在变成了中国出版集团销售码洋最高的出版机构之一，甚至有时比出版《新华字典》的商务印书馆的销售码洋还要高。总的来说，人文社现在有两个重大经济支柱，一个是教育部推荐的课外阅读丛书，再一个就是"哈利·波特"系列书。

四、"哈利·波特"系列书的出版过程带给我们的启示

每一本书都是一个鲜活的生命体，编辑要把每一本书的出版当作一项生命工程来做。

庞沁文：您在《一部超级畅销书的生命工程——〈哈利·波特〉的整体开发与营销》一文中，把"哈利·波特"系列书的引进出版称为一项生命工程，为什么呢？

聂震宁：我为什么把"哈利·波特"系列书的引进出版作为生命工程呢？一方面我是说，我们人文社的编辑、营销、管理人员是用我们的生命来做这一套畅销书的，他们把自己全部的精力、智慧投入到了这部书稿的选择、编辑、整体设计、制作、宣传、促销、销售等一系列的运作中。我们的少儿编辑室主任王瑞琴和编辑叶显林参与到了这部书的策划、版权谈判、编辑加工等整个过程中，他们二人居功至伟。我们当时的副总编辑高贤均，患上了肺癌，还没有检查出来，咳着血还是把这稿子的前三部终审完，然后去住院，一年多后他去世了。从另一方面看，我的意思是这部书稿是我们全社出版人孕育出的一个鲜活的生命体，应该予以加倍的珍惜。

多听一听读者的意见，否则你可能与一本畅销书擦肩而过。

庞沁文：每一个知名品牌的背后都有一个精彩的故事广为传播，您能讲一讲"哈利·波特"出版前的精彩故事吗？

聂震宁：英国布鲁姆斯伯里出版社是一个很好的儿童出版社，就是这个出版社首次出版了罗琳的"哈利·波特"系列书。在交给布鲁姆斯伯里出版社之前，罗琳的第一部小说《哈利·波特与魔法石》书稿已经转了九个出版社，都被退回，其中包括一些大型国际知名出版社，布鲁姆斯伯里出版社是第十个收到罗琳书稿的出版社。这个出版社的社长奈杰尔·纽顿，把这书稿带回家，准备看一看。可是他上中学的女儿回家就先看了，看了就对父亲说："这本书你要说不出版就太可惜了，你若不出这本书就不要办出版社了。"这社长他后来跟我见过面，他说："我真是感谢我女儿。"他当时只是把罗琳的书稿当作一般的书稿，由于罗琳的经纪人克里斯托夫·里特很用心地推荐过来，他才想要带回家认真看看。她女儿的话让他对这部书稿另眼相看，真正重视起来。这个出版社的社长后来成了英国出版商协会的主席。

庞沁文：布鲁姆斯伯里出版社是英国一家名不见经传的小型出版公司，因出版"哈利·波特"系列书成为一家享誉全球的大型国际出版公司，由此可见发现一部畅销书稿的巨大作用。因此，作为一名编辑要认真对待他经手的每一部书稿，否则的话很有可能与一部超级畅销书擦肩而过。

正确看待各种不同的意见，利用反对意见做好宣传。

庞沁文：当时大家对引进"哈利·波特"系列图书一致看好吗？

聂震宁：就在我们召开新闻发布会的前一天，《南方周末》发表了一篇大文章：《中国市场：外国畅销书的滑铁卢？》。文章说很多国际畅销书在国外经久不衰，在中国很快就遭遇滑铁卢，然后举了很多本国际畅销书在中国销售不佳的例子，然后指出："哈利·波特"这部国际超级畅销书，估计在中国也会遭遇滑铁卢。我们的编辑室主任很生气，说这个记者是老朋友，怎么能这么说，先给我们唱衰。我说，他只要写了"哈利·波特"这四个字就是好的。他说是滑铁卢，我们找人写一篇文章说肯定不是滑铁卢，因为新世纪，改革开放中的出版业，已经跟国际出版业的出版能力可以同日而语了，已经有相当的比翼齐飞的能力了，所以不应该成为滑铁卢。如果他再说一定是滑铁卢，我们再反驳说一定不会是滑铁卢。等到书出来了，就可以吸引更多的读者去看是不是滑铁卢，就是说要保持我们新闻的张力，千万不要生气，他只要说我们就是好的，谁都不理你就不好了。

这事对作家也一样。一个作家出了一部新书，谁都没有反应，谁都没有评论，那就有点失败的感觉了。只要有评论，正的、邪的、正面的、负面的，都不要害怕。事实上人家评论你，是觉得在里面有值得讨论的东西，这是好事。只要他们不说是一本坏书，应该禁止，就可以讨论。后来，我们就和一些负面的新闻展开讨论，这就保持了这种传播的张力，持续往前推进。当然，我们还通过报纸、电视、网络等媒体做了广泛的宣传，这里就不展开叙述了。

准确把握图书销售良机，努力调动图书批发商的积极性。

庞沁文：请您再讲讲"哈利·波特"系列书发行的故事。

聂震宁：按照以往的经验，国庆节前后是一年中最后一段图书销售良机。我们正式拿到版权协议是 2000 年 8 月 26 日，即使我们提前翻译，加快编辑加工速度也只能赶上这最后一班车。2000 年国庆节至 10 月 7 日是第一次黄金周长假，人们都出去游玩。我估计 10 月 6 日家长们会回到家里，给孩子们买一些书准备上学。于是把"哈利·波特"系列前三本书的首发时间定在 2000 年 10 月 6 号上午 10 点钟，全国统一售卖。为了实现全国统一售卖，我们先在北京召开了一次营销大会，邀请了全国各省新华书店购书中心，各大城市新华书店购书中心和一些大的民营书商参会，向他们介绍"哈利·波特"系列书的营销计划，增强他们的销售信心。为了避免多家竞争，同时避免盗版现象发生，我们在每一个地方只安排一个独家销售，我们和这些独家销售签约，要求他们制定营销方案，约定他们将怎么做，做到什么程度，给什么销售折扣，现金取货给什么折扣，等等。这样就调动了批发商的积极性，他们主动实施营销方案，获得了很好的销售效果。

五、"哈利·波特"系列图书产生的影响

许多青少年成长的个案说明，"哈利·波特"系列图书影响了一代人的成长。

庞沁文：我记得您曾说过，"哈利·波特"系列书影响了一代人的成长，希您能举实例说明"哈利·波特"系列书对中国青少年成长的影响。

聂震宁：在 2015 年深圳读书月，有一个叫作"在历史的天空下"的论坛，他们安排了我跟一个年轻的阅读推广人——他还是个青年作家对话。他叫魏小河。他说小时候他在江西农村跟外婆一起住，在五年级以前，没有读过什么书，就是天天玩。有一次，不知道在什么地方捡到了一本旧书《哈利·波特与密室》，他就看得入了迷，从此以后他就产生了强烈的阅读兴趣，爱上了阅读，爱上了写作。从一定意义上可以说《哈利·波特与密室》就是他的启蒙书。后来他自己办了一个"不止读书"公众号，有 30 多万粉丝。他已经不用上班，就专门经营这个公众号，他每天都要上传他的读书心得，粉丝们就开始点击，这就有了流量，有

流量就有广告，他就赚这个钱，挺不容易。他属于深圳的打工一族，独立写作，独立传播，他还通过众筹在北京三联书店出了一本书，叫作《独立日：用一间书房抵抗全世界》，是一本关于读书的书。受阅读哈利·波特影响，魏小河通过自身努力，成为了一个比较成功的自媒体人、青年作家、阅读推广人。这是一个很励志的故事。

所以当主持人介绍说，聂总是"哈利·波特"系列书在中国的出版人，魏小河是受"哈利·波特"影响成长起来的青年作家、阅读推广人，今天他们两代人在一起谈阅读的感受。这一介绍就把我们两个人接通，彼此感到十分亲近。这一次偶遇也被人们引为趣谈。

庞沁文：通过办自媒体谋生，也是当代年轻人探索人生的一条可以尝试的道路。魏小河可以说是运营自媒体比较成功的示范人物。魏小河在《你是否会想起，昨天的周杰伦与哈利·波特》一文中写道："那本绿色的二手《哈利·波特与密室》，是那段黑暗时光里少有的亮色。"可见，说"哈利·波特"照亮他的童年生活并不为过。您讲的魏小河的故事很好地说明了"哈利·波特"系列书对一代年轻人成长的影响。

"哈利·波特"系列图书的出版人和这套书一样，深受广大中小学生的欢迎。

庞沁文：在大众的视野中您是一位著名的出版家、作家、阅读推广人，但还有一个重要的角色是"哈利·波特"系列书在中国的出版人。这本身就说明"哈利·波特"在中国青少年朋友中有广泛的影响。

聂震宁：这些年来，我参加论坛发言，只要主持人说到我是"哈利·波特"系列书在中国的出版人，下面马上就有骚动，就表现出一种兴趣，就这么直接、简单。如果是我一个人的讲座，主持人这么介绍我的情况，听众就会一起鼓掌，特别中学生，现在依然鼓掌。

我现在是全民阅读推广人，有时候我会去下面中学里，给中学生讲阅读，讲完后就会有学生拿我的书来要我签名，也有不少拿"哈利·波特"要我签名的。我说："你喜欢读这本书吗？"他说："我很喜欢读，特别好看。"我说，"这个书不是我写的，还要我签吗？"他说："我知道，知道是你当社长的时候引进出版的。"作为一个出版人，我常常以此为荣，也是一生的骄傲，是吧？

前几年，广东东莞市松山湖开发区的团委邀请我去做演讲。松山湖就是华为公司的研发基地。他们希望我做一点关于青年励志的阅读演讲，我大概准备了一下。结果到现场后发现绝大多数人青年人都是带着孩子来，这些青年人本身就是哈利·波特迷，他们带孩子来或许是为了让孩子学会阅读的。于是我当场决定，不讲青年励志读书了，就讲少年儿童读书的重要性和怎么读。我讲到当年我在人文社营销"哈利·波特"系列书的时候，我们到北京朝阳门小学做阅读"哈利·波特"的队日活动，那些学生讲起哈利·波特来头头是道。其中，当时人文社发行部主任刘国辉的儿子讲得特别好，我们就带他到其他学校讲阅读"哈利·波特"系列书的感想。通过这个故事我启发孩子们不但要认真读书，还要学会表达，要把自己阅读"哈利·波特"的心得讲出来。小孩子们听得很入神，他们的父母也都很兴奋。这也让我感到很欣慰，中国的孩子们确实蛮喜欢哈利·波特的。

在少儿出版高速发展浪潮中，"哈利·波特"系列图书是立在潮头、走在前面的。

庞沁文：您如何看待"哈利·波特"系列书引进对中国少儿图书出版的影响？

聂震宁：这要历史地看。我做过省出版局的领导，我了解不少少儿出版社的情况，在 1990 年代，少儿出版社绝大多数主要是靠教辅生存。省出版局当时就要求少儿社教材教辅以外的一般图书要有增长，要对增长情况做考评。什么叫一般图书？就是指能在市场上出售的图书，包括儿童文学图书，但不包括教材教辅。

从时间节点来看，"哈利·波特"前三本书被引进以后不久，我国少儿出版整体上出现两位数增长，而且延续了 20 多年，被认为是少儿出版的黄金时期。有人认为少儿出版的繁荣是"哈利·波特"系列书的引进出版带动的，我不同意这种观点，少儿出版的黄金时期出现得益于我国的改革开放政策，得益于我国加入世贸组织，得益于我国对素质教育的大力提倡，得益于广大家长望子成龙的迫切心理。然而，我并不否认在这轮少儿出版高速发展的浪潮中，"哈利·波特"系列书是立在潮头，走在前面的，在鼓舞少儿出版重拾市场信心、努力开展市场化运营方面具有一定的引领意义，这也是不可否认的。

据开券数据，2001 年、2002 年人文社的少儿图书市场占有率，一直排在少儿出版社的榜首。在一次出版参考杂志社举办的小型座谈会上，有位刚进入少儿出版领域的某少儿

《哈利·波特与混血王子》

当我们面对死亡或者黑暗时，我们害怕的只有未知，没有别的。

社社长说，这开卷公司是从哪里来的，它太武断了，它有什么证据，怎么能够把人文社排在第一，人文社是搞长篇小说、成人文学、外国文学的，它怎么能排在儿童出版社的第一位？当时我坐那儿一笑，没说话。我们互相也都不认识。其他几个出版社社长见我在场，也都没回他的话。我想，当然有证据了，我们的"哈利·波特"系列书每本书起印20万册、印了3本，共60万册，已经销售一空，这不是最好的证据吗？

在少儿出版领域的中外文化交流中，"哈利·波特"系列图书的引进出版可以说是一个标志性事件。

庞沁文："哈利·波特"系列书的畅销是大家有目共睹的，人文社在少儿出版市场化运营方面所起的带头作用也是有目共睹的。您能再谈一谈"哈利·波特"系列书在中外文化交流方面产生了什么影响吗？

聂震宁：在"哈利·波特"系列前三本书被引进中国的同一时期，还产生了《谁动了我的奶酪》《富爸爸 穷爸爸》等一批经管类的畅销图书，这一类图书是我国经济领域对外开放的标志性成果。在少儿文学出版领域的中外文化交流中，"哈利·波特"系列书的引进出版可以说是一个标志性事件。改革开放45年，"哈利·波特"系列书被引进国内23年，差不多是一半时间，而且现在进入新时代，也依然是畅销书，而且是常销书。现在遇到20多岁，甚至30岁的年轻人，都说我小时候读过"哈利·波特"。现在十几岁的小孩，也还在读"哈利·波特"。"哈利·波特"系列书是最早被引进的国外奇幻儿童文学作品，带动了"鸡皮疙瘩丛书"等一批优秀外国儿童文学作品的引进，也激发国内作家开始了对奇幻儿童文学作品写作的探索，同时也激励中国作家创作出多种多样的原创少儿文学作品，努力实现走出去的目标。这么一种态势，也使得国际儿童文学界，对中国的儿童文学写作，对中国的儿童文学出版也刮目相看，这也带动了中国儿童文学作品走向世界。"引进来"与"走出去"，是我们改革开放的基本国策，先把很多先进技术引进来，然后我们在此基础上又开发出新的技术走出去。同样，我们先把国外的优秀出版物引进来，把它出版传播好了，同时，我们也要创造出好的原创图书实现走出去。我们可以把"哈利·波特"系列图书作为一个超越的目标，努力出版更多的能走向国际市场的优秀原创儿童文学作品。

庞沁文：我曾在网络上看到一则新闻，说您获英国爱丁堡龙比亚大学名誉文学博士学位。您能解说一下是怎么回事吗？

聂震宁：英国的爱丁堡龙比亚大学，它是一个综合性大学，因为罗琳就生活在爱丁堡，所以爱丁堡龙比亚大学对她很重视。他们授予了罗琳名誉文学博士，过了一年，他们就联系我，要授予我爱丁堡龙比亚大学名誉文学博士。我说："你们为什么要授予我？"他们说："因为你是在中国最先出版'哈利·波特'系列书的出版人，罗琳已经是我们的名誉文学博士，我们希望你也能够接受我们的名誉文学博士。"我说："我为此感到很光荣，我接受。"荣誉博士对我来说也是一个很有意思的事情，一个小小的荣誉，但也许并不小，我这一辈子没有读博士，所以有一个名誉博士学位也是难得的，那是对我在"哈利·波特"系列图书的引进出版过程中所做的一些工作的肯定。

庞沁文：这不仅仅是您个人的事，我在网上看到授予您爱丁堡龙比亚大学荣誉博士学位是为了表彰您"对文学出版和文化世界传播所作出的贡献"。这说明中国成功引进"哈利·波特"系列书在国际上也产生了影响。

您可以详细谈一下"哈利·波特"系列书对中国儿童文学创作的影响吗？

《哈利·波特与死亡圣器》

胜利，取决于战斗者的意志，而非跟随者的数量。

聂震宁： "哈利·波特"系列书的引进是一个具有历史意义的大事件，至于它对中国儿童文学的创作带来多大的影响，需要儿童文学专家们专门研讨。我作为一个作家，读了这样的书就觉得，小说确实不要写得太拘谨，要让读者感到新鲜才行。过去我们的儿童文学大部分是写实主义的，写的是儿童的现实生活，很亲切，讲道理，孩子读了应该有收益，但是趣味不足。"哈利·波特"系列书一出来，给我开了另一扇窗户，这种写法很新颖，有让人眼前一亮的感觉。

然而，也不是说"哈利·波特"这么写，我就也要来这么写。谁模仿"哈利·波特"可能就会走进死胡同。最近我写长篇小说《书生行》，就是要反其道而行之，我是坚持写实主义的。王蒙说我是实实在在的写实主义。我要实实在在地给读者讲校园的学生生活，实实在在地讲两个人的爱情和故事。很多中老年人看了以后，觉得我原来生活也是这样子的，真实的生活引发了他们的共鸣。这也是一种写作。反过来看，如果大家都写实了，我可能会搞一些奇幻的什么东西。这就是文学创作，似我者死，似他者也死。写作必须遵循创新的规律，这是一条铁律。文学创作就要保持创新，创新，再创新。大家都采用的写法，你就必须做一些变化，要尝试各种各样的写法，把生活写得富有趣味。出版也是这样的，别人都站好位置了，你不创新，怎么可能打出一片天地出来。保持创新进取的一种态势去寻找，你就会找到能够畅销的书。可能不再是"哈利·波特"，而是一种别的什么书。

无论是文学创作也好，或者是编辑出版也好，都一定要有创新的意识、创新的追求、创新的能力。一定不要人云亦云，别人这么写，我也这么写。单纯地模仿别人，想要形成一种更大的影响，恐怕是很难的。

总而言之，创新是"哈利·波特"系列书的灵魂，改革开放是"哈利·波特"系列书得以进入中国的先决条件，时代是"哈利·波特"系列书最重要的土壤和成长空间。差不多就这些吧，今天就讲到这里。

我 30 多年的编辑经验是，始终立足在编辑的基点上，努力把学者、作家和编辑这三种身份结合起来，融合在一起。

——著名作家型编辑、湖南省作家协会名誉主席
唐浩明

/ 唐浩明和庞沁文 /

第二章
《曾国藩》与修身治国的儒家文化
唐浩明畅销书出版口述史访谈

采访时间　2019 年 9 月 24 日
采访地点　长沙岳麓书社办公楼四层录音棚
采访对象　唐浩明
采 访 人　庞沁文
摄　　像　崔　璐　黄　丽
整　　理　庞沁文

/ 采访人按语 /

　　唐浩明先生创作了长篇历史小说《曾国藩》,编辑出版了《曾国藩全集》,他创作了"唐浩明评点曾国藩"系列图书,同时也是这一套书的责任编辑。他进入一个自己写书、自己编辑出版的较高境界,真正地实现了把创作和出版集于一身,在创作与出版方面都形成了一定的品牌效应,他可以说是作家型编辑的典型代表,也是学者型编辑的典型代表。他不仅是青年编辑学习的榜样,也是所有青年学生学习的榜样。

一、《曾国藩》畅销原因解读

长篇小说《曾国藩》能够畅销，最主要的原因是它契合了这个时代，对广大读者的人生有启迪作用。

庞沁文：《曾国藩》是您创作的一部优秀的畅销书，它对我们整个出版史、社会思想文化史，甚至对整个政治经济都产生了很大的推动作用，白岩松等知名人士都曾谈到《曾国藩》一书对他们的影响。下面请您谈谈您创作的《曾国藩》畅销的原因。

唐浩明：为有代表性的图书做口述史，这是一个很好的创意，很有价值！您对我的书的这些肯定，我很感谢，跟大家随便聊一聊吧！

《曾国藩》第一部 1990 年出版，到了 2020 年整整 30 年。30 年一直畅销，我估计今后还会持续一段时期。如果在我的有生之年，能够亲眼看着它一直这样畅销，那我这一生太满足了。《曾国藩》为什么会畅销？也有很多人问过我，我自己也思考过这个问题，从我的角度来看有两个主要的原因。首先是它契合了这个时代，是这个时代的产物。我常常说我非常感恩这个时代，这本书要是在改革开放之前，肯定是不可能出的。这个时代给我们带来很多的好处。

第一，这个时代是一个开放的新时代，为很多想要有所作为的人提供了机会，让他们去充分体现自己的人生价值，也就是说，时代为这样的有志之士提供了很广阔的空间，很多人都可以靠着自己的努力去搭建平台，施展自己的抱负，做很大的事业。我今年 73 岁，我看到它跟过去有最大的不同，很充分地调动了全社会各方面的积极性。在这个基础上，中国才有很多体制之外的像民营公司这样的各种各样的团队在活跃着。曾国藩这个人和他所做的，在本质上也是体制之外的事，他成就了一番体制外的大事业。在这一点上,它与我们这个时代有相当的契合度。

第二,我们现在这个时代,曾经在一段时期内被否定的传统文化正在回归,并日益深入人心,从上到下都有了一种对文化的自信。对于中华民族来说,它最大的特点就是传统文化延续了5000多年,所以我们说中华民族所创造的优秀传统文化是极具生命力的。曾国藩是被公认的中国传统文化的最后一个偶像,他身上所体现的那些文化内涵,是今天的中国人很需要的。

第三,这个时代是一个可以充分反思历史的时代。我读研究生时,恰逢20世纪80年代初期,那是中国思想文化界的一个反思时期,那些文化大家、学者、作家都在讲反思:中国怎么会出现"文化大革命"?中国这几十年的道路是怎样走过来的?我们该从过去的历史中汲取些什么教训?不仅是在体制改革、经济建设这两方面,在文化领域、思想领域、学术领域、文学创作领域等各个领域,大家都在回过头去思考。比如说在文学领域,大家都在考虑重新写中国文学史,就是要一反过去的以作家作品为主线,用一种新的观点、新的视角、新的表现形式来重新书写。

我记得李泽厚先生在20世纪80年代很受年轻人的追捧,

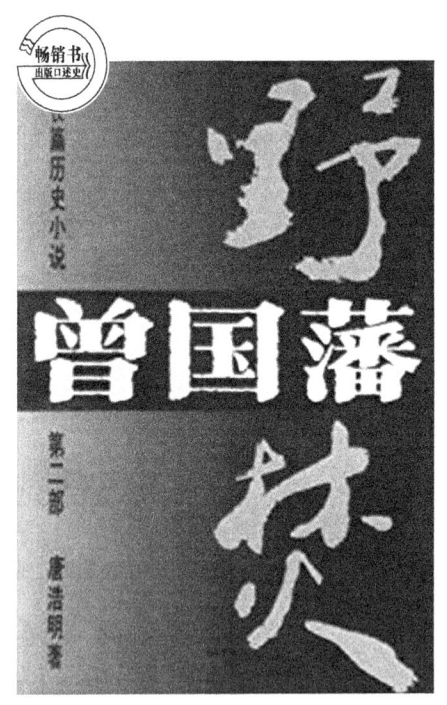

《曾国藩》(第二部)

用兵打仗,虽常有奇策,但只可偶尔用之,不可倚为根本。稳当平实者,常操胜券。

我也很喜欢读他的书。他有一本《美的历程》，就是那个时候出版的，在高校和文化界的反响很大。《美的历程》其实就是一部艺术史、文学史，李先生他换了一个角度，视角新颖，还有他的表现方式也很独特，有些部分就像诗一样，很激情澎湃，他是用诗化的语言来写学术著作的。我后来回想起来，为什么会有《曾国藩》这样的书，你要找源头的话，这些方面可能都是源头。我经历了那样一个时代，有那样一个背景，这种反思的观念，在我的思考中起了很重要的指导作用。

所以后来才有面对着曾国藩的史料和这段历史，或者这些人物，我会从一个新的角度来写，对曾国藩进行重新评价。

庞沁文：您刚才提到《曾国藩》能够畅销有两个主要原因，第一个原因是契合了时代，第二个原因是什么？

唐浩明：一部长篇小说能够畅销，还有一个重要因素是必须满足读者的精神需求，既能满足读者审美的需要又能对读者的人生有实际的启示借鉴价值。

为什么会有这么多的读者喜欢《曾国藩》，应该说正是因为它用艺术的方式塑造的曾国藩这个文学形象读者是喜欢的，而且对他们的人生有启迪作用。如果这本书仅仅只是一种审美的话，它不可能这么畅销。一部纯文学作品，它的文字很美，艺术性很强，它也可能是一部成功的作品，但是它不可能得到这么广泛的认可，绝大部分读者还是希望通过文学作品，来启发他们现实的人生和事业。这是读者或者是我们今天的读者首先的一个想法。或许若干年以后，物质高度发达，人们可能会把审美追求放到更重要的位置；但至少当下，我认为中国绝大部分人在读文学作品时，还是希望对自己现实的人生有所启示。

有个著名的作家曾在《新民晚报》上发了一篇文章，她说唐浩明的历史小说是写给男人读的，是写给那些想要出人头地的男人读的，她建议那些想做点事业的人去读唐浩明的历史小说。实际上我的很多读者，他们的确是想从《曾国藩》这本书里获得点什么。我写作《曾国藩》时，已经是不惑之年，我自己有很多的人生阅历和体会，我知道哪些东西是读者比较关注并抱着很大的期望值来读的。我知道读我小说的绝大部分读者是想做一点事情，对人生有所追求的。

曾国藩是一个励志的典型，是那些有志向、有抱负、想有所作为的人学习的榜样。曾国藩是一个传奇人物，是一百多年来影响中国历史并很受人敬仰的著名人物。不仅毛泽东佩服他，蒋介石也佩服他。能同时让这样两个人都佩服，肯定是一个不简单的人。曾国藩是一个靠自己努力做了很大事业的人，也是个很勤于思考的人。他有大的智慧，根本性的智慧，从他身上可以学到怎么做人、怎么做事。

曾国藩是一个农家子弟，就是个平民，他没有任何的依傍，没有靠山，没有人给他很大的支持。他也不是天才，他的智商就是中等，顶多中等偏上。曾国藩考秀才倒数第二名，考进士也考了三次，而且是最末一等——三等，他是同进士出身。所谓同进士，就是等同于、相当于进士。张之洞的智商一定比他好，杨度的智商也要超过他。

还有，曾国藩身体也不是很强壮，甚至可以说是病号。他年纪轻轻20多岁时，就得了肺病，30多岁后又重患过；35岁时又患牛皮癣，这个病后来伴随他一生。很多人以为皮肤病不是大病，不会致命，殊不知牛皮癣令他痛苦至极。到了40多岁，他又得了很严重的神经方面的疾病，甚至可以说是抑郁症。到50岁时各种老年性疾病，如高血压、糖尿病都来了。晚年时，他的糖尿病已经很严重了，眼睛又失明，右眼完全看不见，左眼只有一线光；然后又神经末梢全部坏死，手抬起来放不下，舌尖是硬的。他说他讲20句话就不能再讲了，因为舌头不听使唤。他最后死于脑溢血，虚岁62，实际上刚过60。他儿子陪他在花园里面散步，突然就脑溢血死掉了。他一生就是这样，我们这些人百分之百身体都要比他好。

曾国藩是一个各方面都很一般的人，却在艰难的环境下做出了不凡的事业，读者都想知道他是如何做到的，可以从中借鉴些什么，我的小说用艺术的形象满足了读者的需求。我想这大概也是《曾国藩》这套书畅销的一个重要原因。

二、曾国藩其人及对作者的影响

人生最重要的是修身自律，守住初心，行走在不断完善自我的道路上。

庞沁文：您研究曾国藩 30 多年，他对您影响最大的是什么？

唐浩明：我这一辈子和曾国藩有不解之缘，曾国藩对我有很大的影响。我说我用了近 30 年的时间在读博士。我们现在读博士、博士后，加起来也不过就四五年。我这 30 年，可以说读了几个博士、博士后了。30 年都在这种氛围中，那可以说是熏陶很深，不只是接受一种教育而已。30 年可以使人从里到外整个潜移默化，甚至全面改变。我在不知不觉间接受了他许多人生理念，尤其是修身自律这点，我从心灵深处能够接受他这个儒家思想，是发自内心的。尽管我们很多人都在谈修身，历史上的许多贪官也在说修身，但是很多人不一定能从心底深处接受这样一个理念。嘴上说的与心里想的，可能不一致。

作为一个生命个体，人与生俱来就是善恶并存的。儒家学说告诉人们，要努力地把善的东西激发出来，并弘扬光大；尽量把恶的东西遏制住，把它降到最低程度，这就是修身。从本质上来说，修身就是扬善去恶，就是有意识地进行生命的再塑造，通过后天的努力，让生命更完善。

曾国藩一生的根基在于修身，也就是梁启超所说的"其一生得力在立志，自拔于流俗"。他曾经长时间很自觉、很痛苦地去修身，这是他后来人生和事业的基石。这一点对我这几十年来的影响很大。他的人生智慧是高层次的。

首先，面对那么多的诱惑，曾国藩能够守得住做圣贤的初心。湘军是他自己建立的，军队大量的钱是他自己筹来的，这个钱可不是一点点，可以说是如山如海。军队由他来管，他如果想贪污一点，或者他想接受别人的行贿，这些都太容易了，而且没有任何痕迹。但是，他公私分明。"守住初心"这句话，说时容易做时难。哪一个贪官，不是上任时都信誓旦旦要做一个清官，但是当面临巨大的诱惑或在只有天知地知的时候，许多人就守不住了。曾国藩却能守住。他的这个定力，非比一般。湘军打下南京后，很多人包括他手下的那些心腹，都劝他称帝。这是多大的诱惑，可他守着自己的初心，不为所动；不但不动心，还自己去裁撤湘军。过去都说这是曾国藩对大清王朝的忠诚，当然没说错。但对他本人来说，其实还有更主要的原因，那就是守住做圣贤的初心——在圣贤事业与豪杰事业之间，他更看重的是圣贤事业。豪杰事业做到顶，就是建立一个新的朝代，自己做帝王。他也可以这样去做，但他内心真正要的是忠于圣贤事业。说他只是忠于清朝廷，那是浅层次的看法。他最后也许没能成为圣贤，但有一点是确定的，那就是他一辈子都行走在通往圣贤这个目标的道路上，没有偏离，没有放弃。

其次，曾国藩有个理念叫作"求阙"。我受他这个理念影响很深。曾国藩在他30多岁人生事业很顺的时候，就有"求阙"的理念。他把自己在北京的住处取名叫"求阙斋"，后来还写了一篇文章叫《求阙斋记》。所谓求阙，就是认可欠缺，不求圆满。它的理论依据是世界上本来就没有完满无缺的东西。我们看月亮，常说十五的月亮十六圆，现在科学告诉我们十六的月亮也不圆满。你说人生圆满，什么样的人生是圆满的？你说事业圆满，什么样的事业是圆满的？有一个标准吗？没有。

有缺才是正常的，什么事情都有缺。因此我很认同"求阙"这个理念。

再者，曾国藩对拙诚很赞许。这对我的影响也比较大。拙诚的反面叫做巧伪。我们看这个现实世界，追求拙朴真诚的人可能很少，大部分人都看重乖巧圆滑。曾国藩提倡拙诚，倡导以拙胜巧以诚应伪，甚至认为"唯天下之至诚，能胜天下之至伪，唯天下之至拙，能胜天下之至巧"。这是他的价值观，也是他的人生大智慧。靠巧伪也有可能取胜，但那是一时的，是不能长久的。真正经得起时间考验的成就，是靠拙诚来获取的。他提出的这种理念，给了我很大的启示。

好汉打脱牙齿和血吞。

庞沁文：曾国藩这个人物给您最大的影响是要修身养性，那您方便说一下《曾国藩》这部作品里最感动您的一句名言吗？

唐浩明：我在《曾国藩》这部书里有四次出现这样一句话，那就是：好汉打脱牙齿和血吞。这是曾国藩说的一句话，他常用这句话激励他的弟弟和他的部下，但更多是用来激励自己。这句话也是湖南的一句俗语，说不定中国别的地方也有这样的话，只是说的方式不一样而已。一个人被打败了，或者做事情很不顺利，遭受到很严重的挫折和困难，这都属于打脱牙，处在这种情况下，要连牙齿带血一起吞下去，就是让失败的惨象和心里的痛苦，一点都不要流露出来，不让外人知道。曾国藩的意思就是说，遇到极大的打击，我不让外人看到，更不想在受到严重打击以后的那种惨象让别人来同情，也不把责任或怨气推给别人，就是不怨天尤人，一切都吞在自己的肚子里，总结教训，从头再来。曾国藩说，你如果怨天尤人，把责任推给别人，或者认输，一蹶不振，这都是懦夫。他对弟弟说，他平生的真诀就是这句话。他说他受了很多打击和痛苦，但他就死记一条："好汉打脱牙齿和血吞。"一切后果都认，就是不认输,这句话是真行。我记得小说里出现过四次,我要它反复出现来警醒我的读者。之所以这样,就是要把对我影响最大的真言告诉读者。我很看中曾国藩的这种倔强精神。曾国藩给他的家人讲:男儿以懦弱无刚为耻。这是那句话的另外一种表达。我不能在外人面前示弱,我不把痛苦显示出来,我在别人面前是强者,虽然这个强者的内心很痛苦,但别人依旧以为我是强者。他说他这一生就是这么做的。但凡想做一点事情,就得要有这种精神。我们关在书房里写书,好像是比较简单的事情,其实也不容易,有很多让你烦心的事,也有内心的痛苦。但你既然做了这个事,就要打脱牙齿和血吞,要把书写出来。你如办个公司,要在商海中冲破险风急浪,最后还要成为一个胜利者,一样非常需要这种打脱牙齿和血吞的精神。

三、创作《曾国藩》的起因及作家的快乐

为了实现理想,全身心地投入,这样的生活是最美好的。

庞沁文:您的一生经历丰富,您认为一生中最幸福的时期是哪个时期?

唐浩明:创作《曾国藩》等小说的时期是我人生最美好的时期。我之所以要写长篇小说《曾国藩》有很多原因,其中一个重要原因是要圆自己的作家梦。我十几岁的时候,就很想当作家。1966年3月21日,在大学上俄语课时,老师在上课,我在做梦。梦中我成为一个作家了,有记者来采访我,我跟他们侃侃而谈。我把这件事记在俄文教科书上,这本书居然保存下来了。30多年里多次迁徙搬家,其他好多书都丢失了,但这本书却保留下来了,很是神奇。2018年,中国作协也跟你们一样有一个宏伟的计划,他们要选100个作家做文学纪录片,第一批30个人。他们带着摄像机从北京到长沙来,我把那本书找了出来,他们录了像。这是我的作家梦,

没圆这个梦，我一直不甘心。人要有梦想，年轻人更得有梦想，这个梦想存在心里头，内心会涌动，它时时刻刻在提醒你、点拨你。

我在整理编辑《曾国藩全集》的过程中，感到曾国藩这个人物的一生经历非常丰富，特别适合写一部长篇小说。我就想，为什么不来圆自己的作家梦呢？我已经快40岁了，还不圆这个梦，要等到什么时候呢？所以，我就决定写以曾国藩为主人公的长篇历史小说。我做出这个决定后，就把其他的事情都屏蔽掉，后来还辞掉了岳麓书社副总编辑的职务，以便腾出更多的时间来写作。

从那以后，我就再没有星期天，也没有节假日，更没有应酬。白天编《曾国藩全集》，晚上写作《曾国藩》，我活在曾国藩的世界里。我也没有耽误工作，我每天都在编书、写作，因为它也不矛盾。我编书可以大量地阅读一些相关史料，下了班，什么事情都不做，进到屋子里面马上就写书。就这样，每天从晚上要写到凌晨一两点钟。那时候精力很充沛，一点儿不觉得累，尤其是创作可以让你兴奋，每天都处在亢奋状态中。我感觉不到外面的天晴天阴，甚至连春夏秋冬季节的

《曾国藩》（第三部）

庄子和孔子并不是截然相对立的，入世出世，可以而且应该相辅相成，互为补充。

变化都没有感觉，完全沉浸在创作的状态中。

我从1984年开始接手《曾国藩全集》的整理编辑工作，同时开始思考创作长篇小说《曾国藩》，到1992年3本书全部出齐，为期8年，后来又用了9年的时间创作了《杨度》和《张之洞》。我从38岁到55岁，把17年的黄金年华都奉献给了这3部历史小说。17年里，每天都在写作，每天都有新的感受，每天都处于一种兴奋状态。这是我一生中最充实、最有价值、最有意义的17年。古人讲"闭门著书真岁月"，肯定是本人亲身经历了一个长时间的创作过程，不然是写不出这样的话的。现在回过头来看，我觉得我人生最美好的时期，就是写这3部历史小说的17年。这期间当然会有许许多多的烦恼，但一个人如果有了事业心，有了对事业强烈的热爱，能够全身心地投入，那么在别人看来很累很苦很难的事，他却能从中获得特别的快乐。所以说，诗意的生活其实不是很难，调整一下自己的心态，大家都能过诗意的生活。

文学创作最重要的就是激情，王蒙老先生已经80多岁了，他说他现在还可以写爱情小说，这是难能可贵的，这老先生太值得我们佩服了。我经常跟年青的朋友们讲，要抓住生命中最重要的年华，努力去做一些有意义的事，这个最重要。要选对一件有意义的事，用你的全部激情去拥抱它，在你最美好的年华里做那么一点事情出来。当然，人的能力有大有小，能力大就做大一点，能力小就做小一点，这都没有关系，你无悔这一生就足够了。

一个作家写的书有许多普通人在读，能够引起普通人的共鸣，这是对一个作家最大的奖赏。

庞沁文：您所说的让我认识到，为了实现理想，全身心地投入，这样的生活是最美好的。现在您已经成为著名作家了，作为作家您最大的快乐是什么？

唐浩明：唐代有个很有名的故事，叫作"旗亭画壁"。说的是王昌龄、高适、王之涣三个很有名的诗人，一次在看文艺演出时，通过歌女唱的是谁的诗来比谁名气大。意思是说让社会说了算，作家不要去争谁第一、谁第二，而是要看社会反响，看老百姓怎么评价，金奖银奖不如老百姓的夸奖，金杯银杯不如老百姓的口碑。

我也经历过一个类似"旗亭画壁"的很有趣的故事。2003年10月份，浙江省作协发起一个中国作家节，邀请国内很多作家来参加，我也去参加了。他们跟企业家们联合起来办，办得很热闹。

其中有个很重要的活动叫作"走进浙西"。我们被安排去看浙江西部江山县的一个古镇，这个古镇叫作廿八都。我们一行人走在青石板铺成的街道上，看到不远处有一栋很老的民居，一位老人坐在高高的门坎边看书。离老人大概还有几十米远的时候，有个作家突发奇想，说我们去看看这个老人读的什么书，是不是我们中间的人写的书，他在看谁的书，就说明谁的作品受欢迎。大家都觉得很好，这个很随机，有点像"旗亭画壁"。我们走过去，看到老人把书平摊着翻开，用一个夹子夹着读过的部分，正专心地往后读。我们让老人把书翻过来，一看原来是我写的长篇小说《曾国藩》的第一部——湖南文艺出版社出版的封面很鲜丽的《血祭》。大家都说我中奖了。

我们问老人家多大了，他说85岁。我们说"85了还能看书，眼睛还好吗？"他说，"带着老花眼镜还能看"。我们问，"这本书写得怎么样？"他说"这本书村里好多人都说好，推荐让我读读，我好多年不读书了，就买来读一读，真的写得好"。有个作家就指着我说，"你知道他是谁，你认得吗？"老人看了我半天说不认得。那个作家把书翻到有我照片的那一页，问老人"你看这个人跟这个照片是不是一个样？"老人仔细地看看照片，再仔细地看看我，说有点像。那个作家说这个人就是这本书的作者。老人一下子就激动起来……电视台随行的人把这珍贵的一幕拍了下来。我一生最为感动的就是这一幕：在一个边远的山村，一位素不相识的老人在看我写的书。作为一个作家，我感到了莫大的荣幸和安慰。这比什么奖都要好，它的珍贵程度超过任何奖项。当时的情景，我至今不忘。

四、《曾国藩》的写作与出版过程

几经周折，《曾国藩》才得以出版，好事总是多磨。

庞沁文：您创作的《曾国藩》对我国思想文化发展产生的影响比较大，《曾国藩》的出版过程是我们做畅销书出版口述史绕不过去的一个最重要的方面。请您着重谈一谈《曾国藩》的写作与出版过程，希望您能谈得详细一些。

唐浩明：说细一点，好吧。决定写小说时，我一开始并没有写长篇，最初写的是一个中篇，叫作《曾国藩出山》，5万字左右。我为什么一开始写中篇呢？我虽然很早就想当作家，但是我自己动手写的东西不多，发表的东西就更少了。尤其是要写长篇小说，我很没有底，我就先写个中篇试一试，暂时不把自己的规模定得太大，定小一点，先写一个中篇练练笔。我也想先试探一下，看看我写的这些能不能刊登，别人认不认可。于是我就写了一个5万字的中篇《曾国藩出山》，写他离开京师回到湖南时，面临着大变局的到来，朝廷要他来组织一支队伍，应对战事。本来按照当时的制度，他在家里办完丧事后要接着守三年孝。这个时候他已经不是朝廷的官员了，就是个普通的老百姓。就在这个时候，朝廷叫他出山来办团练，我就从这里写起。

当时我写完以后，想先放在杂志上试一试。湖南有一个杂志叫《芙蓉》，湖南文艺出版社下面的一个大型文学刊物，它鼎盛的时期也曾被列入中国四大名刊，和《收获》《当代》这些刊物并列。我就想投稿到《芙蓉》杂志去试一试。《芙蓉》杂志编辑部里我也不认识人，虽然同在出版系统，但我不善交际，所以单位外的人几乎都不认识。我就请一个同事帮忙，让他带稿子到杂志社去投稿。过些日子，《芙蓉》杂志就要我过去，我就到了湖南文艺出版社，第一次走进《芙蓉》杂志编辑部。让我去跟他谈话的是《芙蓉》杂志的编辑部主任朱树诚，他比我大4岁，是1942年出生的，但那时候他显得蛮老的，好像50多了，头发差不多都白了，其实只有40多岁。他对我很认真地说"你的稿子我看了，稿子嘛，写得也还可以"。不是评价很高的那种，只是"可以"。他说"你这个人物选得好，这个人物值得写，那个时代也值得写，这不是一个中篇的题材，要写长篇，你至少要写30万字的一个长篇"。他说"你要把它作为长篇来构思，这个中篇我就不发表了，免得影响了你以后的长篇"。他说得比较客气，我估计他可能觉得我这一篇不怎么样，不好发。他最后还说"我等着出你的书，出长篇，你把它写好，写好后你也不要找别的地方了，你就放在我们湖南文艺出版社来出好了，我来负责出你的书"。这几句话在当时给了我很大的鼓励，也给了我一点信心。他是《芙蓉》的编辑部主任，见过很多优秀的作品，他让我写长篇，应该有点依据。

就这样，我决定了写长篇小说。等第一部写好了，有30多万字，我就交给朱老师，说"您帮我看看，如果你们认可，觉得好的话，这个书就在湖南文艺出版社出"。后来这个书好久没有消息，我从别的地方辗转打听到，这部书在湖南文艺出版社内部有一些分歧，就是对这个选题、对曾国藩这个人有不同的看法。这个选题报到局里面批的时候，绝大多数人的意见是对这个事情要慎重。

我父亲后来跟我讲，他在台湾找好了一家出版社，叫作黎明文化公司。他跟这家出版社也熟，跟总编辑他们都很熟。我还记得这个总编辑叫王燕生。我一看这个名字就想他一定是大陆过去的，他一定是河北一带的人，燕生，燕地生的嘛。他是我父亲的一个熟人。他说没问题可以出，但是他提出来一个条件，就是这个书稿要由繁体字写。因为我们这边用简体字，台湾那边用繁体字。他说你写简体字他们不认识，印出来后就会错误百出，要用繁体字。还有就是要竖行的，台湾的书是竖排的，横排他们也不习惯。好吧，我想这和大陆的简体版就不重复了。我开始找人来抄成繁体竖行，先把第一部抄好了。托谁带到台湾去呢？那个时候已经到了1989年，已实行开放两岸的政策，有些老兵回来探亲。我就托一个老兵，他的亲戚在长沙，就托他带过去了。到了1990年8月份，黎明公司就出版了第一部。所以《曾国藩》这部书最先面世的是台湾黎明文化公司推出的这一版，就是今天我给你们看的那个版本。

当然，这边我也在努力。我还是最想在大陆出版，在大陆出版更重要，是不是？台湾出版只是在台湾地区，我第一个愿望是希望在大陆出，在湖南文艺出版社出。湖南文艺社私底下在争取，我自己也出了一部分力。我自己的这个努力，后来我觉得，可能最后起了比较大的作用。湖南出版界人事经常在变动，原来新闻出版局的老局长，职务有变动，就调了一个新的局长来，是株洲市委的一个副书记，调到我们这里来当局长，这位局长名叫陈满之。他刚来不久，我想这是个好机会。过去的领导虽然也关心，但可能有些其他方面的原因，他们不好办。现在换了人，是一个很好的机会，我要当面见见他，把我的一些想法以及这本书的一些情况跟他汇报。那天我就去了陈局长的办公室，做了一番很郑重的陈述。就在他的办公室，我一个人讲了两个多钟头。陈局长很好，他也不插言，他一直就是默默地在听，让我讲。我便借这个机会详细汇报了为什么要写这本书，这本书的大致情况怎么样。讲完了以后，他讲话并不多，但是很有分量。他说我听了你的陈述，我有这样一个认识，我没有跟别人商量，这是我个人意见。作为局长，对出书，我就守着两个底线，越了这两个底线，我不出。第一个，就是政治上有没有问题。第二个，内容上是不是淫秽色情黄色的东西。他说，我来当局长，我心里给自己定了这两条底线。听了你的介绍，我觉得你这本书稿没有触犯这两条底线，应该没问题。他说出版没问题，我当时听了，觉得这个局长好开明。他说，这个事情，他还会跟别的领导谈一谈。局长的这个表态，我向湖南文艺社作了传达，他们听了当然也很高兴。局长讲得很明确，他们也就积极争取。后来我听说，局长不仅自己看，而且还要求党组每个成员都看，并且要表个态度：出还是不出。

陈局长很开明，但又是很严谨的。出版这个事情是很谨慎的事情，不能出大的差错。所以，他自己亲自看，而且要求每个班子成员都看，看过再表态。结果居然通过了，局党组的每个成员都表态说没有大的问题，可以出。

五、《曾国藩》的社会影响及宣传营销

经商要读《胡雪岩》，从政要读《曾国藩》。

庞沁文：《曾国藩》出版后产生了广泛的社会影响，您能举几个例子加以说明吗？

唐浩明：后来，湖南文艺社就开始进入正式的出版流程。清样还在校对室时，几个校对员就一片叫好。他们说这个书太好了，我们好多年没有看到这么好的校样了，这次读校样就是个享受。校对是最初的读者，当时很少有让校对都发出叫好声的书。为什么？一个是本来好书也难得，另一个是校对跟读者读书又不同，他们更关注的是你哪点出了差错，一本书在他们的眼中是支离破碎的。用一句行话来说，他们是庖丁解牛不

《曾国藩》（第一部）

自己只看到吏治腐败、绿营腐朽的现象，弄得心灰意冷，却不曾想到可以用自己的力量，按自己的想法去重新开创一个局面。

见全牛。他们通常是对全书模糊，只注意一字一句一个标点符号的差错。他们关注的不是好，而是不好。所以，让校对叫好很难得。《曾国藩》印出来后，湖南文艺出版社门前车水马龙，要书的买书的络绎不绝。

后来，我听朱树诚老师讲了一个故事。他说那时湖南供电很紧张，经常断电，印刷厂的电是常常被停的，一停电就不能工作，给印刷厂造成很大的影响。所以印刷厂经常打电话给供电部门，请他们供点电。供电部门说："好呀，你送几十本《曾国藩》给我们，我们就给你供电。"这是印刷厂的人跟朱老师说的，他说："感谢文艺社给我们出这么一本好书，从此我们的供电就不成问题了。"

这是当时书出来时，很直接的一些社会反响。那时大家一致都说好，出版局的领导就讲：好了，局党组以后就不要看了，第二部、第三部就让出版社自己决定吧！后来我就把《曾国藩》第二部、第三部直接交给湖南文艺社。《曾国藩》第一部出版的时候，湖南文艺社的社长是弘征。

第二部出版的时候，社长是曾果伟，就是那个到我家取走书稿的副社长。第三部出版时，又换了一个社长张光华。张社长后来还做了湖南出版局的副局长。三部书，三个社长。湖南文艺版《曾国藩》第一部推出的时间是1990年11月份，比台湾黎明文化公司晚了3个月。第二部、第三部就很顺畅，基本上跟黎明文化公司是同步的。黎明文化公司后来也是隔一年，1991年出第二部，1992年出第三部，基本上跟文艺社是同步，文艺社也是1992年出齐。当时社会上的反应是第二部比第一部还好，第三部比第二部更好。

原来，在《曾国藩》第一部出版大家都叫好的时候，还是有很多编辑有点担心，怕后面的写不好。大家知道，有一种观点认为，我们中国的四大名著都是半部名著。比如《三国演义》前半部写得很好，后半部就没有前半部好。《水浒传》也是这样，前面写得很精彩，那些主要人物的登场都很精彩，后面就不行了，就很散漫了。《西游记》更明显，九九八十一难，前面的难写得很好，后面的那些难大多是凑数，没有什么好看的，作者要凑八十一难。就连《红楼梦》这样伟大的作品，它的后面写得也有点弱，更不要说高鹗的续作了。所以，有个观点认为中国的四大名著都是半部名著，很多长篇小说也是这样的。我们看到很知名作家写的书，写得最好

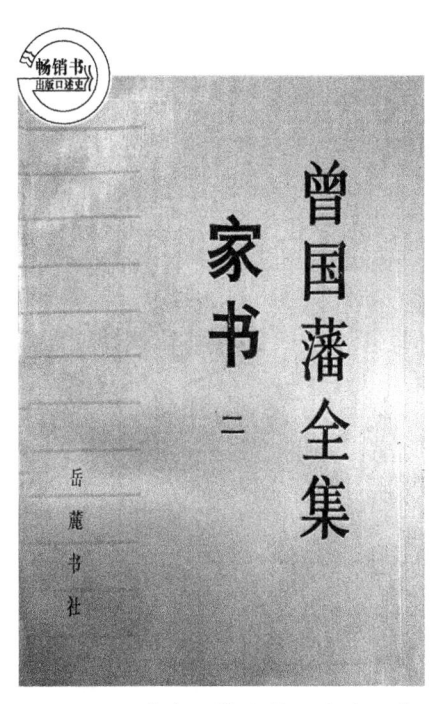

《曾国藩全集·家书二》

坚其志，苦其心，勤其力，事无大小，必有所成。

的，还是他的第一部处女作。因为那倾注了他全部的精力，调动了他整个人生的阅历、思考和才华。后面的作品，或者是自己态度上不认真了，或者是江郎才尽。所以当时许多人就怕第二部、第三部会弱，那就很难成为一个整体。很庆幸的是，第二部比第一部还好，第三部更好，更深层的内涵是在第三部。

1992年《曾国藩》三部全部出齐了以后，湖南文艺社知道他们做了一件很好的事情，多少年来他们都没有出过这样的书，这给出版社带来很丰厚的利润。出版社一年要印好多次，每一次都印很多很多的。很多人对我说，唐浩明你发财了，你的书印得那么多。我告诉他们，印得最多的时候根本就与我没有什么关系。那个时候不是版税制，而是基本稿酬加一个印数稿酬，很少的一点钱。当然，我写书的目的也不是想去赚钱，我对稿费多少也不在乎。

庞沁文：酒香也怕巷子深，《曾国藩》出版后您做了哪些宣传营销呢？

唐浩明：我可以跟你说，我没有营销这个概念。当年《曾国藩》出版的时候，整个出版界还没有把经济效益看得那么重，只谈社会效益，后来也慢慢谈经济效益了，但没有把经济效益摆在很重要的位置，没有营销这样的观念。还有，湖南人本来就不会做生意，湖南人很看中的就是从政打仗，营销经营这方面很外行，不如江浙一带的人。

要说营销，我无意间做了一件事情，对《曾国藩》起到了一个很好的营销作用。有一天常德市原来的市长，这个市长现在我都记得，他是福建人，有着很好的文化素养。他是我的一个忠实读者，他通过别人介绍，跑到我家里面来了。他讲："我是你的读者，我很喜欢读你的书，一直想见见你，跟你聊一聊。"他说："我以前每次从常德来长沙开会，我的司机给我开车，路上几个小时，我们基本上不讲话。"可这一次，司机知道我要到长沙来见你，我们两个一路上都在聊《曾国藩》，聊得我们兴奋得不得了，一路上没有停过嘴。我们从来没有这样聊过天，从来没有这么高度地吻合过。"他说："你这个书，在我们常德好多人都在读。有个朋友给我讲过一句话很好，叫作：经商要读《胡雪岩》，从政要读《曾国藩》。"我觉得这话好有意思，我就记住这两句话了。后来，有一次省台办一个副主任来了。因为我是台属，台办跟我的关系比较近一点，他们经常会到我这里来看看，聊一聊，关心关心。省台办副主任跟我说："你最近出版了《曾国藩》，这是一件很大的事情，我们想要采访你，写一篇文章来介绍一下，我们也会向国台办去说说这件事情。"我就顺便把常德市长跟我说的"经商要读《胡雪岩》，从政要读《曾国藩》"告诉他。他说这是老百姓的口头语，很形象、生动。他就把这句话就写到他的文章里面，后来就在《湖南日报》发表了，大概也在其他媒体发表了，它一下子就成为一个响遍全国的广告语。根本不是像我们今天一样，大家很辛苦地老去琢磨什么广告语，为这书做营销、做包装，我没有这样做，完全都在不经意之中。我当时也没想到这两句话后来就传遍大江南北，成了这部书最好的一个广告语了。一切都在随性的不经意之中，反而很好，这个效果非常之好。我们现在好多人精心地去营销，挖空心思写广告词，都没有多大的效应是吧？那个时候还不兴炒作、营销、策划什么的，也不兴找一些吸引眼球、动人心魄的广告语，大家没有这个概念，就无意中得到的这句话，后来反而成为《曾国藩》最响亮的广告语。

六、唐浩明编辑生涯的三个阶段

我的编辑生涯可以划分为寻找自我阶段、编辑湖湘文化品牌图书阶段、图书写作与编辑合一阶段三个阶段。

庞沁文： 您做了一辈子编辑工作，请您对您的编辑生涯做一个总结，您的编辑生涯可分为哪几个阶段，每一个阶段有什么特点，各个阶段之间有什么联系。

唐浩明： 我1982年被分配到湖南岳麓书社，退休是2016年，1982年到2016年，34年。2016年到现在，我虽然退了，但社里还聘请我做首席编辑。这3年也还是在做编辑工作，那么就37年。从做编辑来说，我大概经历了这么三个阶段，第一个阶段是从我进入出版社到1984年、1985年这个时候，基本上是一个摸索的阶段。因为不知道自己的编辑工作该怎么安排，不断地在摸索，在磨合，在努力地寻找。虽然出了一些书，但没有一个固定的东西。基本上是上面领导给我安排一个什么书稿，或者遇到什么书稿，我就出一本什么书。这样一个摸索磨合的阶段，寻找主攻方向的这么一个过程，经历了两三年的时间。

从1984年开始，我接受领导安排来做《曾国藩全集》的责任编辑，到1985年，我把手头别的书稿陆陆续续结束以后，就专心来做《曾国藩全集》的整理编辑工作，一直到21世纪初。这段时间我的方向很明确，就是整理、编辑、出版湖湘文献，这是我做编辑工作的第二个阶段。在编辑《曾国藩全集》的同时，我发现还有别的近代人物，湘军里面的一些重要人物，他们都有文字留下来，我觉得我可以来做这个事情，我来整理出版。比如曾国藩弟弟的全集等，都是湘军很重要的一些资料。《左宗棠全集》，我参与了一部分。还有一部"20世纪湖南文史资料文库"，省政协编的，也属于湖南近代文献。自从编《曾国藩全集》以来，我的脑子里就慢慢形成这样的一个认识，就是编辑虽然号称杂家，但也不能太杂了。太杂了以后，你就完全被别人来代替了，就只能做一个案头文字方面的工作了。如果把范围缩小一点，则可以当一个更专业的编辑，可以做一些有计划的安排。同时，还可以做出一些品牌效应。比如说我们做湖湘文化，主要做湘军那一段时期，就做出品牌来了。要研究中国近代的历史，尤其是在湖南发生，或者湖南人在里面担任很重要角色的历史，比如近代太平天国的历史、湘军的史料等，如果你要找这方面的书，就请到岳麓书社来找。后来，我还提出要做湘军史料丛刊。我知道很多人物的传记年谱，还有一些零星的史料，我们可以搜集一下，把它们收集起来，整理出版。以后研究曾国藩、研究湘军、研究近代湖湘文化，就到湖南来，就找岳麓书社，它会给你提供国内最多的这方面的资料。这里的编辑，也是对这些情况掌握最多的权威人士。我后来为自己做了这样的规划，也就是为自己的编辑生涯，做一个明确的弘扬湖湘文化的职业规划。

第三个阶段实际上我是以编辑的身份，出版自己写的书。2002 年我开始评点曾国藩家书，自己当作者，自己当编辑，集作者和编辑于一身，把书推出来。我后来的评点曾国藩系列都是这样做的，首先评点家书，评点奏折，然后评点语录，评点日记，评点书信，评点诗文，前三本都是我自己当作者，自己当责任编辑。最后的阶段就是这样，又当作者又当编辑，在岳麓书社出版这些书。

一般情况下自己写的书是不可能由自己来编辑出版的，人家可能以为你在徇私舞弊。通常一个编辑，怎么能够把你写的书放在你所在的出版社出呢？但是我所在的出版社的领导，认为这些书由我来写会更好。比如评点曾国藩系列，他们说只有我来做最好。这个选题一旦通过，要找作者还只有找我比较好，你要找别人可能还不合适。多年来我写的书给岳麓书社带来较好的社会效益和经济效益，因此大家也没有意见。

评价出版社出书的好坏，无非就是两个角度：一个社会效益，一个经济效益。社会效益好，经济效益也好，两者兼备，那就是最好的书。我撰写并责编的评点曾国藩系列书销售都很好，而且它们都得过奖，什么全国畅销书奖、优秀古籍普及读物奖等。后来因为我年纪比较大一点

《唐浩明评点曾国藩家书》

他们既志存高远，又脚踏实地，修身务本，储才养望，在天时未到之前，努力准备着，一旦机会降临便能很快把握住，捷足先登。

了，我写的几个评点本也就交给别人来编了。当然，交给另外一个人做责任编辑会更好，又多一双眼睛把关。

总的来说，我的编辑生涯可以划分为寻找自我阶段、编辑湖湘文化品牌图书阶段、图书写作与编辑合一阶段三个阶段。第三个阶段我也责编过一些别人写的图书，但不是很多，主要的还是自己写的书自己来做编辑。

最近这几年，我其实也没做什么事情。这三四年我没有做具体的工作，岳麓社希望我还留一留，一个主要的事情就是给买我的书的人签名。我每天都要做这个事情。你看这车里100多本书都是让我签名的，每天多的时候可以有几百本，少的也可能有10来本，几乎每天都有。

岳麓社的领导说："你也别走了，就留在这里，签名这个事情也不累。"我想也好，现在书又不好卖，大家愿意买你的书，希望你签个名，尤其我的很多书，价格定的很高，他买了做礼品。礼品书上有个作者签名就更好，你不签名他就有可能不买你的，而去买别的东西做礼品。现在书也不是像过去那样比较缺乏，书也多了，能来买来读你的书就很好了。读者有这样的需求，我应当满足。

庞沁文：我觉得您讲得确实挺好，您的三个阶段的经历，实际上也代表了一代编辑需要经历的三个境界。第一种境界是探索磨合。每一个人到出版社做编辑，一开始编的书都比较杂，可能是领导安排的，也可能是别人找他编的，这个大家都会经历，但好的编辑一开始就会在练好基本功的同时探索寻找自己的特色。第二个境界，立志于做某一方面的专业编辑。有一个专业的定位，在某一领域里面深耕，在这方面形成一个图书板块，做出一定的品牌影响。这是编辑的一个努力方向，在全国来说已经有不少编辑在这方面做出了一定的成绩，但远没有您的影响大。他们可以说已经成为了一个专业型编辑，而不能说是一个专家型编辑。我所认识的编辑中，有的在编围棋书方面形成了特色，有的在编武术类图书方面产生了影响。有一个美术编辑，因为看色准，他所责编的画册印制效果非常好，所以许多年轻画家都找他出画册。

唐浩明：对，要做一个有特色的编辑、品牌编辑。

庞沁文：我觉得您讲的自己写书、自己编辑出版可以说是编辑应该努力争取的第三个境界，也是编辑应该追求的最高境界。如果一个编辑他真正地能够把创作和出版集于一身，那就可以说他是一个非常成功的创作型编辑。一个编辑如果想要编辑出版自己创作的作品，前提条件是他应该像您一样，在某方面的创作地位是别人不可取代的，这个事情只有他做才能获得更好的市场回报，这就要求编辑必须得努力在某个方面达到一个更高的水平，这样才能获得别人的认可。不然的话，一个一般的编辑，想要来编自己写的书，那选题可能通不过，也有可能被认为是以权谋私。

> 您在曾国藩研究方面已经取得了一个很高的成就，市场认可您，由您来写作评点曾国藩系列那是再合适不过的。只有您来做这个评点系列，这个评点系列才有可能畅销，那再换一个人做，市场就可能不认可。

唐浩明：这个是水到渠成的事情，并不是说自己去刻意要这样子做。其实过去中华书局，就有这类编辑。比如说中华书局的编辑杨伯峻先生，他的古文献研究，当时是全国第一号。中华书局的总经理金灿然指定由他整理《春秋左传注》，后来在中华书局出版。重要的是只有他能承担《春秋左传注》的工作，大家才认可，这确实不容易。

七、如何做一个作家型编辑和学者型编辑

> 我30多年的编辑经验是，始终立足在编辑的基点上，努力地把学者、作家和编辑这三种身份结合起来，融合在一起。

庞沁文：您是一位著名的编辑，同时也是一位著名的作家，您认为作为《曾国藩全集》的责任编辑和长篇小说《曾国藩》的作者之间有什么联系吗？

唐浩明：作为《曾国藩全集》的责任编辑，我阅读了《曾国藩全集》的全部内容，我可以从中间发现很多细枝末节。有一句话说"历史保存在细节之中，从细节来读历史，往往能读到更真实的历史"。如果你不去认真读这些史料的每个字，你就不可能真正获得历史的细节。这正如生活是作家灵感的来源一样。作家要深入生活，要亲身沉入生活的底层，如此才能更深刻地认识生存的本质，同时也会给你以无穷无尽的艺术灵感，启发你创作的思路。深入到历史留下来的文字里面，就如同当今的作家深入到社会的里面。你沉入得越深，你的感觉就越深切，它给你的

《唐浩明评点曾国藩语录》

曾氏以中国学问为教材，不仅尽可能地完善了自我健全的人格，而且成就了一番事功，并因此改变近代中国历史走向，这就是所谓的「内圣外王」。

启发就越多。我们写历史小说的，当然不可能回到那个时代去，你只能从那个时代留下的第一手资料来感悟那个时代。对于这些史料，你读得越多、越细，你就能越深入地回到那个时代去。所以说编辑《曾国藩全集》，给我写《曾国藩》这部小说奠定了一个很好的基础。

同时，写作《曾国藩》也帮助我更好地理解我所编辑的这些史料，促进我做好编辑工作。最重要的是我写《曾国藩》产生了广泛的社会影响。读了我的小说后，读者就想读曾国藩的原著，想了解历史上那个真实的曾国藩。小说的出版，给《曾国藩全集》起了一个宣传作用，极大地带动了全集的销售。1990年《曾国藩》的第一部《血祭》出版，1991年出第二部，1992年出第三部，连出了三部，就把这个火烧起来了。到了1992年、1993年学术界比较高层的一些读者，对《曾国藩全集》的关注就越来越高。到了1995年《曾国藩全集》最后一本也出来了，出版社重新一次性地把《曾国藩全集》30本再出一遍。第一次印了8000套，很快就卖完了，半年以后又重印了5000套，那一年就印了13000套。一套30本，定价很高。一个古人的全集，都是历史文献，在短短一年内印了13000套，很快就卖出去了，这给出版社带来了很好的经济效益，在社会上也产生了很大影响。

《曾国藩》这部小说的畅销，推动了《曾国藩全集》的销售。《曾国藩全集》产生了很大的社会反响，受到了当时新闻出版总署的肯定，给了很高的评价。后来《辞海》还专门为岳麓书社版的《曾国藩全集》立了一个词条。

庞沁文：您是一名编辑，却创作出了产生很大反响的长篇小说《曾国藩》，写作编辑出版了评点曾国藩系列，您可以说是一个作家型编辑，也可以说是一个学者型编辑，您是如何看待作家型编辑与学者型编辑的？

唐浩明：早在20世纪80年代初，编辑学界就提出了要做学者型编辑和作家型编辑，对此我是完全赞同的。当年湖南的出版编辑队伍里，确实有很多优秀的作家和很不错的学者。

关于学者型编辑或作家型编辑，我们要很清楚，其中的关键是有一个"型"字。你如果忽视这个型字，往往就会产生一些误解，好像作家型编辑不是编辑，学者型编辑也不是编辑。编辑本身是一个独立的工作，独立的一番事业，编辑本身有很多的学问，尤其是他有很多实际的工作。作家也需要全力以赴地去做，学者的工作也需要全力来投入。这是三种不同的工作。作家型编辑并不是一个作家，他只是一个做了一些作家所做的事情的编辑。比如说文艺出版社的一个编辑，他的职业是编文学作品的，但是他自己也会写写诗歌，写写小说，他有作品在报纸杂志上发表，他也有可能写一部长篇小说，或者写一些中短篇小说，集成一个集子，印一本书。但他的职业是编辑，由于他做了作家的工作，所以叫他作家型编辑。

庞沁文：您的看法是非常有道理的。不管是作家型编辑还是学者型编辑，其核心都是编辑，首先要把编辑工作做好，作家型、学者型都是为编辑服务的，都是为了促进编辑工作的开展。那您认为作家型、学者型编辑比一般的编辑有什么优势呢？

唐浩明：编辑自己动笔来写，做一个作家型编辑的好处在于：第一，编辑天天要跟作家跟文学作品打交道，自己亲手动笔写和不写是有很大区别的。你写的话，你就有一个作家的视角，你在看稿子时，你可以站在作家的角度看，你会换位思考，会懂得作家是怎么样思考的，懂得作家的难处或者作家的灵感，这就能够帮助你更好地理解作品。第二，因为你也是作家圈子里的人，你可以更多地接触作家朋友，帮助你获得动

《唐浩明评点曾国藩奏折》

湘军某营官给曾氏呈递一份军情报告。报告说这段时期来仗打得是『屡战屡败』。曾氏读到这里，提起笔来将『战』『败』二字互换，变为『屡败屡战』。

态，获得信息，帮助你组稿，拿到好的稿子，这对编辑很重要。第三，如果你自己也是一个作家的话，你就会谈得很内行，可以赢得作家对你的信任，甚至有些作家会对你很尊敬，你就能够产生更大的品牌影响。作家型编辑至少在这三个方面，能够对编辑的本职工作带来好处。

学者型编辑也一样。你作为一个学者型的编辑，你就能够更多地了解某个学术领域里的研究状况，你能够交到更多的这方面的朋友，你在这个圈子里有话语权，能够赢得别人对你的信任，别人觉得把这个书稿交给你，不会明珠投暗。这对于编辑工作，只会有很大的好处。

当年在现代出版刚刚兴起时，也是市场经济。那些非常著名的编辑，他们中很多人同时就是一个作家、学者。很多著名的作家和学者，他们也都做过编辑，我可以说一大串。最早兴起的出版社如商务印书馆、中华书局等，都聚集了一大批知名作家与学者。《新青年》杂志最初的编辑陈独秀、胡适、刘半农、钱玄同、沈尹默、陶孟和等都是些了不得的人，都是中国顶尖级的作家和学者。鲁迅、林语堂、周作人等一大批作家、学者都做过编辑，他们当编辑时都可以说是作家型编辑、学者型编辑。

作家型编辑、学者型编辑能以作家和学者的眼光推出一些好的东西来，这些东西应该经得起市场的考验。如果一个编辑在作家和学术界里面一点影响都没有，那么这个编辑就不是一个很好的编辑，很难赢得社会上的尊重。这也是我对作家型、学者型编辑的一点想法。

庞沁文：您一生经历丰富，成就突出，请您对您的一生做一个概括的总结。

唐浩明：实实在在地说，我这一辈子做的事很少，只是对湖湘文化，或者更具体地说，是对曾国藩做了这样几件事情：一是收集、研究他的文献资料，做文献整理，编辑出版《曾国藩全集》；二是用形象思维的方式塑造他的文学形象，创作长篇小说《曾国藩》；三是用理性分析的方式评点他的文字，编辑出版评点曾国藩系列。我当初写《曾国藩》小说，可以说是一个作家型的编辑，后来做评点，那就有点像学者型的编辑。我是努力把自己编辑的身份和作家、学者的身份融为一体，我觉得这样做很好。要说我30多年的编辑经验，那就是始终立足在编辑的基点上，努力地把学者、作家和编辑这三种身份结合起来，融合在一起。好吧，今天就说到这里。

书比人长寿，编辑是依附于作者的，作者的书能够长寿，编辑的生命价值也就充分体现出来了。

——著名出版家、长江出版集团原总编辑

周百义

/ 周百义在接受畅销书出版口述史访谈 /

第三章
《雍正皇帝》《张居正》与讲究谋略的改革文化

周百义畅销书出版口述史访谈

采访时间	2019年10月16日
采访地点	湖北省《荆楚文库》编辑部周百义办公室
采访对象	周百义
采访人	庞沁文
摄像	崔璐 黄丽
整理	庞沁文

采访人按语

提起钱锺书的《管锥编》,人们会想到著名编辑家周振甫;提起二月河的《雍正皇帝》、熊召政的《张居正》,人们会想到长江文艺出版社原社长周百义。周百义是一位知名的出版管理者,更是一位知名的编辑家。他全心全意为作者服务,努力采用一切方式让作品价值最大化,把自己的心血倾注到作品中,这使得他的名字和著名的作品紧紧联系在一起。如果一个编辑的名字能像周百义一样和著名作家的作品紧密相联,那他的名字将会和知名作品一起流传后世。

一、《雍正皇帝》与大胆改革、铁腕反腐的封建帝王形象

（一）《雍正皇帝》的约稿与编辑出版过程

编辑要尽全力为作者做好服务，让作品价值最大化。

庞沁文： 周总好，非常高兴您能接受"改革开放以来畅销书出版口述史访谈"，您责编的二月河的《雍正皇帝》被评为"新中国70年70部长篇小说"之一，是畅销书的经典，您的名字将和这本书一起流传下去，这应该说是编辑努力争取的最高境界。当时二月河名不见经传，只是南阳地区的一个作家。我很好奇，您为什么找他约稿呢？您是如何打造《雍正皇帝》这部经典畅销书的？

周百义： 1987年8月，我刚到长江文艺出版社当编辑，第一次外出组稿，到了河南郑州。当时，我家乡的一位老师涂白玉正在河南省文联的《奔流》杂志社工作，经他介绍，我拜访了郑州的许多作家。在郑州时听别人说，南阳有个作者，把他的小说写在笔记本上，我当时就想去拜访。涂老师给南阳市文联写了一封信介绍我去。当时从郑州到南阳，坐了大半天公共汽车。南阳文联有个副主席吕樵，他用他的自行车，把我带到二月河家。那时候，二月河还是南阳市委宣传部的一个干事，他住在南阳解放路一个小巷子的尽头，一楼，屋里还很潮湿，很黑，这样一个地方，我印象很深。我跟二月河说明来意，他当时就说，他在河南黄河文艺出版社（这个社后来撤掉了）出了一本书，就是多卷本历史小说《康熙大帝》的第一卷《夺宫》，他给了我一本，我就带回旅馆去看，那个旅馆，我还记得叫春来旅馆，在这个小旅馆里我一口气就读完了，我觉得小说的情节写得很抓人，引人入胜，我

就更坚定了信心，要找他写稿。

庞沁文：二月河当时已经打算在黄河文艺出版社出他的书，您是怎么把他的稿子争取到长江文艺出版社的，您也可以以约他的稿为例来谈一谈编辑约稿的艺术。

周百义：我第一次向他约稿时，他说，他跟河南的出版社都谈好了，不能到其他社出书。我说你如果光是在河南出书，还是在黄河流域，我们那是长江流域。我说你要打过长江，占领全中国。不然的话，你只是个河南作家，你过了长江，你才是全国性的作家。我还对二月河说，我就一直住在南阳等你写稿子。当时二月河并不被主流作家们认可，他见有外省的出版社来约稿，又见我这个河南老乡非常执拗，他就答应以后写雍正的书再交给长江文艺出版社出。我回到武汉以后，就陆陆续续给他寄一些我们出的杂志和书，保持热线联系。1988年10月，我又去一

周百义和二月河合影留念

次，代表出版社，和他签了约稿合同。直到1990年他才把《雍正皇帝》第一卷《九王夺嫡》交给我。

编辑约稿最重要的是诚心，你看准了人，只要有百分之一的希望，就要付出百分之百的努力。要经常与作家保持联系，不能断了线。实际上，编辑约稿时只有个初步的判断，特别是普通作者，名气不大，再加上是文学作品，你不能确定你约的稿子后来一定会卖得好，或者长期流传。但你认准了的事就要坚持做下去。假如我没有坚持约他写稿，没有长期跟踪，没有长期地沟通和对他不断地问候，那我后来可能就没戏了。

编辑约稿还需要将心比心，换位思考，把作者的事当成自己的事，尽全力为作者做好服务，让作者的利益得到保证，实现价值的最大化。二月河后来为什么会30多年一直把他的作品放在长江文艺出版社出版，这和我们对他的全心全意的服务有关。在这一点上我们做了很多的努力，想尽了一切方法，在他没有提出要求的情况下，我们主动给他提高稿酬标准，维护他的切身利益，将字数稿酬改为版税，努力宣传营销，争取评各种奖项，甚至给他找律师，帮他去打官司等，最后才赢得他的信任，所以他才愿意一直把作品交给我们出。后来我不在社长任上，他给我写过两次委托书，委托我管理他的版权，甚至他去世以后，介绍他一生成就的碑文，他的家属也找我来给他写。现在，这个功德碑就树在他的墓园的一角。

庞沁文：您与二月河的交往可以说是编辑与作者交往的典范。据说二月河交稿时，已经有同类书出版了。一般来说，如果市场上已经有同类书，选题就比较难通过，您是如何争取让社里通过的呢？

周百义：二月河交稿以后，社里讨论年度选题时，恰好中央电视台一频道播了一部也叫《雍正皇帝》的电视连续剧。除此之外，同名图书也出版了。我还记得，作者是计红绪和王云高。编辑部讨论选题时别的同志就说，人家才出了书，你再出相同内容的书，行吗？可我觉得，我和二月河合同都签了，书要不出，我怎么向他交代。我去找总编辑说：和二月河约稿合同都签了，他的上一部长篇小说《康熙大帝》有很大的影响，正在改编电视连续剧呢。我们总编辑不苟言笑，听了我的陈述，说看了稿子再定。为了能使选题获得通过，我写了一个很长的审稿意见交了上去，把这部小说的艺术特色和后期的营销策略都写了，包括未来的市场远景也写了。这个审稿意见我一直保留着，后来收入了我写的《长江十年》一书里面。结果总编看了书稿以后，没有说别的，只写了一句话，"这是一部不可多得的优秀长篇历史小说"。总编辑一锤定音，才有了这套书的今天。

（二）《雍正皇帝》的营销

把常规的营销方法用好，也能获得很好的营销效果。

周百义在《湖北新书目》《雍正皇帝》征订预告中评价雍正皇帝说："老四胤禛善权谋，工心计，排政敌，灭奸细，纵横捭阖，赢得父皇宠溺。"

庞沁文：您刚才谈到，编辑能否赢得作者的书稿，关键在于能否使书稿价值得到最大程度的发挥，您是如何让《雍正皇帝》的书稿价值得到最大程度的发挥呢？

周百义：这主要就是做好宣传营销。那个时候，还没有进入数字化时代，用的都是常规的营

第三章　《雍正皇帝》《张居正》与讲究谋略的改革文化　89

销手段，但我在对这套书的营销上，是不遗余力的。

第一，我先做好图书征订的宣传。那时候出版社还没有自办发行，主要通过省级新华书店征订。我把《雍正皇帝》的征订介绍写得很精彩。既交代了图书的内容，又把其特色突显。我的介绍不是那种四平八稳的叙述，而是用充满激情的富有诗意的文字，把作品的内容和与众不同之处传递给负责征订图书的人。目前这本书的前言，就是我在征订介绍的基础上改写的。有点像电视剧的片头，现在有很多人编写品鉴《雍正皇帝》的书，都还在使用我的这些文字。《雍正皇帝》三卷的前言骈散结合，四六对仗，有点文采。后来一次征订了1.17万册，社里放心了，我与作者也是皆大欢喜。征订手册我现在还留着，这是历史的见证。

第二，我还写了一些书评性质的文章，对书中主要人物进行分析，

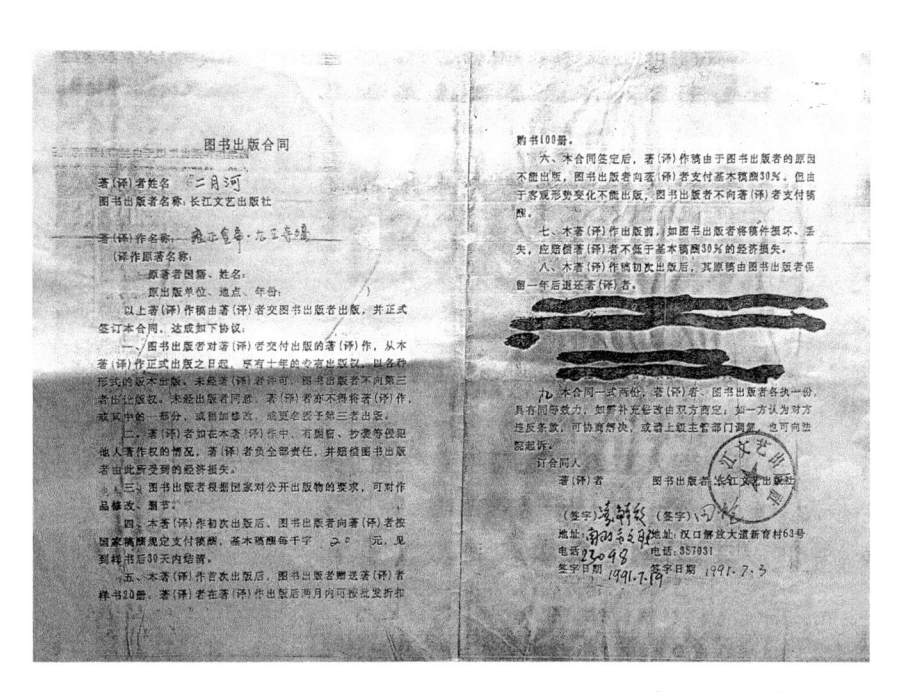

1991年7月，二月河与长江文艺出版社签订的《雍正皇帝》出版合同规定，支付二月河的基本稿酬为每千字20元，赠送样书20册

有些比较短，有一篇比较长，带有一点学术性。这篇文章先是在南阳的一个内部刊物《躬耕》上发表了，后来又在中国小说学会主办的《小说评论》上发表了。当时二月河在文坛上十分寂寞，在此之前只有冯其庸先生为他写过一篇书评。他经常跟我说，有人准备给他写评论。说了几年，只听楼梯响，没见人下来。其实，有些评论家不屑于给他写，认为他是通俗作品。在1994年茅盾文学奖评奖之前，我在知网上搜索发现，写二月河作品评论文章的只有四篇，其中还有我的那一篇。现在人们讨论来讨论去，基本上还是围绕我说的那几个问题，所以二月河心里就十分感激我。我写的题目叫《不同凡响的艺术魅力》，从人物、情节、历史真实与艺术真实的关系、历史氛围等多个方面来分析小说的文学价值。评论对于作家、对于读者来说都是很重要的。在前互联网时代，读者对一本书的了解，都是通过这些评论，特别是专家发表在权威刊物上的评论。而作家也希望有人能够把他的作品的价值给发掘出来。如果图书出版了无人评论，作者落了个寂寞，他的影响就谈不上。

第三，申报各种奖项与举办研讨会。图书获奖能够起到对图书的促销作用，道理很简单，但做好不容易。我们对申报各种奖项都非常重视，《雍正皇帝》曾经获得过河南省政府奖、"八五期间全国优秀长篇小说奖"和首届"姚雪垠长篇历史小说奖"等奖项。2001年香港《亚洲周刊》组织海内外专家评20世纪百年百部长篇小说，《雍正皇帝》入选了。最近出版的"新中国70年70部长篇小说典藏"丛书也收入了《雍正皇帝》。典藏收入的只有两部长篇历史小说，一部是《李自成》，另一部就是《雍正皇帝》。现在回想起来，唯一遗憾的是《雍正皇帝》与茅盾文学奖两次擦肩而过。

第四届茅盾文学奖初评时，我们把《雍正皇帝》报上去了。据说评委们都争着看，看了都是激动不已，爱不释手。解放军文艺出版社一个叫丁临一的评论家说，《雍正皇帝》是自《红楼梦》以来百年不遇的最好的长篇小说。评论家胡平说，《雍正皇帝》里面要什么有什么，是长篇小说创作最难得的一个收获。《雍正皇帝》在茅盾文学奖初评中获得大多数专家好评，但也有一些专家对此书不十分了解。我的老师陈美兰参加了初评，她回来后告诉我说，作协的一位领导说过去他们都不知道这个作家和这本书，让我们在北京宣传一下。1996 年的元月 6 号北京党校图书订货会期间，我们在文采阁召开了一次研讨会，请了中国作协等单位的评论家，还请了《人民日报》《光明日报》《中国青年报》《北京青年报》的记者，并且约请了当时正在把二月河的《雍正皇帝》改编成电视剧《雍正王朝》的投资方四汇文化公司。研讨会上，专家们从作品的历史观、历史真实与艺术真实的关系，从它的艺术价值、语言、氛围等不同方面做了发言。后来每家报纸都做了报道。专家们对小说的艺术成就、文学价值的高度肯定获得了读者的认同。

周百义、二月河、熊召政（从左至右）在首届姚雪垠长篇历史小说奖颁奖典礼上合影

召开作品研讨会是一种很普通的宣传方式，但对文学作品的营销十分重要，你没有那样一种形式的研讨会，媒体无法报道它的价值，别人认识不到，就无法去传播。后来长江文艺出版社不知召开过多少次研讨会了，但这次《雍正皇帝》的研讨会奠定了二月河的长篇历史小说在中国文坛的地位，在社会上产生了广泛影响，这部作品从此进入了专家和读者的视野。

第四，借助影视剧的热播营销。影视与图书互动传播现在比较常见，可当时许多人还没有充分认识到电视剧对图书销售的拉动作用。1998年11月二月河告诉我，《雍正王朝》这个电视剧准备播了，中央电视台一频道要播，我立即选择能够影响新华书店和全国读者的《中国新闻出版报》《中华读书报》《中国图书商报》三家报纸的头版刊登"紧急征订"，同时安排社里加印了4万套图书。当时社里很多人不理解，说我瞎搞。那时候大家都没想到这套书能够畅销到如此程度。老实跟你说，电视剧播出前，因为我是社长，压着大家，社里才主动发1万多套，书店不要。他们说，我们都还有货，要你这书干什么。《雍正王朝》11月3日播出，订货会开始是11月6日，开始播前几集，没有动静，订货会快结束的时候，已经播到第五集了，许多书店都来要货。那时候，大家都觉得电视剧情节紧凑，故事引人入胜，觉得等电视剧看不过瘾，都要抢着看书。后来要货的太多，我在北京就打电话给社里要求安排加印。等到快过年了，零售店还在催着要货，新华书店发已经来不及了。怎么办，我们自己租车送，送到全国各地去。最远的有一次送到杭州，腊月二十九的夜里员工才回来。杭州的报纸《钱江晚报》为此写过一条新闻，发在头版，标题是：杭州告急，长江文艺千里送书，今晨一千套《雍正皇帝》抵杭。我们的发行科长写了篇文章，描述当时的情景，他说"订货方频频催货，出版社是连连道歉"，因为根本来不及满足读者的需求。

《雍正王朝》电视剧是有口皆碑的优秀作品，已经成了电视剧发展史上的一座丰碑，中央电视台几乎每年都要重播两次。海外的电视台也是如此。电视剧是大众传媒，它的循环播放对图书在民间的长期销售起到巨大的促进作用。宣传形成了共识，成了口碑后，会口口相传，不胫而走。我刚好正在写一篇关于二月河作品经典化的文章，我在知网上查了，关于二月河研究的论文有几千篇。如果用二月河历史小说这个关键词来检索，有2000多篇。其中博士、硕士论文提到二月河的有600多篇。还有不少文学史、大学教材，也写到二月河。按照经典化的理论，《雍正皇帝》无疑已经成为新时期历史小说的经典作品。

1998年12月中央电视台《工作日报》披露：全国人大原委员长李鹏称赞说，电视连续剧《雍正王朝》是古典精片

第五，通过打击盗版来维护作者的利益。《雍正皇帝》畅销以后，盗版很多。我到南阳去，街上卖的都是《雍正皇帝》的盗版，二月河的哥哥那时是文化局局长，我跟二月河说，你应该叫你哥打打假。他说算了，这些人看来是没有钱买书，让他们去买盗版便宜些。可我不会答应盗版商这样做。我曾经亲自带人到武汉武胜路去打盗版，收了很多书商的盗版书。后来有一家出版社出版了评书版《雍正皇帝》，我们通过律师发函这家出版社，并在《中国新闻出版报》上刊登严正声明，悬赏10万元捉拿盗版者。后来这家出版社赔了钱，媒体登了新闻"雍正捉拿假雍正"。当然，打击盗版扩大正版销售，维护作者利益是其中的一个目的，

通过打盗版，吸引市场的关注，也是我们的另外一个目的。

（三）《雍正皇帝》的畅销原因

《雍正皇帝》描绘了一位善于韬光养晦、大胆改革、铁腕反腐的封建帝王形象，这是这本书畅销的主要原因之一。

庞沁文：常规的营销手段做到极致也可以获得意想不到的效果。您觉得营销是《雍正皇帝》畅销的关键因素吗？

周百义：图书能否畅销取决于它的文本，如果作品没有文本价值，你再怎么营销、怎么说好，也不行。营销只是帮助读者认识发现图书文本价值的手段，具有独特的文本价值的图书才能够成为一部经典不断地流传下去。二月河的帝王系列能够经久不衰，关键还是他的小说好读、耐读。《雍正皇帝》自1990年出版以来已经畅销了将近30多年，现在每年还能销售几万套。现在二月河已经去世了，有人说作家死了20年以后他的作品还有人读，就说明这部作品是经典。从今天来看，我觉得二月河的作品一直有人读肯定是没有问题了。虽然这位作家的作品在市场上有时可能会起起伏伏，但好的作品，是不会被时间湮没的。

《雍正皇帝·九王夺嫡》

因为我们都是人，肉身凡胎，只能从人事上尽力。

庞沁文：有人认为《雍正皇帝》的文本价值体现在对雍正进行了重新评价，为雍正翻案是这本书畅销的主要原因，您对此有何看法呢？

周百义：关于《雍正皇帝》替雍正翻案，只能说是这本书畅销的因素之一。如果不研究历史的人，光凭民间传说，会对雍正印象不好，说他杀兄，弑父，刻薄寡恩。二月河塑造了一个敢于整顿吏治、发展经济、打击豪强、体恤民瘼的皇帝，部分改变了人们对雍正的看法，这只能说仅仅是图书畅销的一个因素。真正畅销的原因，是他没把雍正这个人物仅仅写成一个深不可测的君王，而是把他当成一个文学人物来写。二月河调动各种文学手段，描绘出了一个有血有肉的崭新的文学形象。如果仅仅是翻案，写写研究文章就可以了，而他，则是为新时期历史小说塑造了一个夙夜匪懈、勤勉理政、整顿沉疴、铁腕反腐的帝王形象。当然，小说并没有把雍正写成一个完美无缺的人，他是封建皇权社会的维护者和推动者，惩治异端、冷酷无情、杀伐随意、一意孤行。小说尽管艺术地再现了雍正励精图治的一面，但对其残忍无情的一面也给予了充分的展示。

《雍正皇帝》常销、畅销的最关键因素还是他的文学价值、文学的感染力、艺术的感染力。他不是简单地再现那一段历史过程，不是简单地对历史人物发表一些自己的看法，而是通过塑造一系列活生生的人物形象，展现广阔的社会历史生活画面，特别是对清代宫廷生活的艺术呈现。二月河对人物的刻画、氛围的烘托、情节的把控，包括语言有他的独到之处。他的小说善于刻画人物的性格，其中的人物个个栩栩如生，特别是小说中的一批知识分子，如邬思道、刘墨林等，让人过目难忘。他借鉴中国小说的艺术表现手法，善于编织故事情节，一环套一环，一个情节接一个情节，跌宕起伏，引人入胜。他的小说语言生动，文白相间，还善于借用民间大众的俚语、习语，生动活泼，但又符合小说中人物的身份和性格。所以有人告诉我，他读二月河的小说，一共读了21遍。

当然一部书的畅销，有很多因素在其中起作用，可以说这是一个系统工程。各种因素在适当的条件下相互作用，出版社如果运用得当，就可以创造奇迹。所以说，二月河在某种程度上澄清历史的迷雾，还雍正真实面目，只是小说《雍正皇帝》畅销的一个因素。

庞沁文：您认为《雍正皇帝》畅销的主要因素是他成功地塑造了雍正等一系列文学形象。请您对雍正这一文学形象进行一些详细具体的分析。

周百义：二月河塑造的雍正这个文学形象，与人们传说中那个依靠篡改康熙遗诏而登上宝座的残酷无情的皇帝形象是不同的。雍正当皇子时，因为母亲在宫里没有地位，所以比较低调稳重。康熙后来在众多的皇子中选中他，就看中的是他铁面无私、敢于任事。同时，特别是对待废太子的态度上，赢得了康熙的信任。《雍正皇帝》有三卷，最精彩的是第一卷《九王夺嫡》，第一卷充分展示了雍正的政治谋略。当康熙第一次废掉太子时，雍正不是趁机踹太子一脚，自己去夺这个位子，而是去代太子向康熙传话求情，希望太子能改邪归正，支持太子复位，让康熙觉得这个人有胸怀、有度量。

第二件事是当时康熙第八个儿子的门人任伯安为官员们建立了很多私密档案，以便在关键时候能够要挟官员，这在封建社会是违法的，雍正派人到江夏镇把密档找到了之后，并没有交给皇帝，而是把它烧了。后来康熙问起这事，他说是为了不引起朝野震动，他自作主张把它销毁了，康熙觉得他有大局观。还有一件事，皇帝让皇子们每天把学习的功课给他送去，他的功课里都是那些清静无为，与世无争的文章和诗歌，皇帝看后，觉得这个人没有野心，把天下交给他放心。

但雍正当上皇帝之后，他就完全变了。为了维护他光明正大的皇帝形象，那些帮助他登上皇帝大位的心腹幕僚有的被杀害，有的被迫退隐山林。为了稳固大清王朝的统治地位，他整顿吏治，铁腕反腐，他的很多亲近的大臣，如年羹尧、隆科多都被他杀了。为了避免兄弟互相残杀的局面再次出现，他甚至逼迫有野心的亲生儿子弘时服毒自尽。这一方面说明他残酷无情，另一方面也说明他为了江山稳固、天下太平而大义灭亲。

庞沁文：您刚才谈到社会环境也是影响图书畅销的一个因素，您可以分析一下《雍正皇帝》的畅销与社会环境的联系吗？

周百义：任何一本书畅销，与当时的社会环境都是有密切关系的，假设我们现在有某位作家再写一部关于农村实行联产责任制，包产到户为题材的小说，读者就不再会感兴趣。但在改革开放之初，写乡里人进城的尴尬，就像刘姥姥进大观园，大家都觉得反映了现实生活。如高晓声获得全国大奖的《陈奂生进城》，当时引起了轰动。如果放到现在，恐怕写得再精彩，也没有人愿意看了。

有一个文学理论家克罗齐说过，一切历史都是当代史。二月河也说他创作的目的就是"替古人画像，供今人照镜子"。历史往往有惊人的相似之处，正是由于这种相似我们才能从历史中获得启示和借鉴。二月河小说中描绘的康熙末年，吏治松弛，国库亏空，官员腐败。在这样的环境中，他描绘了雍正这样一位善于韬光养晦、大胆改革、铁腕反腐的封建帝王形象，并体现出一种一往无前的精神。这样一个改革者一往无前的精神正是我们这个时代所需要的。我们的社会正处于计划经济向社会主义市场经济的转型期，虽然当下与清代社会有着本质的不同，但在某种程度上存在着一定的相似性。这个社会还有许多改革的阻力，有拉帮结派及贪污腐化的现象，广大人民群众特别希望能有大刀阔斧的改革者来革除弊政，改革者们也希望从这个文学形象身上获得一些借鉴，这可能是雍正皇帝这部小说能够引发共鸣，受人欢迎的社会环境因素。

（四）《雍正皇帝》带给编辑的启发

一开始做事，功利性不要太强，要顺其自然，要等待机遇，机遇来了再大显身手。

庞沁文：作为一名出版人，二月河塑造的雍正皇帝这一文学形象对您有哪些启发。

周百义：看了《雍正皇帝》对我的一个深刻的启发就是说，一开始做事，功利性不要太强，要顺其自然，要等待机遇，机遇来了再大显身手。雍正当亲王时，已经有了太子，他的内心中根本没有当皇帝的打算。后来是康熙要废掉太子，他才有了可能。雍正当皇子时，本本分分做自己的事，不去瞎掺和。后来有了机会，他在幕僚的怂恿下，才动了夺嫡的念头。这就是说，做任何事，在机遇没有来时，要修身养性，做好自己分内的事。不要一心钻营，有非分之想。但机遇来到时，一定要抓住机遇。有了一个平台，要尽心尽力地做事。有的人开玩笑说我有点像雍正，拼命三郎，当编辑时就踏踏实实，组稿编书，当了社长，就大刀阔斧搞改革，不计个人得失。

我们做书也是一样的，许多书你很难预测它上市后一定会火。比如《活着》《狼图腾》，包括《雍正皇帝》等图书，一开始谁都不能确定他就是畅销书。《活着》一书，初版是长江文艺出版社出版的，还是有书商资助，但是市场反应平平。后来因为在国外获了一些奖项，这本书才引起市场注意。当然，某本书如果通过你的专业判断，认为它有价值，会有潜在的读者群，不管它最初市场的反应如何，你要一心一意努力把它做上去。如果你尽力了，图书的市场也一般般，你也不后悔。如果机会来了，你要迅速地捕捉市场的信号，及时地采取各种营销措施，把这本书的潜在价值开发出来。所以做书的时候，一开始要踏踏实实把前期工作做好，要有上中下三策，要有各种应对的准备，不要一开始就想这个书如何如何。有可能你想让它火，它就火不了。但也许以后还会有机遇，你只要抓住机遇，上穷碧落下黄泉，把所有的手段都用上，结果就可能出人意料。雍正能登基，民间传说是雍正改了康熙的遗诏，二月河通过认真地分析，认为"改诏说"缺少可能性。因为康熙的遗诏是满汉两种文字，改得了汉文改不了满文。何况汉文用的是繁体，也无法去改。雍正能够登上大位，是他通过踏踏实实地做人做事才赢得康熙信任的。所以，二月河对雍正形象的塑造，对于我们对待名和利，如何做人做事，在某种程度上，也还是有所启发的。

庞沁文：总的来说，《雍正皇帝》会作为一部文学经典流传下去，这本书是您与二月河长期友谊的结晶，请您总结一下您与二月河的关系。

周百义：中国俗话说，"种瓜得瓜，种豆得豆""你敬我三分，我还你一尺"。我作为一个编辑，与二月河倾盖如故，交往30余年，这与双方的互相尊重有关系。通过编辑二月河的图书，我与他成为知心的朋友，这是我的幸运。书比人长寿，编辑是依附于作者的，作者的书能够长寿，编辑的生命价值也就充分体现出来了。我觉得自己在某种程度上是沾了二月河的光，真的。

二、熊召政的《张居正》及改革艺术

（一）《张居正》的约稿与编辑过程

编辑坦诚提出建议，作者虚心接受，推倒重来，《张居正》终获好评。

庞沁文：除了二月河的《雍正皇帝》，您还责编了熊召政的《张居正》，您可以谈一下《张居正》的约稿、编辑过程吗？

周百义：长篇历史小说《张居正》的作者熊召政本来是我在武大读中文系时的同学，但是他当时在作家班，我是在读插班生。两人有时在一起上课，但不是太熟悉。我到长江文艺出版社当社长后，有一天突然接到湖北少年儿童出版社编辑徐鲁的电话，说是熊召政在写一个长篇，希望能在长江文艺出版社出版。当时熊召政本人不知什么原因已经下了海，在一家高尔夫球场当董事长。我从徐鲁那儿要到了熊召政的电话号码，主动给他打了电话，直接告诉他："听说你在写一个长篇小说，你写好以后拿来我们给你出。"小说我还没有读，就答应给他出版，这让熊召政很感动。我为什么这样大包大揽呢？主要考虑他曾经获过全国诗歌大奖，有创作的才华与基础；更重要一点，他当时处境不好，作为老同学，我希望能就此帮他一把。

过了很长一段时间，他开着一个加长的凯迪拉克来到我们在汉口的老办公楼大院。院子小，又有花坛什么的，他的车在里面头都掉不过来。有人开着这样一辆少见的豪车进来，出版社的人都感到奇怪。车停了以后，他拿着一沓子整整齐齐、排好了的稿子到我办公室。

但看了他的小说后，我感觉有些失望。小说平铺直叙，故事不吸引人，人物性格不鲜明；从叙事学的角度来看，比较呆板。人物出场后，作者如同过去的话本小说，将人物从头到脚一一罗列，籍贯、年龄、高矮、胖瘦、衣服、鞋子。在中国古典小说中，如《红楼梦》，人物出场后并不是刻板静止地对人物一次性描摹出来，而是通过不同人的观察，把一个人的整体形象拼出来。这样不仅写出了这个人物，也写出了观察者本人。如果让书中的人出场一个模式，那小说就没有什么可读的了。《红楼梦》中王熙凤出场，未见其人先闻其声，然后通过林黛玉、贾母、刘姥姥的眼光，将一个泼辣、干练的凤姐写出来了。召政第一稿对人物的第一次亮相没有写好，后来他在修改稿中做了大量的调整。另外，我也看出他在小说中人物的性格前后不统一，破坏了人物形象的完整性。比如说他写高拱，一方面写他是一个儒家知识分子，重视个人的操守，另外又写他去搞阴谋诡计，派人去暗杀政敌。我后来就跟他讲，高拱这个形象是你第一卷中的核心人物，与张居正具有同等重要的地位，虽然他与张居正政见不同，谋略手腕不同，但还是一个中国士大夫的杰出代表，你让那么一个重视操守的人物派人去刺杀政敌，这就不是阳谋，而是阴谋。搞阴谋非君子所为，不应将此安到高拱头上。还有其他的关于戚继光的描写等，我认为也没有写好。这样，我在他的稿子上随看随记，批了几十处。看完稿子后，我通知他到出版社来，说你的书稿要加以修改，当然，改后是可以出版的，但从现在的水平来看，出版后要产生影响有些困难。他听到我这些话之后，回去又找了三个人看，三个人都说小说不好读，看不下去。在这个中间，他得了胰腺炎住到医院里，我把二月河的书送给他，建议他好好看看，琢磨二月河是怎么写的。二月河在小说的故事结构、情节设置上，是怎么谋篇布局的。后来他就给我写了一封信，说他自己通过认真思考，觉得过去的构思没有尊重小说艺术规律，没有化腐朽为神奇，没有用小说的笔法来写，太拘泥于史实。他说他准备"黛玉焚稿"，全部推倒重来。后来《张居正》的第一卷他又写了一年，用他自己的话说，除了主要人物，小说里面原来的情节、细节都没有了。等他小说获了大奖，他出名了，我跟他开玩笑说："你能不能把你原来的稿子拿出来，和现在出版的小说做个比较。可以写篇论文，研究一下你是在哪些方面做了修改，之间有哪些异同？还是很有史料价值的。"他笑，看着我不吭声。

如果你到网上搜索他创作《张居正》前写过的几部小说，一本叫《酒色财气》，第二本叫《蛊王》，第三本是《梅花钥匙》，这些书我没有看过，但从书名看就知道都是公案小说。我举这些例子，是说明他在《张居正》成功之前，至少在小说领域，还没有什么有影响的作品。稿子他花了一年的时间认真做了修改，或者说是完全推倒重来，重起炉灶。我接到他修改后的稿子后，连夜审读，觉得这一稿与第一稿比有天壤之别。一是小说他是完全重新构思的，无论是情节，还是细节，还是叙事技巧，连语言都有质的变化。我个人认为，他可能从二月河作品中汲取了一些经验。二月河先研究《红楼梦》，受曹雪芹的影响较大，所以熊召政无形中接受了中国古典小说的审美思想。当然，这是我的理解。修改后的《张居正》，每一卷围绕几个主要事件展开，在情节的铺展中注意突出矛盾冲突，故事跌宕起伏，引人入胜，一开始就把人的注意力抓住了。同时，写出了在激烈的矛盾冲突中敢于任事的改革家张居正的风貌。看完后我给他打了电话，谈了我对这一稿的看法，向他表示祝贺，肯定他的努力，希望他能够再接再厉，把下面几卷写好。当然，熊召政很高兴，他就等着我说这句话。后来，我们组织在武汉的评论家，在武汉开了一个研讨会，接着又在北京由《文艺报》组织了一次研讨会。北京重要的文艺评论家都出席了会议，写了文章，《文艺报》发了一整版评论文章。《张居正》第二卷写了之后，还没有出版，我们就请评论家开了一次会给他会诊。肯定他的成就，提出建议，希望他能一鼓作气，保持前面第一卷的艺术水准，继续写下去。

（二）《张居正》的畅销原因

《张居正》成功塑造出一个讲究韬略、善于联合各种力量、顺势而为的改革者形象。

庞沁文：《张居正》出版后好评如潮，是不是也有一些不同的声音呢？

周百义：《张居正》出版之后，有一些不同的声音。如北大的教授马振方，在《中华读书报》上撰文，批评作者歪曲历史，贬低隆庆皇帝，说小说中的隆庆皇帝如此昏庸，不符合历史事实；第二，贬低了首辅高拱。中国社科院历史研究所的王春瑜先生，不同意他这个观点，两个人为这个问题在《中华读书报》上论争了两次。马振方说你不符合历史事实，你吹捧张居正，你垢污高拱。王春瑜认为小说《张居正》是文学作品，不是历史教科书。作为一个小说家，你在小说中无论怎样还原当时的历史环境，无论你认为写得多么真实，在历史学家眼里，还是不真实的。作为文学作品，只要是大的历史事件符合史实就行了。刊载他们争论文章的报纸我现在还留着。

庞沁文：尽管有不同声音，《张居正》还是实现了畅销，请您分析一下《张居正》的畅销原因。

周百义：《张居正》能够畅销，原因自然是多方面的。小说成功地塑造了不畏艰难、敢于改革的政治家张居正的形象，无疑是主要因素之一。小说写张居正为了实现改革的目的，在宫府之间，主要是掌权的太监与大臣之间，努力保持比较和谐的关系，以便于改革的推进。从道德

《张居正》

为朝廷、为天下苍生计，我张居正早就做好了毁家殉国的准备，虽陷阱满路，众箭攒体，又有何惧？唯其如此，方能办得成一两件事体！

的高度来看，作为士大夫，与内宫亲密，有损操守，但为了改革大业，张居正只好忍受来自各方面的压力，坚持既定方略。高拱任首辅时不是不想改变现状，但他与宫中的太监关系不好，他要做事会受到很大的阻碍。秉笔太监掌握了批奏章的权利，掌印太监掌握了盖章的权利，张居正觉得只有"宫府一体"，才能推动政府的各项事宜。因此，他利用太监的权利，通过明争暗斗，挤走了高拱，让他致仕回家。作为一个读书人，张居正从内心里讲是不屑于和宫中的太监打交道的，但为了实现他的政治抱负，他放下架子和大太监冯保结成政治同盟。

还有一个细节也说明张居正为了顾全大局不得不委曲求全。如有个叫胡自皋的人给太监冯保行贿，想做两淮盐运使。这是一个肥差，本来这个人是不称职的，张居正也知道，可他竟然同意了。当时吏部尚书就问他，这个人官声不好，你为啥要用他？张居正就讲，我现在重用一个贪官，是为了站稳这个位置，整治更多的贪官，你说现在这种事我做还是不做。我不用他，就跟宫中关系搞坏了，那样后面的事就不好办了。我现在用他是为了争取冯保对改革的支持，但我不会让胡自皋长期胡作非为。他要是有什么不法的事，到时我再去惩治他。张居正善于维护他和太监的关系，这为他推行改革打下了坚实基础。张居正后来自己说，他为政十年，宫中和内阁之间没有任何的矛盾，他所推行的改革，于国于民都有益。

张居正屈尊与太监联手，是为了推动他的政治改革而非为了一己之私。他在推行赋税改革、一条鞭法时，是秉公执法毫不留情的，甚至不惜得罪皇亲国戚。张居正在考察干部用人方面也有独到之处。明代的文坛领袖王世贞，是张居正的同年，曾经想去投靠张居正，让张居正重用他，但是张居正觉得这种人是清流，写写文章，说说空话可以，做大事不行。王世贞因此嫉恨张居正，后来写了一本《首辅传》，其中把张居正写得很不堪。当时鼎鼎大名的海瑞，也没有得到张居正的重用。他觉得海瑞做一个道德楷模可以，但理政不切实际。如他在外做官，连个办公纸都买不起，穷得一塌糊涂。

总之，《张居正》描写出了一个在明代乱世的环境中顺势而为的改革家的形象。梁启超说，中国有六大改革家，其中就有张居正，他和王安石、商鞅等一样，在中国历史上以改革而闻名。这本书出版后为什么能够产生一定的影响，我觉得与他塑造出了张居正这一具有韬略的改革家形象有很大的关系。

庞沁文：您可以进一步深入分析一下《张居正》畅销的时代原因吗？

周百义：《张居正》的畅销正是因为其描述的历史人物和社会环境唤起了我们这个改革时代社会大众心理上的共鸣与共振。如前所述，所有的历史都是当代史。《张居正》的畅销，与张居正所处的时代背景和我们这个时代背景有某种程度的相似有关。张居正任首辅前明代政治黑暗，吏治不靖，边患严重，财政拮据。张居正冒着被朝中官员诟病的风险，与后宫共度"蜜月"，才推行了一系列的改革措施，使万历时期出现了少有的十年中兴局面，经济发展，国家安宁，朝廷和民众都得到了改革的实惠。有媒体在宣传时称张居正是铁血宰相，有人拿他与我们当今的改革家类比。张居正敢于任事的改革精神，讲究方式方法的改革策略，提醒今天的改革者，不要期望改革一蹴而就，要分步实施，要有智慧谋略。张居正改革的成功经验与失败教训，对于当今的改革有很大的借鉴作用。

庞沁文：您讲的很有道理。改革不能只凭满腔热情，改革要有谋略和策略，要讲究方式方法。中国历史上有几次变法革新失败或多或少与方法不当有关。

周百义：同时，《张居正》的畅销，与小说本身的艺术魅力是分不开的。熊召政通过思考，改变了过去的创作思路，将历史真实与艺术真实进行了有机的统一。小说中大的情节，主要的人物，都是历史上真实存在的，如张居正推行的对官员的"考成法"，在财政上推行的"一条鞭法"，在解决边患中重用人才戚继光等的做法，史书中有详细记载。但在小说的结构、对历史场面的还原和对情节的设置上，作者却根据故事发展与人物塑造的需要，大胆地进行了艺术的虚构。作者还注意运用中国古典小说的艺术表现手法，如伏笔的草蛇灰线设置，人物性格的多元描写，情节的张弛有致，语言的典雅而通俗易懂等，使作品达到了一定的艺术高度。

最重要的还是《张居正》塑造出了张居正这样一个改革家的文学形象，使他从历史教科书那简单的几行描写中走出来，成为一个有血有肉，可触可感的艺术形象。特别是43集电视连续剧《万历首辅张居正》播出后，唐国强演绎的张居正艺术形象更加深入人心，还有著名歌唱家彭丽媛演唱的电视连续剧主题歌，深化了作品的主题，使历史的张居正和文学的张居正，活跃在了人们的心目中。

熊召政和周百义在会议间隙聊天

(三)《张居正》的营销策略

善于听取不同意见，化"敌"为友。

庞沁文：在《张居正》的营销方面做过哪些工作？请您具体讲一下。

周百义：营销是这样，《张居正》第一卷出来之后，我们就在武汉开了一次研讨会。小说这种东西，特别是严肃小说，你只能通过专家的口，把它的文学价值和意义讲出来，才能影响读者。它不像言情、武侠类小说，一般的人都能看出好坏。严肃小说，没有专家引导，很多人有时候看不出它的价值，所以专家研讨对于这种严肃小说来讲是很重要的。《文艺报》曾发了一版专家评论《张居正》的文章，总标题是《以心灵吟唱历史，以史笔重构文化》。这个标题把《张居正》的价值与意义很好地概括出来了，为熊召政这部小说定了一个很高的调子，影响巨大。

我们还做了一件事，当时为了评茅盾文学奖，我吸取《雍正皇帝》没做好宣传的教训，特别注重《张居正》的宣传推广。当时浙江大学要开一个全国性历史小说研讨会，浙江大学中文系的教授吴秀明就问我去不去，我问都有谁去，他说有马振方。我一听，批评这本书违背历史真实的马教授要参会，就说，那我去。去了以后我一看，我不是跟他分在一个组讨论。会间休息的时候，我专门找了他，我跟他套近乎，征询他对这本书的看法，他就谈了谈看法。我说："很好，你给我们写篇文章。我们刚好要编一本评论集，把你的文章收进去。"后来他就写了批评这本书的很长的一篇文章，说这个书哪个地方违背历史真实，哪个地方和史书上不一样，哪个人物故事和史实不一样。后来我们就发表了，发表之后，老教授很高兴。在评姚雪垠长篇历史小说奖时，他是评委，他就投了《张居正》的票。在首届姚雪垠历史小说奖颁奖会上，我们见到马教授，他第一个发言，说出版社和作者很谦虚，虚心接受了我的意见。他的观点影响了一些人，在后面的评选活动中，《张居正》在茅盾文学奖的评奖中全票通过。是不是与他的肯定有关，说不清楚。

我们出版的《〈张居正〉评论集》，请全国20多位知名专家写了文章，这些人中不少是茅盾文学奖的评委。他们认真阅读了该书，认真写了文章，这样他们对这本书的价值有了比较客观和深刻的认识。所以后来《张居正》这本书全票通过获得了第六届茅盾文学奖。实际上，除了这些宣传之外，熊召政主动出面把《张居正》改编成了43集电视连续剧。长江出版集团也投资参与了电视剧的拍摄。这对小说的后期宣传与营销起到了较大的作用。

这个电视剧后来也产生了较好的影响，可没有赢利，集团赔了点钱，但赔的不多。《张居正》获得了湖北省屈原文艺奖、湖北省政府奖、姚雪垠长篇历史小说奖、茅盾文学奖、"五个一"工程奖，后来在香港、台湾等地区也都出了繁体字版。

庞沁文：这本书一共销了多少册？

周百义：这部书在长江文艺出版社销售了三四十万册，我离开了之后，作者将版权从长江文艺出版社拿走了，到现在包括在长江文艺社出的，全国至少有8个版本。我还在长江文艺出版社当社长时，作者就要拿走，我说不行。我们做了许多宣传工作，茅盾文学奖还没公布，你拿走了，到时候得奖了到底算谁的？我这个桃子还没吃，别人就把桃子摘走了，这怎么行。我们的教训是《雍正皇帝》评茅盾文学奖时，我们的工作没有做到位。其中联络感情的事什么也没做，现在想来感到遗憾。

庞沁文：确实如此，虽然我们不可能用不正当手段贿赂评委，但我们可以通过沟通宣传使评委对作品的价值有更深刻的认识。

三、长江文艺出版社北京中心及其策划出版的畅销书

（一）与金丽红、黎波等的合作

对于我来说，在我的职业生涯中能跟金黎组合合作，是一件幸事，是比较光辉的一页。

庞沁文：长江文艺出版社北京中心可以说是畅销书运营的一个重镇，您在北京中心的创建和运营中发挥了很重要的作用。您可以详细地谈一下这个过程吗？

周百义：能和当时全国闻名的金丽红、黎波组合来合作是一件很让人高兴的事。2003年，有一天晚上我突然接到老金给我打的电话，说她要退休了，想给我们在北京搞个策划中心。我一听喜出望外，就说那好。因为当时畅销书界的金黎组合闻名业内，如雷贯耳。我在社里跟班子成员通报后，大家都很兴奋，向出版局汇报后，也得到了领导的肯定。当时老金在华艺出版社还没有完全退休，黎波先辞职出来，在北京的四环旁边，租了两套房，就办起了长江文艺出版社北京中心。出版社出了50万块钱，就开始生产了。过了一段时间，老金办完退休手续就过来了。老金加入北京中心以后，她原来所在的华艺出版社很纠结，其上级部门还专门给我们来了函，要我们在政治导向上严格把关等。老金到北京中心以后当时媒体反复报道说金黎组合空降长江文艺社云云，实际上是媒体自己在炒作。

老金后来告诉我，她退休之际，与很多出版社都谈过，觉得谈不拢。她找我之前，找了很多人来打听我。如出版署的人、中宣部的人，包括我们湖北出版局里的人，问我这个人好不好合作。长江文艺社北京中心

成立后，我们任命老金为副总编辑，任命黎波为副社长。三审三校权都交给她，因为我们考虑她曾经担任过华艺社的副社长，又是军人出身，应当有这个能力。但财务是我们派人去，连续多年都是我们派的财务，因为我们是国有企业，从公司管理的角度看，必须有监督。

后来，原春风文艺出版社总编辑安波舜也加入了北京中心，他带来了姜戎的长篇小说《狼图腾》，经出版集团批准，我们任命他为总编辑，金黎组合变成了"金三角"。

庞沁文：您觉得长江文艺社对北京中心的成立与发展发挥了什么作用？

周百义：总的来说我们对北京中心是充分信任、全力支持的。在经营上给了他们充分的自主权，在经济上一开始投资了50万，给他们租了房，后来在东三环买了700多平方米的办公房。为了调动他们的积极性，留住人才，我们对公司进行了股份制改造，包括主要管理者和骨干

《狼图腾》全球英文版权签约仪式

在内都有股份。在合资的出版企业中实行股份制改造,我们是做得比较早的。白冰加盟接力出版社比我们稍早一点,但接力社的北京中心是国有全资的,白冰是职业经理人,他没有股份。同时,我们把北京中心当成自己人,集团开会,请他们来参加。他们在北京召开各种活动,我们这边,包括我也经常去出席。

庞沁文:那北京中心给长江文艺出版社或者长江出版集团带来了什么呢?

周百义:第一,在品牌打造上,金黎组合给长江文艺社这个出版品牌起到了镀金的作用。老金来加盟的时候,长江社的市场占有率在全国文艺出版社排名还是第四第五名。他们加盟之后,我们很快成了第一名,超过了所有文艺社,那一阵子我们多年都是文艺社市场占有率排名第一。1995年我刚到长江文艺社时,长江文艺社的市场占有率是第32名,当时我们梦寐以求的是有一天要追上人民文学出版社。长江文艺出版社北京中心成立后,市场占有率不断提升,终于有一天超越了人民文学出版社,成为全国文艺社排名第一。这个纪录大约保持了五六年时间。那一段时间,北京中心的图书在全国畅销书排行榜上几乎占据半壁江山,1/2的畅销书都是北京中心策划的图书。那时好多知名的民营公司,如磨铁、博集天卷的畅销书都没有北京中心多,这让长江文艺社的品牌知名度得到了很大程度的提升,在一定程度上拉动了长江文艺出版社总部的图书销售。

第二是锻炼了编辑队伍。我们经常派长江社的新编辑轮流到北京中心学习如何策划选题,如何服务作者,如何适应市场加大营销。有的去学3个月,有的学半年。我当长江出版集团总编辑以后,集团其他社也派人去学习。这样北京中心的市场运作经验让整个集团都能受益,因此培养了一批年轻的骨干编辑。另外,老金的奋斗精神对我及我们的员工也有一定的激励作用。我能从老金身上感觉到她那种对事业无限热爱的拼命三郎精神。她退而不休，终生奉献出版，不是为了钱，而是为了荣誉、为了理想而战。据北京中心的同志说，她经常用自己的钱，奖励一些员工。她已70多岁了，每天还到北京中心上班，策划选题，指挥生产，说起话来仍然中气十足，这让我非常感动。

第三就是北京中心给我们带来了实实在在的经济效益。我们整个投资不包括现有的固定资产，只有200多万，但我们分回了利润几千万。这200万，是最初投资的50万块钱分红又增资进去的。据审计，目前出版社和集团已分红5000万。创办北京中心，无论是社会效益还是经济效益，我们都是丰收的。

不瞒您说，与老金他们合作，出版社里，还有社会上，不是没有不同的声音。但有账目在那里摆着，不怕说三道四，不需要我逢人就去解释。再说，北京中心自从成立以来，出版了刘震云获茅盾文学奖的长篇小说《一句顶一万句》，出版了在国内外产生了巨大影响的长篇小说《狼图腾》，还有崔永元的《不过如此》、白岩松的《白说》、冯小刚的《我把青春献给你》等很多畅销书，有这就值了。再说，我们立足武汉，面向全国，走向世界，北京中心是一个试点，而且是成功的试点。在异地办出版公司，成立股份制出版公司，出好书，获大奖，我们在全国出版界开创了一个新的模式，从这个角度来看，北京中心的意义并不仅仅是赚了多少钱。

目前，北京中心的四驾马车各自东西，但中国出版史上由北京中心所书写的一页，还是光彩夺目的。对于我的职业生涯而言，能跟他们合作，是一件幸事，是我一生中值得欣慰的过往。

（二）对长江文艺出版社北京中心出版畅销书的印象

畅销书首先要与时代共振，和当时的社会的思潮、社会背景相呼应，必须适应一定时期的政治、经济、文化的需要。

庞沁文： 您对北京中心出版的畅销书有没有印象比较深刻的，值得重点介绍一下的。

周百义： 我印象比较深的，首先是他们出的第一本书，冯小刚写的《我把青春献给你》，当年销了18万册，也上了畅销书排行榜。老金加入长江文艺出版社北京中心之后，冯小刚等很多作者还不相信，她就把我带到冯小刚家去，冯小刚当着我们面念他写的文章，念完以后，老金向冯小刚介绍我。冯小刚怔了下，说："你不是在华艺出版社吗？怎么搞到长江文艺社去了？"

冯小刚的书营销很好做，他本身是个导演、明星，开新书发布会他老婆徐帆也去了，还请了一些名人去给他站台，做了一次盛大的推广活动，那是金丽红到北京中心后第一次大型的宣传活动。

我记得比较清楚的第二本书是《不嫁则已》，一个少校女作家写的。这本书出版正好赶到2003年非典，北京大街上空无一人，书根本就卖得不好。这是我印象中她们做得不太好的一本书。这说明一本书能否"冒泡"，天时、地利缺一不可。

我印象最深的第三本图书就是《狼图腾》了。2004年安波舜带着《狼图腾》这个稿子加盟北京中心，当时他们还让我看了稿子，没有引人入胜的连贯的故事，就是一个个的关于狼的小故事。书中有很多理性的分析，包括后面5万字的论文，完全是作者的理性思考，不像是一本小说。我说写狼的有几个能大火呢，贾平凹不是写过狼吗，现在看不出这本书能够火。当时包括老金和黎波在内，也是抱着试一试的态度。2004年2月出版的《狼图腾》，当时所有的报纸都不愿连载，因为小说本身没有连续的故事贯穿其中，不适合连载。只有和公司员工有关系的《京华时报》愿意连载。图书能够卖起来起步于北京一年一度的地坛书市。地坛书市上面卖得好，读者和书商互相交流，那本书突然就火了。从2004年4月就开始登上全国畅销书排行榜，到2015年还在全国畅销书排行榜上，我算了下，前后有157个月。

庞沁文：您能描述一下《狼图腾》畅销的盛况吗？

周百义：《狼图腾》畅销的状况真的令人想象不到。有位朋友跟我讲，他在一个书店里，听到一个40多岁的中年妇女说，白活了。店员问她怎么白活了，她说到现在还没看《狼图腾》，这不白活了。还有一位朋友跟我讲，有小夫妻俩买了一本《狼图腾》，争着看，等不急，就买了两本，夫妻俩同时看。康洪雷导演了一个电视剧，叫《士兵突击》，里面那个团长买了很多本《狼图腾》，发给战士看。当时，我准备写关于《狼图腾》的文章，我查了一下，网上显示《狼图腾》在美国的借阅率很高，在法国的借阅率也很高。显然，《狼图腾》不仅在国内受欢迎，在国外也深受欢迎。一本小说卖这么多，受到广泛欢迎，那真是不容易。

庞沁文：那您觉得《狼图腾》能畅销的原因是什么呢？

周百义：《狼图腾》能畅销真是个奇迹。我觉得其畅销和当时的改革开放、市场经济、民族复兴的大背景有关。《狼图腾》倡导这种狼文化，倡导要有拼搏精神，适应了社会政治、经济、文化发展的需要。很多企业、公司买回去作为培训教材使用。同时，这本小说所描写的草原狼的生活，很有新意，因为是作者本人在内蒙古大草原下放时的亲身经历，所以读起来有让人身临其境的感觉。国内图书市场的畅销引起了国外出版商的注意，因此被翻译成了36种语言，在全世界110个国家发行，成为中国图书走向世界的一个重要标志。

庞沁文：非常赞同你的观点。我觉得《狼图腾》的畅销与其被贴上狼性文化、拼搏精神、团队精神的标签密切相关，许多人都把它当作一本倡导狼性文化的教材来读，尽管好多人未必都能读得懂。从这个意义上看，可读性并不是图书畅销的必不可少的条件。

长江文艺出版社北京中心总体上是以出版名人书为方向的，您觉得长江文艺社北京中心在畅销书运作方面有什么特点？

周百义：第一，善于做全方位的整合营销。他们能够做到的营销手段全部都弄上，全方位地覆盖。营销方案写得十分详细，卖点、宣传点，怎么做，在哪儿做，全都有预案。第二，持续地营销。只要有机会，就再来一次，锲而不舍。第三，善于抓住新闻点和兴奋点来传播。老金做过新闻，她注意抓住每本书抢眼的爆点，大加宣传。假如这本书没有亮点，她要想营销，怎么办？她就把那些明星请来，让媒体有话可说。如果你的书作者没有名气，题材内容上又没有特别的新意，媒体怎么给你宣传。明星一旦参与了，媒体就有新闻可写了。第四，全面布局。老金有广泛的人脉，她对作者是广泛布局，用得着用不着的，逢年过节，打电话、发短信、寄花、送点小礼品。你暂时没东西给我，我有书出版时你给我站个台也行。第五，品牌很强势。有很长一段时间，北京中心的图书代理商是先付钱后拿书。

庞沁文：请您对您的出版生涯做一个概括的总结。

周百义：我一开始做了将近有4年的普通编辑，编辑了《雍正皇帝》等图书。1992年组织上把我调到湖北省新闻出版局工作，在图书处负责出版管理事务。1995年组织上让我回到长江文艺出版社做了10年社长，2005年提拔我到长江出版集团，做了10年总编辑和副总裁，并担任长江传媒股份公司的副董事长，同时一直担任长江文艺北京中心的董事长直到退休。我的出版生涯实际上就是这三个阶段。

做普通编辑的时候，我除了做好本职工作，最关键的是我业余坚持写作，写文学作品，写评论，主要是为自己编的书写评论。凡是我编的长篇小说，我基本都写了较长的评论，发表在全国重要的刊物上。作为一个编辑，最好做一个能够动笔的编辑，这样才能更好地与作者对话。后来我当社长的时候，主要是抓产品、抓队伍、抓制度建设、抓品牌。我感到庆幸的是，这十年我出了一批好书，做了几个品牌，培养了一批人才，为长江出版集团的发展输送了后备力量。当社长的时候，我非常注重产品线的建设，当时明确规定，一个编辑室就朝一个方向去发展。第三个是我在出版社的三项制度改革上做了很多工作。主要是干部能上能下，中层干部每年竞聘一次。这样就为年轻人的成长提供了机会，在社里形成了一种观念和机制。这种观念和办社的思路，现在由担任其他社负责人的年轻同志在发扬光大，这让年近古稀的我十分欣慰。

另外一个值得庆幸的是我即将退休时，湖北省新闻出版广电局在省里立项出版大型丛书"荆楚文库"的编纂出版工作，有人称其为湖北的"四库全书"，组织上让我来负责具体事宜。目前我主要带领大家在做这项工作。这是一个让我继续学习的好机会，组织也给我提供了一定的优厚条件。人的一生说长也长，说短如白驹过隙，回顾一生，大多数时间在做出版，能提得起来的，也就是上面几件事。惭愧。

庞沁文：周总的名字实际上已经和《雍正皇帝》《张居正》连在一起了。当人们谈起这些书的时候，作者是必谈的了，当然也都会谈起这些书的编辑。我觉得周总给我们讲得很精彩，一开始我认为周总是一个综合性编辑，后来觉得不对，应该说是全能型编辑。首先您是一个创作型编辑。您本人就是一个作家，对作者、作品有一个准确的认识和判断，还能够指导作者创作。其次您是一个管理型编辑。您是编辑又是社长，有快速的决策能力与决策权，如果不是您的快速决策就有可能失去《二月河文集》这部书稿。您还是一个学术型编辑。您能够给编辑的每一部长篇小说写评论，并在重要文学理论刊物发表，起到了对图书的宣传推广作用。我希望我们的年轻编辑能像您一样做一个全能型的编辑。好，我们今天的采访就到此结束。

畅销书的编辑不是在策划畅销书，而是在用我们自己的眼光、内心的使命，我们自己的精神追求，我们自己的信念和信仰来发现作品、塑造作品，甚至是引领作家去写作这个作品。

——著名出版人、长江出版集团北京图书中心原总编辑

安波舜

/ 安波舜在接受畅销书出版口述史采访 /

第四章
《狼图腾》与竞争需要拼搏的狼文化
安波舜畅销书出版口述史访谈

采访时间　2018 年 4 月 17 日
采访地点　中国新闻出版研究院演播室
采访对象　安波舜
采访人　　庞沁文　曾　卓
摄　像　　邓　杨
整　理　　庞沁文

/ 采访人按语 /

　　安波舜是一位理想主义者，他外表平静，内心充满激情，他只凭借内心的感觉就对《狼图腾》的畅销做出了准确的判断。他之所以能做到这一点，是因为他有着丰富的人生体验和出版经验，因为市场就在他的心中。假如一个人生经验和经历不够丰富的编辑也凭感觉出书，那可能就会被市场碰得头破血流。人生也是一样，一个毫无人生阅历的人，跟着感觉走，就有可能被感觉欺骗，坠入深渊；只有一个阅尽沧桑，历经磨炼，对人性有深刻认识的人，才可能听从内心的召唤，心游万物，到达他想到达的地方。

2004年，有一本《狼图腾》的书在市面上大火，掀起了一股狼文化热潮。时隔14年，2018年4月17日，在中国新闻出版研究院演播室，《狼图腾》一书的策划者、长江出版集团北京中心原总编辑安波舜为我们讲述了以《狼图腾》为代表的狼性文化的兴起与广泛传播的历程。

采访人： 安老师好，请您先简单做一个自我介绍。

安波舜： 我是一个老编辑，一个老的出版人，一个把自己出版理想和文化理想相结合的那么一个文化人。作为个人呢，我喜欢写作，喜欢出版，喜欢为我们这个伟大民族的复兴贡献一些力量。其他的就没有什么了。

采访人： 您从1982年担任春风文艺出版社编辑后，就开始走上了出版之路。乘着改革的春风，这一做就做了好几十年，您如何看待你们这一代的出版人？

安波舜： 改革开放40多年以来，我们这一代编辑做的贡献是巨大的，是不可替代的。所谓改革开放，首先是思想开放，思想开放依赖于你有进步的思想资源，那我们这些出版人就是走在改革开放的最前沿，在挖掘、整理、引进这些优秀资源，因此我们可以说出版事业是其他任何一个行业都无法替代的一个事业。

另外，我们这一代出版人是比较骄傲的，是比较幸运的，赶上了这样一个好时代，赶上了这样一个好时机，能够看到自己的思想、智慧开花结果。比如，"文化大革命"中你可能就没有这么好的机会，或者再过几年，人们的精神生活十分丰富了，出一本书大家也不会觉得有什么了。我们都是从知识青年下乡然后走上了工作岗位，亲眼看到改革开放的这个伟大进程，并且还有幸参与进来。

一、《狼图腾》畅销的主要原因是什么

如果说还有什么图书能够畅销，能够覆盖市场和读者，只是因为它适应了这样一个伟大的变革，揭示了生活的真相，满足了读者的精神需求，除此以外没有任何原因。

采访人：作为畅销书达人，您认为《狼图腾》畅销的主要原因是什么？

安波舜：我刚才说，我们正处于一个伟大的时代，在今天，如果说还有什么图书能够畅销、能够覆盖市场和读者，只是因为它适应了这样一个伟大的变革，揭示了生活的真相，满足了读者的精神需求，除此以外没有任何原因。有些人到处讲畅销经验、策划能力，我觉得99%是骗人的。唯有一个几千年以来都不变的原因，那就是我们这个时代、我们的人性需要什么，你恰巧覆盖了这个需求，恰巧提供了这样一个精神产品，那么自然这本书就畅销了。

采访人：那您觉得《狼图腾》卖点体现在哪里？

安波舜：表面上看，《狼图腾》里面什么都没有。男女爱情它没有。打动那个时代的社会痛点，它也没有。它写的是20世纪70年代的故事，里面肯定也没有热点。就是说，那些所谓的畅销书策划者看重的热点、痛点，什么腻腻歪歪的点，这本书里都没有。我看到有好多的出版人在那个地方说，这本书抓了个什么热点，弄了个什么东西，我都不屑，我觉得那都是江湖骗术。

《狼图腾》里面主要是一些人和动物之间的感情，这个动物呢，又是狼。人的生活当中接触最多的是狗，比方说《忠犬八公》，很多人看

了很感动。但是《狼图腾》写的是一头狼，在之前也没有类似的一个作品能够畅销。所以呢，畅销因素它都不具备。再一方面，它的文字很好吗？写作技巧很高吗？其实也不高，它的风格有点像俄罗斯早期文学，写的是自己的生活，写的是扎扎实实的内容，一点虚话都没有，一点辞藻的玩弄都没有。有个作家在写评论的时候说，高中老师要求学生做到的，《狼图腾》都做到了。那些类似于余华、刘震云、王安忆甚至作者的爱人张抗抗的那种文笔、那种语言的流畅、那种到处不断闪现的火花，《狼图腾》里面都没有，有的只是扎扎实实的生活，是一个个非常真实的细节。最近作者姜戎要写《狼图腾》的续集，我有幸陪他到新疆、到内蒙去。去那边以后，我就发现他对每一个细节都很注重，每一个工具都要去看一眼，每一种东西都要去闻一闻，每一种食物都要尝一尝，每一种蘑菇都要采一采，他注重的就是生活当中那种扎扎实实的内容。我觉得真实可能是最大的力量，因为有真实，才有真相。有真相才能出真理，而真理是绝对的力量。

采访人：您认为《狼图腾》最大的魅力体现在哪里，最能震撼人心的地方是什么？

安波舜：《狼图腾》能唤起人这个动物本身的 DNA 里面所潜藏的那个人性的东西，他把对自然、对生命本体的一种呼唤和那种潜意识都调动起来了，就像你看到一个非常美丽的画面一样。比如我们看《瓦尔登湖》，作家写的那个湖、那个花、那个氛围，使我们仿佛能嗅到那里的清新的空气，这就是在调动人的本能，让我们的激素开始分泌，分泌出来以后我们就快乐了，就觉得过瘾了。那么这种陶醉感怎么来的？就来自艺术真实。

《狼图腾》的艺术真实感动了读者，撞击到读者的灵魂深处，引发了读者的共鸣。他激动得兴奋不已，甚至是看完了以后，得到了神性的启迪和启发，久久不能忘怀。一本书对我们的信仰和信念形成冲击，在我们脑海当中留下了值得深深思考的东西。那这本书了不得了，这个就是畅销书该有的模样，畅销一百年、二百年都没有问题。《狼图腾》的艺术真实世界，展现了知性、诗性和神性，具备了图书畅销的三大特征，能够畅销是自然的。

采访人：您觉得《狼图腾》中，有没有那种感人的语言，有没有一些印象深刻的金句？有没有最能体现你说的狼性精神的精彩句子。

安波舜：我认为《狼图腾》中没有太深刻的东西，它不是一部以思想见长的长篇小说。那种对人性、灵魂进行深入剖析，不时能跳跃出一些名言警句，它没有。书里面有精彩的细节、情节，致使它长盛不衰，能够在全世界流通。比如说狼为了团队的胜利，它从来都是冲在前面，没有一个退缩的，比如说小狼的那种无论如何也要追求自由的性格，全部都是这种情节和细节。你要说哪个警句，没有，也没有那种句子可以当成人生格言的那种东西。我认为小说中情节和细节才

《狼图腾》

在残酷竞争的世界，一个民族，首先需要的是猛兽般的勇气和性格，无此前提，智慧和文化则无以附丽。

是最重要的。

语言上的精彩智慧的句子可以说是层出不穷，但生命的体验是最具有个性的，是唯一的。比方说谈恋爱，一个女孩见了男孩吃饭的细节只有她能够体会，不会有第二个人和她感觉一样，她那个动作和那个情节永远不会重复，可谈恋爱时候说出的那个话来可能会重复。《狼图腾》这个故事的力量就在这，我们也不追求那些妙语金句。

二、《狼图腾》的主题思想是什么

《狼图腾》形象展示了追求自由、维护生态平衡、重视团队合作的狼性精神，这正是那个时代迫切需要的。

采访人：从文本研究的视角看，您认为《狼图腾》的主题思想体现在哪些方面？

安波舜：我认为《狼图腾》的主题思想：一是体现了追求自由的精神。这可以说是《狼图腾》中最能感动人的部分。好家伙，狼为了自由原来还那么不屈不挠，小狼为了自由它就挣脱缰绳，不管你给我多好的东西，我也绝不放弃自由，这个东西点燃了我们每个人，点燃了人类DNA当中那种自由的因子，它让我们觉得狼能做到的事情，动物能做到的事情，我也可以做到。

其实从整个审美发生的过程来看，在我们读《狼图腾》的过程当中，慢慢地不知不觉地被这个故事情节，被这个狼为自由奋斗的精神、宁死不屈的精神，所感染，所感动。我们会慢慢发现，我们的神经感觉到紧张，紧张到身上的激素分泌。我记得我看这本书的时候浑身发冷、脊背发冷，因为什么？我神经非常紧张、非常兴奋，兴奋在什么地方呢？那个狼和羊之间的战争、狼和马之间的战争、狼和人之间的战争，那种节奏、那种刺激、那种为了自由不顾一切的冲击，那种积极和勇敢，它一下子把你调动起来了，调动起来以后，你就会感觉到一种激烈。这个和让你激动不已的那个兴奋点，它起的作用是一样的，就是让你神经紧张，让你激素分泌。狼的命运充满了悬念，这也是你一直关心的，看完了以后还想再看一段，再看一段。我白天干活，晚上到家了还得继续看，后来我给别人看的时候，他们都有这种感觉。如果你非要问亮点的话，这个亮点在哪儿呢？后来我仔细想了想，亮点就是它点燃了，或者是激发了我们身体内、血液里那种自由的因子，它让我们燃烧，让我们激动，让我们觉得我们这个世界上，没有比自由更可贵的东西。自由这种东西，它就像空气一样，平常我们大概不觉得它有多么重要，但是一旦你失去空气了，几十秒你就不行了，几分钟你就憋死了。

如果一个人犯了错，对他最大的惩罚就是让他失去自由。比方说监狱，为什么要弄监狱？监狱就是让人失去自由，对吧？那么对一个人最大的奖赏是自由，对他的惩罚是不让他自由。每个动物、每一个生物，给它自由，它就生长，不给它自由它就完了。这个小鸟、狼，它都有这个特点，那当然人也有。自由的重要性，在平常我们感觉不到，但一旦警察把你抓到派出所里，关你24小时、48小时，你就觉得自由重要了。如果给你判多少年刑，你就会觉得这自由更重要了。

狼追求自由的精神，这个是现在、过去和未来都需要的。狼作为一种图腾和信仰，有点落后，我们不需要这种图腾和信仰，我们需要更高的信仰、更文明的信仰。但是作为一种精神资源，作为一种理念，说像狼一样去争取独立和自由，这是没错的。现在许多孩子啃老，不愿意出去工作，不愿意承担自己的责任，应该学学狼的独立自由精神。

我国已经加入WTO，参与到这个世界经济发展中，可是我们的人呢，还竞争不起来，竞争意识不强，那我们就提倡一下狼的精神，鼓舞大家争取自由，独立奋斗。爱情和自由是畅销书的两大母题，《狼图腾》中没有爱情，但有自由。

二是从生态链视角看到了狼的价值。狼这种神奇的动物，过去我们都觉得它是一个恶的形象，从来没想到，作为动物、作为自然界的一分子，在草原上、在生态环节上它是重要的一环。如果这个狼没了，草原等于是鹿、兔子、老鼠们的天下，草原就退化了，就沙漠化了。就是说，当我们诅咒狼的时候，当我们去打狼的时候，当我们觉得狼可恶的时候，我们应该知道它在整个生态中，或者人与自然的生态环节当中，是重要一环，是我们环境保护的重要一环。

三是狼的那种团结和团队精神。《狼图腾》中很多狼故事很好地体现了狼群在捕食时非常注重分工合作的团队精神。市场经济时代，团队精神是我们所缺乏的，不分工、不合作，没有这种团队精神，干啥都不行。现在小孩子为什么一定要参加各种夏令营，一定要融入同学当中？就是要学会沟通和交流，就是帮助他在未来的时候融入团队。当今时代，社会分工越来越细化，你没有团队，没有一个同伴，想自己单打独斗逞个人英雄是没用的。团队精神从哪里来，你首先得有这个理念，这个理念你得附着于一个东西身上，你说个狼团队，小孩子就想起来了，你要说我们要有什么团队精神过虚的词，他想不起来。没有具象的这样一个象征物，作为大家可视可感的精神资源，光讲虚的不行。只说虚的团队精神，没有和人的生活经历相连接，不接地气，但如果你说像狼一样去团结合作，去实现目标，这样大家会有一个具体的感知。

《狼图腾》能够畅销的一个主要原因是在我们这个时代需要团队精神的时候，它刚好塑造出了体现团队精神的狼形象，受到读者欢迎是很自然的。

三、《狼图腾》的策划、编辑

畅销书的编辑不是在策划畅销书，而是在用我们自己的眼光、内心的使命，我们自己的精神追求，我们自己的信念和信仰来发现作品、塑造作品，甚至是引领作家去写作这个作品。

采访人：您认为一本好的畅销书，是能策划出来的吗？

安波舜：至于说策划，我看见说策划人谁谁谁挺反感的，我觉得畅销书编辑不是在策划畅销书，而是在用我们自己的眼光、内心的使命，我们自己的精神追求，我们自己的信念和信仰来发现作品、塑造作品，甚至是引领作家去写作这个作品。

采访人：有人说畅销书可遇不可求，《狼图腾》出版后获得大卖，您当初是怎么拿到《狼图腾》书稿的呢？

> 一个出版人如果在出版界或者文化界竖起这样一个旗帜，他有这样一个追求，有这样一个显示符号性格能力的东西在这个地方流传，这个作者呢，自然就会来找他。
>
> ——安波舜

安波舜：坦率地讲，不是我拿到《狼图腾》书稿的，是《狼图腾》的作者姜戎写完了作品以后，他第一个想到的就是我。因为他说这个书别人都不行，只有安波舜能做。我虽然认识他，交流也不多。但是人家从我写的文章、我出的书，就知道了我的追求和信仰。一个出版人如果在出版界或者文化界竖起这样一个旗帜，他有这样一个追求，有这样一个显示符号性格能力的东西在这个地方流传，作者们自然就会来找他。比方说一个腻腻歪歪的爱情作家，他不会来找我，他一定是写了一个挺厚重的，自己觉得了不起的一个东西，他才来找我。

采访人：因为您自身形成的这个编辑口碑效应或者品牌效应，姜戎就自己找上门了，对吗？

安波舜：对，因为有这样一个形象，有这样一个口碑，在业界、在文化界有这样一个影响，所以认同你的作家写完了作品以后，不是你去找他，是他来找你。当然了，姜戎也不是找我一个人，同时也找了其他人、其他出版社。不瞒大家讲，其他出版社看了他的书以后，给的评价不太高，有的人说能印五千册，有的人说勉勉强强一万册。只有我看了以后，觉得这是好书。

采访人：您和姜戎之间的交往有没有什么可以值得说一说的？

安波舜：其实我认识姜戎很多年，因为他是张抗抗的丈夫。他其实是搞经济的，学的是政治经济学，是一个大学老师。我们很熟，但是他从来也没告诉过我他在写小说，甚至张抗抗也不知道他在写什么。直到写完了，改了很多遍了，才告诉张抗抗他在写一个小说，就这样。张抗抗的书基本上都是我出的，和张抗抗交往的过程当中，姜戎不时地关注一下，插个话，或者听一听，对我的追求和想法他是比较了解的。但是，说我和他个人，熟到什么程度，对他的生活、个人什么的有多了解，那没有。他是一个比较低调，也很老实的知识分子，一个书呆子，挺神秘的一个人。他写出一个长篇让我大吃一惊，在此前他根本没发表过什么东西，好多出版社看了他的书稿都不愿意出版，他们总觉得他写了一个自传。你知道吧，现在有很多有名望的人，年纪大了，有了钱了，都想出一本自传色彩比较浓厚的那种书。基本上都是想象了，都是那种匆匆岁月、蹉跎岁月之类的东西，现在比比皆是。许多出版社就拿那个眼光来看他的书稿，所以都不愿意出。

我和姜戎的关系真的是非常非常地一般，但他坚信这个书我一定会喜欢。平时我们就在一起聊天，聊的时间比较长，但确实是没有很深的了解，只有太多的文学上的交流。

采访人：您认为编辑和作者之间是一种怎样的关系？

安波舜：应该说是一种合作关系。说老实话，基本上从"布老虎"开始，到《狼图腾》，以及我们手头现在正在做的，差不多都是我们和作家一块儿做的。特别是"布老虎"的很多作品，每一部出来，都是差不多几十万、上百万的销量，我们都会事先讨论。

采访人：您曾说，当时只有两个半的人支持您做《狼图腾》这本书，那您能坚持己见的原因是什么？

安波舜：确实只有"两个半人"。一个是作者，他认为自己在写一个伟大的著作，在写一个伟大的小说。每一个作者都是认同自己作品的，就像自己养了孩子，哪有说自己孩子不好的。第二个人是我，再半个就是我老婆了。因为我看书稿的时候她也在旁边看，看完以后她说这个书挺好。我是一个存在主义者、唯物主义者，就是说，评论一本书，用什么理论，那是次要的。重要的是这本书好不好读，你读的时候有什么感觉。

采访人： 所以您判断一本书好不好时，更多的是靠一种感觉，是吗？

安波舜： 对，我觉得这个感觉非常重要。萨特曾经讲过，感觉到的东西才是真实的，其他概念的东西，都是虚拟的。一本讲20世纪70年代草原生活的书，你用什么理论衡量它是否畅销，怎么去调研它能否畅销？

采访人： 您觉得编辑在畅销书生产过程中应该做一些什么工作？

安波舜： 这个不能一概而论。一般的情况下，编辑要参与畅销书的策划、组稿、编辑、营销的整个过程，如果可以的话还要参与到畅销书的写作过程当中。也有可能编辑什么都没做，忽然间生活当中有一个人写了一部畅销书送到他面前，那他就中大彩了。像我就是中大彩了，《狼图腾》就送到我手里来了。别人都看不上，到我这儿来后，我不但看上了，而且当成了一个宝贝，这个不是我的功劳，不是我策划的功劳，是人家作家几十年才弄出来这样一本书。当然这也与我个人的本事有关，他为什么不找别人，来找我呢？因为他知道我的能力。当然也有可能，人家就是盲目地来找我。

畅销书的编辑加工是一种技术活，那就很简单了，我觉得每一个人都可以做到的。编辑的关键是什么呢？就是挖掘作者，挖掘故事，给故事和作者赋能。就是说你要及时地引导和启发甚至是激发作者的那种往你主题上奔的那个潜能。直到今天为止，在写畅销书或者写伟大作品的路上，很自觉的人我很少看到，大部分都是在探索和摸索，甚至在激烈的思想冲撞当中，突然火花爆发了。这样的作者是绝大部分，我们出版的畅销书大部分也是这样的，就是说他有一个故事，但需要进一步发掘。

我作为一个编辑，出了这样一本畅销书，我做了什么呢？就是作者没有想到的你要替她想到，你要为她赋能，你要激发她，挖掘她，挖掘她的潜能，让她写出心中的理想。有人说编辑很普通，是这个世界上一个很普通的职业。我不觉得，我觉得当图书编辑是一个特别伟大、特别牛的一件事情。牛到什么程度呢？你可以塑造作家，可以传播理念，可以传播思想。编辑就像一个修庙人一样，庙里种种的神大家都在供，殊不知那个神是我塑的，是我采的五色土在那个地方塑的神。大家今天好像都在说某个作家出了一个什么伟大的作品，殊不知道那个伟大的作家，最初和我们合作的时候他的故事原型是这样的，甚至是较低层次的，是我们编辑和他一块儿成长、一块儿起飞、一块儿做出一部伟大的图书。我从来没把自己看低，也没把自己的职业看低，没把自己编辑出版的图书看低。做一个好编辑要求我们确确实实掌握很多很多的知识，不断提升我们的价值观，提升我们编辑的技巧。

采访人：《狼图腾》的编辑加工方面有没有一些可讲的细节？

安波舜：作者从构思到写作花了十多年，总体上没什么问题，也难免有一些粗糙的地方。作者是个教授，讲经济学的，总有一些议论夹杂在书里面，我们删删减减也是不可避免，这是编辑的基本功。你要把故事做得紧凑，你要把情节弄得逻辑相连，你要把悬念设置得相对合理，这个都是编辑和作者一块儿去做的。但是因为作者写这个东西时间比较长，他自己琢磨得也比较透，我能够做的就是把它删删减减而已。原来比较松，我给它挤一挤，使它紧凑起来而已。太多的东西没有，因为他的生活对我来讲完全陌生。

四、《狼图腾》的宣传与营销

畅销书的营销其实就是让读者认识到图书的价值，图书质量高、故事好，加上适当的宣传就能兴起畅销的热潮。有价值的图书自然有人会为你宣传。

采访人：在运作畅销书时，您一般用哪些营销策略？

安波舜：我们做这个宣传、推广，首先是产品要好，故事好，质量高。你产品不好，就是在忽悠人家，这个只能短时有效。不瞒大家说，我们也出了不少明星书。有个别的书出来时光鲜闪亮，作者签名售书时，媒体一拥而上，看着挺热闹，但是人一走这书就黄了，就凉了，也没人买了。

采访人：营销可能不重要，但营销似乎也不可忽视。在营销过程中，有哪一个关键环节对《狼图腾》销售起到了很大的促进作用吗？

安波舜：《狼图腾》第一版一共才印了两万册，那时候大家都觉得不可能畅销，所以就印了两万册。我说哪都不销，就在北京，就放在几个大书店里面，我们去看看到底怎么样，做个试验。结果刚开始销得不太理想。过了一段时间后，我们举办了一个发行座谈会，我们请了白岩松出来谈谈，他也谈了一点。赵忠祥也去谈了，谈了谈怎么保护狼。潘石屹也到场了，他去也没说好话，他光说他小时候家里辛辛苦苦养了头猪，结果被狼吃了，弄得他痛哭流涕。名家到场就造了一个势，给大家说，出了本书叫《狼图腾》。这个发行座谈会后，卖了一万多册，这一万多册引发的口碑效应，在大概20多天以后就出现了。第一拨人看完了以后说好，这就起来了。

采访人：《狼图腾》出版后引发了广泛的争论，这些争论对图书销售有促进作用吗？

安波舜：真正的争论是在销售20万册以后，大约到八个月、快到一年的时候各种各样的声音就出来了，争论就起来了。等争论起来的时候其实我们已经从市场的角度把覆盖面和口碑都建立起来了，口碑建立起来了就产生了影响，然后才有各种各样的争论，大家没看到书哪来的争论。有人说是争论增进销售了，这不对，这真是不对。开始的时候看的人少哪来的争论，就看故事，刚开始是看故事，以后才有争论。

采访人：您如何看待对畅销书的争论及宣传？

安波舜：我向来对炒作这个东西不看中，什么引起争论了，引起什么什么东西了，我觉得这种东西顺势而为吧，有争论我们就争论，没有争论我们不争论，因为我知道没有争论它也一样有市场啊。特别感人的小说，读者看完后一定会流泪的，流泪了，觉得感动了、激动了，这就很好了。他一定会告诉另一个人，另一个人告诉下一个。宣传不过就是会影响时间长短，你宣传了，推广了，有个什么名人给你弄个什么东西了，可能就是俩月你的书就畅销起来了，没人推可能就是说它需要仨月。

采访人：从书稿刚出版时的默默无闻到所有人熟知的畅销书，这里面肯定有一个过程，除了请名人站台外，还有什么其他营销策略吗？

安波舜：名人站台就那么一回，一回后它就起来了。后来，部队、企业好多单位请我到各地讲《狼图腾》，给各行各业讲，就讲这个民族到底需要羊的精神还是需要狼的精神。在2000—2010年，整个社会处在一个爆发期，大家都在找竞争资源，找一个灵魂的力量，找一种前进的动力和指路明灯，社会需要这种东西，大家就觉得你讲一讲，过瘾，听了以后觉得挺过瘾，挺好。这种讲座，某种程度也可以说是一种宣传吧。

后来我们多多少少有点后怕，就觉得这玩意儿一起来以后会不会惹麻烦。你知道我们搞出版的人心里面多多少少有一根线，你这个东西太火爆了，不知道你可能触碰到哪根线，所以我们后来就有点往回收，但是已经收不住了。当时有一个将军，他的秘书上我那儿买了一大堆书，给部队的军官、士兵们到处发，发完了以后还要讲这本书的意义。还有一位将军的儿子常对人说，看《狼图腾》了没有？没看，没看别跟我喝酒，不看《狼图腾》喝什么酒。《狼图腾》在民间传播的力量非常之大，大到什么程度？有一次我们的海军演习，几十条舰船出海，要在海上待很长一段时间，部队给每个出海的人买了一本山东临沂盗版的《狼图腾》。盗版书，一人一本，就给士兵看，鼓舞士气。后来有个电视剧叫《沙场点兵》，电视剧里面有一个野狼团，一个叫猛虎团，这个野狼团的团长就拿了一本《狼图腾》，在电视里面说，大家要读一读这本书，我们要怎么怎么地。这个不用我们宣传，好多读者自己就弄得我们很不好意思。

开始的时候是需要推的，推到最后爆发的力量让我们自己都有点忐忑不安，就怕说不定哪天出个啥事，惹哪个领导不高兴讲一句话，你这玩意儿就完了。所以我们那时候不是说继续炒作它，是心里害怕。

人这一辈子可能会做很多事，如果能让人记住一两件，就应该很满足。我觉得我能让别人记住《狼图腾》这件事，我就很满足。

——安波舜

这样一本书，你不知道盗版都盗了多少了，我们光在北京就搜剿了五六十个盗版版本，在全国搜剿了两百多种盗版本。每一种盗版本不印两万都是要亏损的，因为它卖得特别便宜。两百多种盗版书，你说盗了多少。有一种盗版本，卖了五六年、七八年，每年都印，咱们印他也印，根本不知道他印了多少，你说还用我们去营销吗，根本不是那回事，不用营销。

五、《狼图腾》的版权运营

人与狼的关系、人与自然的关系、游牧文明与农耕文明的关系是一个受到读者广泛关注的国际化题材，这是其版权国际化运营取得成功的前提和基础。

采访人：《狼图腾》的版权销往全球许多家出版社，您是怎么和这些出版社联系的。

安波舜：当时我国的版权输出非常之少，你应该知道，我们为把这个版权卖出去，就主动地跟国外的媒体联系，就把纽约时报、华盛顿邮报等这些人请过来采访我们，人家就发表报道文章。我们先找美国的纽约时报，然后找英国的泰晤士报，再找意大利邮报，再找德国的法兰克福报，挨个儿国家找，找他的主流媒体刊登报道，刊登评论。然后那些外国的出版社看见了，出版社的人就来找我了，说中国谁谁谁在哪儿？他们都来找我了，我坐在家里边，我不去找他们，我去找他们咋找啊，那么多国家，那么多人。

采访人：《狼图腾》受到国外读者喜欢的主要的原因是什么？《狼图腾》中有什么样的东西感动了外国的读者？

安波舜：《狼图腾》能够在国际上受到欢迎，原因在于其题材是国际化的。第一是人与狼、人与自然的关系。狼这种东西，在全世界，在欧洲也是一样，都在逐渐减少，这对生态环境有很大的影响。正确看待狼在生态环境中的作用，保护好狼，是环境保护中重要的课题。现在的狼越来越少了。狼是神奇的东西，看狼、看动物、看神奇，这是老外感兴趣的地方。法国的电影导演阿诺就特别喜欢狼。他说，哇！这个狼真神奇，狼怎么怎么样。

第二个是游牧文明与农耕文明的关系，这个也是一个世界性话题。整个欧洲卖《狼图腾》，卖得比美国好，为什么？美国是个移民社会，老欧洲是一个骑士社会，欧洲那帮人对游牧民族特别感兴趣，但现在游牧民族已经很少了。他们请我做过几次演讲，讲的全是游牧民族和现在这个农耕民族的关系，或者说是工业社会和农业社会融合当中产生的矛

《狼图腾》电影海报

要想能做大事，就必须能屈能伸，只要能达到最终目的，过程可以有很多选择。

盾，欧洲整个历史和中国历史有类似之处。农耕民族存在了这么多年，和游牧民族到底是什么关系，学术界对此很感兴趣。作者观点、我的观点，或者我们的观点是：如果没有游牧民族，每年不断地寻找，不断地锻打，农耕民族不可能有今天的发展。

采访人：到目前为止，《狼图腾》的版权销售收入是多少，在国外它的销量是多少？

安波舜：版权收入现在我还是想保个密，因为作者也不愿意让我说。但是这么说吧，企鹅公司是在我们这儿发了大财了，所有的英文版权代理都是他们。企鹅做《狼图腾》的版权代理做得非常好，所有做版代的都拿他当案例。德国、法国、日本、韩国等这些大语种国家我们都可以直接卖版权。可其他的小语种，什么葡萄牙语、斯洛伐克语、捷克语、波兰语、匈牙利语等，我们卖不了，不知道该找谁翻译，找谁出版。这些小语种国家几乎全部找的都是企鹅，管他要了英文版，从英文版转译。

采访人：把所有英文版权卖给一家出版社，实际上是影响中国图书走出去获得效益的一个很重要因素，把版权只卖给一家出版社，他却销售到全球范围内了，本来应该是作家获得的版权收益，实际上让他们给获得了。应该给他们限定区域，比如限定在美国、英国。

安波舜：对，当时我们意识到了。可说句老实话，那个时候也不知道是否能卖。还有一个原因，我们想着让《狼图腾》走向世界，就是怎么方便怎么来。我们把《狼图腾》全球英文版版权卖给企鹅的时候也很坦诚，为了扩大影响只能让他来代理，版权代理费他们拿20%。书还没出，企鹅就把这几十个小语种国家版权代理费的20%拿啦，他们收到的版权代理费超过了他们给我们预付的10万美金，远远地超了。单单是意大利的出版商当场就付给他们20万欧元版权费，那时候欧元还比美元高，就是一个国家版权费就 20 万欧元，他们一下子就赚了。所以说企鹅代理《狼图腾》全球英文版是一个典型的案例，企鹅干得太漂亮了，话说回来，我们实在是没有人家的能力。

采访人： 企鹅出的《狼图腾》英文版的销量咱们这里有了解吗？

安波舜： 有了解，他们每次都报，报的非常慢，基本上 3 年、5 年报一回。具体销售多少也要保密。总之是版税收入不少。未来作者的版税收益恐怕比现在还要多。

《狼图腾》中的狼，是一个极具魅力的 IP 形象，其有广阔的市场开发空间，有待进一步开发运营。

采访人：《狼图腾》在版权的立体化开发方面做了哪些工作？

安波舜： 我们正在运作《狼图腾》的动画片，出来以后版权收益

《狼图腾》

一个狼群就是一支训练有素、纪律严明的部队，统一行动，绝对服从，协同作战，这就是狼的纪律。

会是巨大的，比现在可能会翻倍。我们构思《狼图腾》动画片的思路是从生活的真实中提炼艺术的真实，再加一点寓言的逻辑。动画片的主人翁是小狼和小男孩，小男孩就是成吉思汗，我们把成吉思汗的成长和狼联系了起来。我们的故事当中表现了独立和自由，动物之间、动物和人之间充满了爱和信任。动画片的整个策划案和故事大纲就整整写了两年，就研究人物关系，研究情节、细节的关系，我们设想从《狼图腾》这样一部书中提炼出来一个动画，然后把它卖给好莱坞，争取卖个几千万。这个并非不可能。比如说美国动画片《狮子王》，上演到现在30多年了。《狮子王》改编的歌剧在百老汇一张票300多美元，还得提前半年订票。《狮子王》的图书每年还能卖几十万册，每年还给作者带来几百万美元的收入。动画片《冰雪奇缘》现在全世界每年的收益还有十亿美金。《冰雪奇缘》在美国的付费视频，小孩子看一次就得一美元，这个收益比电影院的收益还高。还有《冰雪奇缘》图书，《冰雪奇缘》中小女孩的衣服，白色和蓝色的特别好的小礼服，卖得特别好。

采访人： 在《狼图腾》版权的立体化开发方面还做过些什么呢？

安波舜： 我们还在建一个《狼图腾》体验馆。以前文娱地产里面都是滑梯、摩天轮，根本没文化。我们现在规划好了，我可以负责任地说，我们在建一个巨大无比的文化体验馆，将来这个产业弄起来，那就非常巨大。我一年或者两年就做一个项目，这个项目一做起来经济效益或者产值会很大。

采访人： 等于说现在的体验馆还没建起来？

安波舜： 一个IP形象已经设计出来了，已经在动画片里设计出来了，现在还没公布于社会。很快了，很快大家就可以看到一个小片，小片里就可以看到《狼图腾》的 IP 形象，没有 IP 形象肯定是不行的。

采访人： 据报道，北京紫禁城影业公司用 100 万巨资购买了《狼图腾》的影视版权，《狼图腾》电影的票房收入怎么样？

安波舜：《狼图腾》电影是著名制片人王为民做的，电影基本上是赚了钱的，后来在线上又赚了很多。赚最多的是导演阿诺，他把欧洲承包了，他赚的多。国内这边赚的不太多，这个主要是和体制有关系，国企弄这事操作起来比较麻烦，本来很大一块肥肉，没咬住，主要是操作有问题。

六、《狼图腾》的社会影响

《狼图腾》中的自由、勇敢和团队精神影响了我国社会的各个阶层，甚至可以说是全世界。

采访人： 请您谈谈《狼图腾》的社会影响。

安波舜：《狼图腾》这个书出来以后，产生了广泛的社会影响，《狼图腾》中的自由、勇敢和团队精神影响了我国社会的各个阶层，甚至可以说是全世界。据我所知，有些企业，比如华为公司，他们的企业文化就是狼文化；还有一些部队，有一阵子几乎是人手一册，当然要加括号，都是盗版，他们买了很多盗版的《狼图腾》。不管怎么说，盗版也好，正版也好，反正他读了，我们作为一个出版者传播思想和精神资源这样一个目的是达到了。好多企业、好多学生就把这本书当成一个精神资源来吸取，从中获得精神鼓励，我觉得这个是正向的能量。一个作家的一部作品，或者我们一个出版社出版了这么一本书，能给我们整个社会文明起到这样一个作用，推动作用，我觉得这是非常好的一件事情，也是非常有成就感的一件事情。人这一辈子可能会做很多事，如果能让人记住一两件，就应该很满足。我觉得我能让别人记住《狼图腾》这件事，我就很满足。

采访人：其实也是说整个社会的发展需要一种狼性的精神来激励人去拼搏。

安波舜：激励人民去奋斗，这是我们这个书畅销的核心，也是我们生逢其时，没有这个伟大的时代不会产生这样的作品，也不会产生这样的效果。我是实事求是地这样说，没有一点虚伪或者迎合的意思。农村大量的农民已经进城了，我看到农民工看《狼图腾》，看得热血沸腾：我一定要在城市站住脚，我一定要买上房，我一定要娃上学。就是这样激励人奋斗，像那几年不都这样吗。现在社会福利差不多都上来了，说大家羊和狼的精神结合收敛一点吧。可是2015年之前大家还都是在奋斗着，那个劲还都是有的。

我国有不少企业、企业家从国内走向了国际，在国际舞台上发挥着重要作用，这在一定程度上和他们信奉顽强拼搏的狼性精神息息相关。

采访人：请您再谈一下《狼图腾》的国际影响。

安波舜：《狼图腾》在全世界的影响也很大。有一个统计机构搜集到的国际版本是46个，30多种语言，光英语有好几个版本，如澳大利亚版、印度版、美国版，说英语的国家很多，因而有很多版本。俄语也也有几个版本，俄语本来是俄罗斯的语言，可白俄罗斯、吉尔吉斯坦、哈萨克斯坦等苏联解体形成的国家，他们读的也是俄语版，这样版本就会很多。据说美国图书馆协会有一个排名，中国图书在全世界图书馆收藏量最大、覆盖面最广的一本书是《狼图腾》，它进入了全世界馆藏量最大的图书的前50名。从这个角度来看，我们确实做了一件很伟大的事情，原来我们进不了全球馆藏量最大图书的前50名，现在进入前50名了。有这么多的读者在读《狼图腾》，在感受狼的精神，有那么多的企业把狼文化作为自己的企业文化，这是很好的一件事情，这个事情当然也和我们整个改革开放大形势有关。我们设想一下，如果不是改革开放，打破了那么多的行政樊篱，使人们可以自主择业，自由竞争，《狼图腾》中的那种追求自由的精神就不可能受到欢迎。如果我们的企业没有参与到市场竞争中，没有参与到国际竞争中，那么华为、海尔等就不会信奉狼文化，张瑞敏也不会孜孜不倦地读《狼图腾》，读完了还给我们写一段话。有一些从小地方冲出来的人，到大海里去游泳，到天空中去飞翔，到草原去奔驰，去改变自己、改变世界，这了不得。我觉得《狼图腾》的鼓舞人奋斗的这个精神是不可限量的。

狼有好的一面，也有坏的一面。人类多元文化有多个阐释角度，我们不可以以这个角度废了那个角度。

采访人：您觉得狼性的精神中有没有一些比较负面的影响，包括对人的成长，包括对社会的发展，包括对企业的发展。

安波舜：我们汉族是个农耕民族，狼大部分都是草原狼、森林狼，它和农耕民族基本上是个对立关系。农耕民族是以汉文化和儒家文化为代表的，向来对狼这种动物，甚至对熊破坏农耕生态的所有这些动物，都充满了敌意，包括过去对麻雀，1958年、1959年的时候我们都打麻雀，捕麻雀，把麻雀作为四害之一。其实，那些动物现在看来都是我们生态的一环。

对狼进行负面解读，中国、外国都有。狼有好的一面，也有坏的一面。人类多元文化有多个阐释角度，我们不可以以这个角度废了那个角度。生活本身它是一个多元的、复杂的系统。解读它的角度，使用的工具不一样，得出的结论也不一样。你从生态的角度去看这个狼，从人与自然的和谐的角度看，它就是自然生态的一环。可你要从农民生活的视角看，狼老来偷我的羊吃，损害我的财产，那狼就是恶魔。角度不一样，解读结果就不一样，人类解读社会可以多重角度，你可以从不同角度赋予他不同的主题思想。我们赋予狼自由和勇敢，那它就体现自由和勇敢。你赋予它邪恶或者忘恩负义也可以，因为狼永远养不熟，你怎么训它，你怎么养它，它都不会跟着你，那它就是不好。我们在拍《狼图腾》那个电影的时候就发现一个问题，拍电影需要养狼，养着养着发现，那个狼老是在吼，而且那狼只听它们自己的，不听导演的，你怎么跟它说都不行。真忘恩负义，我给你吃的喝的，你为什么不报恩呢，你为什么不对我好呢，为什么不听我话呢？这是我们儒家的这种汉文化的一种思维。

加拿大有个训狼师叫安德鲁，他被剧组请来养狼。他就不这么想，他认为一切要尊重狼的生活习惯，他觉得尊重狼才是正确的选择。狼为什么要听你的呢？你给它点东西吃，就想让它放弃自由像狗一样跟着你跑，那不可能。我认为一个民族一种文化，对狼的解读和视角不一样，它就有不同的结论。你也可以说它忘恩负义，也可以说它坚持它自己的自然属性，不放弃自由。我觉得两种可能都可以有，就看怎么去赋予它一种认识角度吧。

采访人：您觉得《狼图腾》在国际上有什么负面影响吗？

安波舜：德国一个评论家说，《狼图腾》宣传了法西斯，我想他可能对中国不太了解。从社会学的角度来看，我们这个民族确实需要点狼的精神，确实需要在国内市场上去拼搏，需要冲出去到国际市场上竞争。鼓励青少年读者早早地独立，改变依赖父母的啃老现象，这没有什么错，哪有错啊？德国人说《狼图腾》在宣传法西斯，我认为这和德国人自己的这种记忆有关，这和他们在二战中的那种记忆有关系，我从来没有在意过这种看法。

随着中国的崛起，狼的精神可以从正面来解读，也可以从负面来解读。美国报纸上有人说，中国人都在读《狼图腾》，这很可怕，怕中国崛起了。崛起可以是和平崛起，不一定非要通过战争崛起，那我们现在为什么不可以和平崛起呢？和平崛起正是我们所希望的。康德也好，海德格尔等哲学家也好，他们产生在德国，德国还产生了法西斯，你不能把德国的哲学和法西斯画等号吧？这种对《狼图腾》的粗暴的解读，我们不太在乎。我觉得也是个正常现象，应该允许有各种各样的说法。

我们不信教，但是我们有信念，我们得对自己的信念坚定不移，得有那样一种追求，真、善、美、爱这些东西，是我们当编辑的最基本的素养，就是底色，这个底色不能变，这个追求不能变，如果这个底色变了以后，你看书稿就看不准了。我们经常看到有些作家，写的文字作品，不西不东、不上不下，一看就知道这个人价值观是混乱的，是不清晰的，这样作品就毁了。二是这种东西确确实实能畅销，能给我们带来巨大的利润，我只要干这么一件活就行了。我编书每年就编那么几部，除非是有一些作家来找了，那我就给人家看一看，编一编。但我自己愿意去挖的编的，就那么几部。有时候是两年一部，有时候一年两部，有时候一年一部。有位作者最近写了一个反腐败的故事，那么这个故事就值得挖掘，我给他提了一个要求，就是写出灵魂转变的一刹那到底发生了什么，一个正常人怎么就会腐败了呢？那是怎么一回事儿？为什么？别的任何艺术形式如电影、电视剧都达不到这个效果，都无法透视人的灵魂，可小说家可以去挖掘灵魂的一刹那，去挖掘到底发生了什么。有的作品里的人物一生清廉，一刹那之间，在那一刻忽然就变化了，那你写这个变化是为了什么呢？让后来者或读者，从这作品当中，从作品中人物灵魂转变的一刹那当中，读到什么东西？或者是惊醒，或者是警示，或者是提醒。无论是什么，总之你要有力量。很多的反腐题材作品，停留在展现官场的那种腐化、堕落，读者阅读的时候根本得不到正面的东西，一看，原来当官都是这么腐败啊，最后阅读的结果是羡慕腐败。有些作品打着反腐败的旗号，展现的是腐败的场景，腐败是为了享受，腐败是为了放肆，腐败是那种权力的肆无忌惮，许多人在读反腐小说的时候得到的都是腐败的快乐，他在别人的作品当中体会那种快感。我对这样的作品很反感，我要求作家做的不是这样，不是写腐败的过程，而是写官员走向腐败的一刹那，他灵魂到底发生了什么，然后我们把他发生变化的那个氛围给它写足了，就在那一刹那到底是怎么回事，他的心理结构为什么会这样，他的心理、灵魂，他的潜意识里面到底怎么回事。那这样写的话读者一看，就会说，这种事，在我们身上就发生过。读者就会觉得写得太深刻了，直击灵魂，让人怦然心动。

能撞击你的灵魂，能让你心灵震撼的图书，必然会口口相传，畅销、常销。你的口碑传出去以后，大家就一点一点地熟知了。你的书今年畅销，明年畅销，后年还能畅销。

七、畅销书常见的三种结构模式

通过长期不断地奋斗改变命运，也可以说是一种畅销书结构模式。

采访人：畅销书的结构与中华民族的心理结构是有一定对应关系的，您认为畅销书的内容结构模式有哪些呢？

安波舜：首先，大团圆结局是传统文学作品的常见的结构。这是由读者阅读的心理结构所决定的，畅销书的结构大多是以大团圆结局的。以悲剧结尾的结构，有的民族能接受，有的民族接受不了。我知道我们这个民族，不太愿意接受悲剧结局，因为他的心理结构比较带欢乐性，让他再次承受苦难,他有点不情愿。那种批判的、揭露的,甚至是揭人疮疤的东西,让人不快乐的东西,让人看了会心里难过的东西,都不会畅销。一千套理论不如一个实例更能说明问题。西方的《罗密欧与朱丽叶》中一对青年男女相爱,遇到阻力不能走到一起,俩人就一起殉情,死了就是死了,西方悲剧就是这样。可是中国人不愿承受这样的悲剧,这种悲剧怎么能承受呢。如果说悲剧发生了,这个故事就不能结束,一定会有一个超越悲剧的结局。《梁祝》的故事中,两个相爱的人殉情了,故事并没有结束,他们突破现实,突破现有的时空,化成一对蝴蝶比翼齐飞,这样就给你另外一种境界,给你一种安慰,我们可以称其为超现实主义。

采访人:您觉得畅销书的第二种结构模式是什么呢?

安波舜:畅销书的第二种结构模式我自己称之为七仙女模式,也可以称为传奇爱情模式。

在一个庞大的体制内,男人的压抑是最大的。人们常说中国的女性受压抑,事实上男性同样受压抑,他同样是渴望传奇梦想。牛郎与织女的故事既然能存在几千年,能流传,一定有它的道理。在一定程度上这个故事代表着我们这个民族的文化心理。我是一个存在主义者,是一个唯物主义者,我相信一切的东西都有渊源,都有存在的合理性。那牛郎与织女的故事,它为什么存在那么多年,为什么大家津津乐道,因为每一个男人,每一个牛郎,每一个被压抑在社会低层的男人,都渴望着有一天能有一个美丽的媳妇儿,能给生一个大胖儿子,帮他申诉心里的委屈,替他出头露面去伸张正义,甚至带来命运的变化。这是许多男人的梦想,这个梦想有浓厚的传奇色彩。

你再看金庸小说里面,张无忌也好,郭靖也好,还有那个令狐冲,他们都武功高强,却老老实实,最后他们命运的改变,全都来源于女性,不是娶了一个好媳妇儿,就遇到一个好姑娘;不是遇见岛主的女儿,就是坛主的女儿,再不就是郡王的女儿,这些女人聪明美丽、有权有势,改变了他们的命运。金庸的武侠小说畅销,与这些小说具有这种传奇的结构模式有关。

许多人受现实生活的压抑,需要一个释放,需要一个梦想,但在现实中难以实现,所以就要在文学作品中有一个心灵的突破、诗意的呈现、灵魂的放飞。所以我们在做畅销书的时候,就要顺着人的这种心理结构去做。

采访人:您说的畅销书的第三种结构模式是什么呢?

安波舜:我做出版工作多年,我当然要做的比前人高级一点,我要用我的图书,告诉那些男人:你不要这样,你要摆脱那个牛郎心理,我

> 我们要鼓励他,刺激他,给他弄一个通过个人努力改变命运的榜样,这个书就可以畅销。
>
> ——安波舜

们已经进入 21 世纪了，天下掉馅饼的可能性很少，一切要靠自己的努力争取。通过长期不断的奋斗改变命运模式，也可以说是一种畅销书结构模式。世界上许多民族都倡导通过自己的奋斗改变命运，比如说德国哲学家马克斯·韦伯在《新教伦理与资本主义精神》一书中强调，要像我们过去的地主那样勤俭持家，劳动致富。

现在我们可以在书中倡导通过个人努力改变命运：只要你勤劳，只要你愿意干，你都可以改变自己的命运，问题是你自己想不想改变，你自己有没有那种勇敢和积极的奋斗精神，你自己想不想当这个灵魂的船长，这是你的问题。我们要鼓励他，刺激他，给他弄一个通过个人努力改变命运的榜样，这个书就可以畅销。

采访人：那您可以再谈谈《狼图腾》的结构模式吗？

安波舜：《狼图腾》也是激励人通过奋斗改变命运的。这本书通过写狼的生存故事带给你的是勇敢，是自由，是生命的燃烧。给你这样一种真实人性的东西，同时还给了你环保意识，给你展开一个丰富世界，给你一种思考。就是看了这个书之后，你会向狼一样勇敢，追求自由，富有合作精神；会像狼一样长期不懈地奋斗，实现自己的梦想。

采访人：确实如您所说，畅销书的常见内容结构模式有大团圆结局模式、传奇爱情模式和奋斗改变命运模式等，这些结构模式是相互交错的，而且都是传统神话、文学的常见结构模式。这些结构模式和民族心理相互对应，只要运用得当，依然具有不可阻挡的畅销力量。非常感谢您今天精彩的口述。

看一个作家的成就、影响力的程度,其实可以看一个指标,那就是看他养活了多少人。

——知名自媒体人、"六神磊磊读金庸"专栏作者

六神磊磊

/ 六神磊磊在接受畅销书出版口述史访谈 /

第五章
《金庸作品集》与笑傲江湖的武侠文化

六神磊磊畅销书出版口述史访谈

采访时间	2018 年 4 月 25 日
采访地点	北京万豪酒店
采访对象	六神磊磊
采 访 人	庞沁文
摄　　像	徐静华
整　　理	庞沁文

/ 采访人按语 /

靠着读金庸、写金庸,六神磊磊为我们创造了一个自媒体创业的成功案例。专门研究一个作家作品的人并不少见,但专门研究一个作家作品并且数年如一日写出一个知名自媒体自成一派的人似乎并不多见。本次访谈中六神磊磊对"金庸先生给我们留下了什么""金庸小说的精华在哪里""金庸作品的模式及超越""如何用好金庸带给我们的财富"等问题谈了他独特的看法。所有这些从一个侧面反映了三联书店《金庸作品集》对一代人成长的巨大影响。

第五章　《金庸作品集》与笑傲江湖的武侠文化

三联书店出版的《金庸作品集》是改革开放 40 年中不得不提的畅销书，金庸"侠之大者，为国为民"的武侠思想对一代人的成长产生了巨大影响，六神磊磊是其中的一个典型代表。微信公众号"六神磊磊读金庸"借金庸作品中的故事人物针砭现实，引发了广大读者的共鸣。可见六神磊磊对金庸小说的理解有独到之处。2018 年 7 月 23 日，我们在北京万豪酒店采访了六神磊磊。从一个读者、一个网红、一个年轻的金庸研究者的视角，我们或许会对金庸作品有一些更深入的理解。

一、金庸先生给我们留下了什么

2018 年 10 月 30 日金庸先生永远地离开了我们，但他的武侠小说作品却永远留在了广大读者的心中。金庸一生创作了众多脍炙人口的武侠小说，包括《书剑恩仇录》《碧血剑》《射雕英雄传》《神雕侠侣》《倚天屠龙记》《天龙八部》《笑傲江湖》《鹿鼎记》等。据不完全统计，金庸小说发行量达到了 3 亿册以上，累计翻拍的电视剧、电影则超过了 100 部，享有"有华人的地方，就有金庸的武侠"的赞誉。为此我们邀请六神磊磊口述了金庸作品的影响力、读者价值、畅销原因等。

（一）金庸作品的影响力有多大

看一个作家的成就、影响力的程度，其实可以看一个指标，那就是看他养活了多少人。

庞沁文： 您看了无数遍的金庸作品，写了无数篇关于金庸作品的文章，"六神磊磊读金庸"公众号在社会上产生了广泛影响，您的名字已经无形中和金庸作品联系在一起了，请问您如何看待金庸作品的社会影响？

六神磊磊：我讲一点，关于一个文学作品的影响，有的时候要看它多大程度上融进了这个民族的血脉。哪怕是一个没有读过这个文学作品的人，哪怕是一个不知道这个作者的人，都会受他影响、受他感召。

我们举个李白的例子，只要找到一个会汉语的华人，对他说，床前明月光，99.99%的人能答出下一句，疑是地上霜。这意味着什么呢？意味着李白已经融入了我们这个民族的血脉，永远分割不掉了。一个人哪怕他不喜欢李白，从来不读李白的诗，他也知道青梅竹马、两小无猜、天伦之乐、铁杵磨针，他逃不掉了，李白已经成为民族基因里的一部分了，逃不掉了。

再比如说《红楼梦》，不是人人都读过《红楼梦》的原著，可是一说这个人像林妹妹，大家都懂什么意思，都知道是个什么形象；或者这个人像宝姐姐，我们也都知道什么样子；我们夸一个人长得真像贾宝玉，大家都知道是夸他富贵、秀气等。这就叫融入了一个民族的血脉。

金庸某种程度上做到了这一点。尽管说他的作品有很多缺陷和遗憾，现在看来也没有机会弥补了，可是我们都知道什么是华山论剑——就算你从来不看金庸小说，当我说咱们约个日子华山论剑，你一定知道什么意思。比如我形容一个女士说她像灭绝师太，她也肯定知道这不是好话，知道别人说自己是一位讨人厌的上了年纪的女士。或者我说，我给你一记降龙十八掌，不用解释，这个民族的人，在这个文化里耳濡目染的人自然都懂什么意思。我觉得金庸作品中的许多故事、人物都融入了我们民族的血脉，这是我们无法否认的。

庞沁文：金庸对社会的影响也体现在对每一个人的影响上，对个人影响的大小也体现出对社会影响的程度，您能谈一下金庸对你的影响吗？

六神磊磊：我一直觉得自己欠老爷子很多，他确实养活了我，改变了我的人生轨迹。我一直觉得自己能为他做点什么就很好。比如说像接受您这个采访，说实话，咱们就是聊，这对我也没什么帮助。但是我觉得这对传播金庸、让更多人了解金庸可以有点贡献，至少让您对金庸有点印象，那就值得了。我觉得我乐意做这样的事，应该做这样的事。

现在我有个困惑，就是不知道怎样报答老爷子，因为人家也不缺名，也不缺钱，他比我有钱多了，我又不能给他捐点钱，所以我不知道能为他做点什么，现在还在琢磨。

> 人生，就是大闹一场，然后悄然离去。
> ——金　庸

我见到他儿子，他开玩笑说，要是见到老爷子的话会跟他说句什么话？我说，我想说的就一句话——谢谢你养活了我。他儿子说，你怎么这么俗？你这个人太庸俗了，你应该说——谢谢你给了我精神食粮。我说那真不只是精神食粮的问题，也是物质食粮的问题，金庸真的养活了我。

庞沁文：金庸对社会发展产生了广泛影响是无可置疑的，可是我们该如何判断其对社会影响的程度呢？

六神磊磊：看一个作家的成就、影响力的程度，其实可以看一个指标，那就是看他养活了多少人。他的作品不一定能养活自己，比如曹雪芹的《红楼梦》就没养活他自己，穷得要死，举家食粥酒常赊。曹雪芹是过得不太好，可是他养活了无数人——红学家、评论家、拍电视剧的各种人。金庸也是养活了无数人，拍电影的、拍电视剧的、出漫画的，还有像我这样的。

（二）金庸作品的价值体现在哪里

家国情怀是金庸小说里的底色。"侠之大者，为国为民"，这就是家国情怀的体现。

庞沁文： 您觉得对于读者来说，金庸作品的价值体现在哪些方面？

六神磊磊： 这个问题比较大。我认为金庸作品的价值是多方面的。第一，金庸作品给读者营造了一个幻想的世界。这是第一位的，武侠小说被叫作"成人的童话"，这个世界很精彩，里面有很神奇的武功。比如六脉神剑，用手指就可以杀人；比如有的武功可以吸取人的内力，甚至有的武功可以返老还童。书里有神奇的武功，里面还有很精彩的人物，这些人物有可爱的、幽默的、狂傲的、放荡不羁的，甚至是有野心的、残暴的，都是精彩的人物。

第二，金庸作品体现了侠义的精神。金庸的书不只是武打小说，还是武侠小说，里面有侠义的精神。我觉得"侠"的文化情结是中国人本来就有的，历代的文学作品里都有侠的形象出现，比如司马迁写的《刺客列传》里，主人公都是当时的侠客。中国人有"侠"的情结，这种"侠"的情节会感召我们，大家可能谁都曾经想过，自己是不是也能当一次大侠，或是在碰到困难、碰到不公正的事情之时，会不会有侠来拯救自己。

《射雕英雄传》

侠之大者，为国为民。

所以金庸的书里有侠义的精神，可以感召我们。

第三，在我看来，家国情怀是金庸小说里的底色。中国人是很纯朴的，我们的爱国之情是不容置疑的，所以我们有一种家国情怀。如果金庸小说没有这一点，它很难有这么大的影响力。小说里有家国情怀，容易让很多国人有共鸣。比如大英雄郭靖，数十年如一日，说自己为国为民，力守襄阳。金庸小说里有句话叫"侠之大者，为国为民"，这就是家国情怀的体现。

第四，金庸的书里体现了一种人文主义。虽然金庸的作品是打打杀杀的暴力情节，但是它是提倡人文主义、有人文情怀的。他的小说主张什么呢？主张和平。金庸是个和平主义者，比如大英雄乔峰，他一生做的事情就是制止战争，维护和平。他主张宽容，主张尊重人的生命，主张一个人的自由、解放、完全自主的发展。

《笑傲江湖》为什么叫笑傲江湖呢？那就是一个人要打开自己的心灵，实现自我完善和发展，对抗霸权，对抗束缚，对抗对人的扭曲。这是金庸作品里人文主义的东西，读者未必能够想得到，但是他们感受得到。他们会发现金庸的小说和其他很多武侠小说不一样，甚至和其他一些文学作品都很不一样。不一样在什么地方呢？那就是人文主义。

你问金庸作品的价值，我个人认为可能就是以上几方面。

（三）金庸作品畅销原因

当时我们刚刚改革开放，八九十年代的人特别需要什么？需要想象力。

庞沁文：任何一个作品畅销，被社会认可，既要有其自身的价值，又要有外在合适的环境。好多作品在某一个时期可能就无人问津，在另一个时期却忽然会受到大家的推崇。您觉得金庸小说之所以能够在国内外盛行，其内因和外因体现在哪些方面？

六神磊磊：之前讲了金庸作品的价值，比如说成人童话、侠义精神，这都是金庸作品盛行的原因。还有几个原因，从创作方面来说，当时香港一流的人在写武侠小说。金庸是一流的人物，他的学识够渊博，人生经历足够丰富，这是一个一流的人在写武侠小说。我们现在肯定不是一流的人在写武侠小说，他们在干别的事情，三流、四流、五流的人才在写那些武侠小说。

另外，那个时代确实是风云激荡的大时代，金庸写的很多书跟现实相关，和内地、香港的现实相关，那个时代可以激发作者的灵感。那确确实实是一个大时代，时代为他提供了源源不绝的灵感和素材，并且他身在香港，又能在比较自由的、宽松的环境里写作。再加上武侠作为一种奇特的形式，让他的作品有独特的魅力，这些都是创作方面的。

从读者接受方面来讲。当时我国刚刚改革开放，八九十年代的人特别需要什么？需要想象力。我们刚从一个毫无想象力的时代走过来，从一个封闭的，只能看几个样板戏，文化产品极大不丰富、极大不繁荣的时代走过来，中国人急需天马行空，急需自由奔放。这时候，我们忽然看见了一个有想象力的世界，看见了独孤九剑令狐冲，无剑胜有剑。看见这个人"若为自由故，二者皆可抛"，看见形形色色的精彩的人物，黄药师、欧阳峰等，自然而然就会被他的书吸引过去。

以上说的都是社会原因。从切合当时时代人的心理来说，我们在读金庸的时候，可以感觉到和读内地作家作品的一种不一样的味道。我们会觉得他的书有一种古典的气质，里面的文字隽永，里面诗词曲赋、儒释道佛应有尽有，里面的世界瑰丽多姿，好像理想的那个世界出现了，我们觉得非常美。而当时内地没有作家这样写作，那个时候有什么写作？

乡土写作、自我写作、愤青写作、痞子写作等，但我们没有士大夫写作。金庸是什么呢？是士大夫写作，金庸的教育、出身、学养、经历还是一个传统的士大夫那种范儿，他写作时的坐姿、下笔的方式，都是士大夫写作的样子，所以我们会觉得有种不一样的味道。当然，金庸作品盛行的原因还有很多，这是主要的几方面吧。

二、金庸小说的精华在哪里

《金庸作品集》汇集了金庸先生 15 部武侠小说共 36 册，这么一大套作品不可能在短时间内读完，即使读完了也未必能掌握其精华。借助名家的指引可以直达名著最有价值的部分，这是一条掌握名著精华的捷径。至少我们可以知道名家是怎么看金庸作品的，我们可以品味一下他的看法是否有道理，是否能引起你的共鸣，是否对你的人生有所启示，或者是否可以为一些实用的目的如交谈、写作、考试等提供一些资料，也可以比较一下自己的看法与名家有何不同。因此我们在采访六神磊磊时特别问到了他最喜欢的金庸作品中的人物、故事、细节和名言。

（一）最喜欢金庸作品中哪个人物

"生命诚可贵，爱情价更高，若为自由故，二者皆可抛。"令狐冲就是这首诗写的这种人。

庞沁文：马云好像曾经说过，他是一个金庸爱好者，最喜欢金庸作品中的人物风清扬，无招胜有招。后来又说喜欢的人物是石破天，他简单、执着。所以也请您谈谈，金庸作品中您最喜欢哪个人物？为什么？

六神磊磊：我觉得马云不大像风清扬，他有点像《神剑仙缘》中的一个人物穆人清。穆人清也是一个绝顶高手，外表长得有点奇特。

我喜欢令狐冲，令狐冲这个人是自由的。有一首匈牙利诗在我们中国非常流行——生命诚可贵，爱情价更高，若为自由故，二者皆可抛。我不知道你们看没看过《笑傲江湖》，令狐冲就是这首诗写的这种人。

生命诚可贵。在江湖上混，令狐冲也要求生。他受过重伤，各种异种真气在体内折腾他，他也求医问药，明白生命可贵。

可是在他心里，爱情价更高。书里他的两段爱情经历都刻骨铭心。第一段是和他的小师妹，第二段是和后来认识的一个女孩子。他把爱情的意义置于生命之上，他为了恋人可以牺牲自己的生命，并且毫不犹豫。而当失去爱情后，他的生命就灰暗了，就失去了意义。在他的小师妹移情别恋的时候，他的人生就不再有任何的雄心、任何的追求，甚至连任何尊严都没有了。这是"爱情价更高"。

可是令狐冲还有一点，若为自由故，二者皆可抛。为什么呢？后来他和魔教教主的女儿恋爱，魔教的教主提了一个要求，告诉他要跟教主女儿

《笑傲江湖》

在有为境界中，只要没有不当的欲求，就不会受不当的束缚，那便是逍遥自在了。

谈恋爱的前提是加入魔教。令狐冲了解魔教之后，觉得他无法加入，因为魔教里对领导阿谀奉承，要对魔教的教主高呼万岁，要说教主千秋万载、一统江湖。令狐冲觉得自己无法奴颜婢膝，匍匐在地，对着一个人喊千秋万载、一统江湖，这是不可能的。他认为这是荒诞的，觉得自己喊不出来，因为英雄豪杰无法这样被折辱。

令狐冲最后的选择是拒绝加入魔教，所以他后来也没跟那个女孩在一起。可那女孩也理解他，明白自己爱的男人做不到这一点，无法成为魔教的教徒。这就是"若为自由故，二者皆可抛"。令狐冲是个非常有意思的人。

（二）最喜欢的金庸作品中的故事

有一样东西对大家是公平的，就是时间，时间解决掉一切的仇恨。

庞沁文：一般来说，人们最喜欢听故事，故事是最能打动人心的一种方式。无论是武侠小说也好，其他小说也好，它之所以能够感动人，精彩之处可能还是在于情节故事。包括现在好多畅销书也都是通过一个个故事、一个个寓言来阐述道理。你觉得金庸小说里最精彩的故事是哪个？

六神磊磊：很多。

庞沁文：您可以随便讲一些精彩的故事。

六神磊磊：举个例子，书里有一个人叫黄裳，他结了一帮仇人，这帮人是所谓魔教的人，把他的家人、朋友都给杀了。黄裳打不过他们，只好关起门来苦练武功，想要有朝一日去报仇。他不知道自己练了多久，忽然有一天，他觉得自己武功练成了，可以去报复这些对手了。

于是他出门去找曾经的仇人，却发现一个都找不到了。后来他找到了一个人，当时和他结仇的时候那人还是一个小女孩，可是当他找到她的时候，发现这女孩已经成了一个老太太，风烛残年，有一天没一天了。他大吃一惊，心想怎么会这样呢？后来他才反应过来，原来在自己苦练武功的过程中，世上已经过去了几十年。看见这个老太太，他什么仇恨都没有了。

他觉得有一样东西对大家是公平的，就是时间，时间解决掉了一切的仇恨。当然了，不是说金庸不主张快意恩仇，有仇不报，这个没有。可是这样的小故事确实让我们深思，我们该怎么对待恩怨，怎么对待仇恨，怎么对待生命，怎么对待时间。这只是金庸随手写的一个小故事，让人有很多的感慨。

再比如说金庸的最后一部小说《鹿鼎记》，里面的主人公叫韦小宝，韦小宝是个什么人呢？一个市侩油滑的小人、一个滑头、一个文盲、一个几乎毫无原则的人。这样的一个人，却因为会逢迎拍马，所以青云直上。韦小宝有个师傅叫陈近南，陈近南是个什么人呢？他是一个士大夫，胸怀理想、武功高强、为国为民、端方正直，是传统意义的一个大侠，也是韦小宝的师傅。

韦小宝总是逃避这个师傅，因为师傅总是逼他练武功，对他晓以大义，要他做这个，做那个。师傅来了他就跑，就像《红楼梦》里面贾宝玉怕他爹，像耗子见了猫一样去逃避自己的师傅。

书里写着写着，故事到了中后期有一个细节，韦小宝和师傅陈近南在船上见面，两个人说了点客套话。忽然，在即将分别的时刻，韦小宝看见师傅已经两鬓斑白，有了白发。于是在这一刻，像韦小宝这样一个油滑、奸诈、一直逃避自己师傅的人，突然特别地心疼陈近南，一个小人物突然很心疼一个大人物，一个小滑头忽然去心疼一个大英雄。书上说，他想到师傅这些年奔波江湖，为了所谓反清复明的大业肯定吃了不少苦；而自己在皇宫里面两面三刀、见风使舵，反而飞黄腾达，过得越来越滋润。

他忽然想给师傅一点什么东西，想补偿自己的师傅。他觉得师傅是大英雄，钱也不要，武功高强，护身的宝刀师傅也看不上，最后想了一下，把自己身上揣了很久的《四十二章经》给了师傅。那是一个什么东西呢？那是个清朝的藏宝图，是事关武林命脉的一个重要东西。韦小宝用各种方式搜罗来，对谁都不讲，谁都不会给。但他突然把这个最大的秘密掏出来说：“师傅，我有个东西给你”，于是把东西交给陈近南。我们看了之后会感慨人性，在一个小滑头心里也有那么温暖的一块地方，也会被陈近南这个大英雄所打动。

另外我们也看到，这种我们理解的传统意义上的英雄，竟然陷入穷途末路，在社会上生存不下去了。在这个地方，陈近南讲了一句话说，"大业艰难，也不过做到如何便如何罢了"。陈近南是反清复明的领袖，可是他心里知道，他的这个事业干不下去，是没有前途的。他对其他的文人、对其他的手下绝不会这么吐露心声，可是他偏偏对一个滑头的徒弟韦小宝讲了心声，他说，"我不过是报答当年国姓爷郑成功对我的知遇之恩而已，国姓爷当年以国事待我，我也以国事报他，就是这样"。他已经意识到自己的悲剧，但却无可奈何地向这个悲剧滑落。

再讲一个乔峰的故事，他是《天龙八部》里的大英雄，可以说是金庸书里的第一条好汉。这个乔峰原来是个汉人，后来被揭发说是契丹人，乔峰就在汉族的地方待不下去了，只能流落到契丹。在契丹这个地盘，到了辽国被重用，当了南院大王。按道理说，他对汉人应该满怀仇恨，是他们把他赶出来，那在回到故国之后，应该让自己"牛"给他们看。他当了辽国的南院大王，手握兵权。可当辽国的皇帝要他带兵去攻打宋朝的时候，乔峰拒绝了。他就夹在中间，两边的人都不能理解他。辽国皇帝觉得跟汉人相比，自己对他好得多，乔峰是在背叛自己；汉人觉得

《天龙八部》

行止无定，随遇而安，心安乐处，便是身安乐处。

乔峰狼子野心，终于跑到契丹去当大王了。

但乔峰还是拒绝了。最后，在这种夹缝之中，他靠自己的魄力、武功、能力，实现了双方的和平，逼迫辽国皇帝发誓，自己有生之日绝不派一兵一卒攻打宋朝，然后乔峰就自尽了。他觉得自己无立足之地，双方都不理解自己。

这个故事里面我们感慨的是什么呢？乔峰他从来就不是故意要救国救民，他和郭靖不一样，郭靖是金庸之前写的人物，是有意识地要去救国救民，郭靖可以高喊"侠之大者，为国为民"，他拿着这个主义去做事。可是乔峰不是，乔峰的每一步棋都是被逼迫的，他从来也没有主动地说自己要去拯救苍生，要去救国救民，乔峰的志愿是带着女朋友去塞外牧马放羊，过那种"老婆孩子热炕头"的生活。

可是，乔峰被放在这群政治野心家之中，他只是守住了自己的一点点底线，那就是人道、人本、尊重生命。他只是守住了自己的底线，打仗就会危及生命，所以他做了这些事情，就"自然发光"。就好像一个人在一个污浊的环境里，没有存心去做一个圣人、仁人，只是守住自己的底线，于是就自然发光，自然就是什么大英雄。这个很让人感慨。金庸作品中的故事很多，讲不完。

（三）印象最深的金庸作品中的细节

坚持自己的原则，认定自己只和一个人白头偕老，是好的就坚持。

庞沁文： 细节描写是文学作品的一个很重要的方面，可以体现人物形象、人物性格、人物心理等，你可以描述一下印象深的一些作品的细节吗？

六神磊磊： 细节的描写有很多，比如之前说韦小宝忽然心疼陈近南，看见师傅两鬓斑白，就忽然想掏心掏肺把自己最好的东西拿给师傅。

再讲个轻松一点的例子，《笑傲江湖》里面，主人公令狐冲和女主人公任盈盈两个人被坏人给绑起来了，绑起来了还点了穴道不能说话，只能眨眼睛。坏人为什么把他们两个绑起来呢？坏人逼令狐冲娶自己的女儿，不娶就要收拾他，就把他阉割。令狐冲必须选择娶还是不娶，在这个危机关头，他的心上人任盈盈忽然对令狐冲眨了两下眼睛，令狐冲没明白什么意思。因为他们只有眼睛可以动，任盈盈又对他眨了两下眼睛。令狐冲忽然就反应过来，任盈盈的意思是，危机关头，你娶我也娶她吧，要不然你就变太监了。

可是令狐冲坚决只眨一下眼睛。任盈盈又眨两下眼睛，令狐冲又只眨一下眼睛，意思是我只娶你一个。这个细节就非常让人感动，金庸的书里有多少人为了三妻四妾找尽了各种借口。比如说有个武林掌门人叫何太冲，借口自己没有孩子，从二姑一直娶到五姑。青城派有个掌门余沧海，他的徒弟说师娘多得都数不过来。可是在这种生死存亡的关头，令狐冲完全有理由三妻四妾。但是在自己的心上人也同意让他娶两个的情况下，令狐冲坚决娶一个。当然我不是说他在做道德的选择，只是令狐冲能坚持自己的原则，认定自己只和一个人白头偕老，是好的就坚持。这个让人感动，是很有意思的细节。

（四）最喜欢的金庸作品中的名言

杀的人多未必是英雄。

庞沁文：我原来接触金庸的作品比较少，但是为了课题的研究，后来看了一些他的书，我感觉有几句话印象比较深，比如"他强由他强，清风拂山岗；他横由他横，明月照大江。他自狠来他自恶，我自一口真气足"。我觉得像这些比较精彩的话可以支撑我度过一些艰难时刻。所以想请您列举一两句金庸作品中那些对你人生影响比较大的、最精彩的话。

《倚天屠龙记》

他强由他强，清风拂山岗；他横由他横，明月照大江。他自狠来他自恶，我自一口真气足。

六神磊磊：比如说，"杀的人多未必是英雄"，这个话谁讲的呢？是郭靖对成吉思汗讲的。当时我是个孩子，看到这句话非常感慨，因为直到今天，很多人还是觉得杀的人多就是英雄，而这句话让我对什么是英雄、人的价值怎么实现、什么样的人是我们应该去崇拜的这些问题有了更深的理解，对我当时是震撼性的。我们的有些国人是有问题的，我们喜欢神秘主义、阿Q精神、强权崇拜，谁强权，谁强势，谁牛，我们就崇拜谁。但金庸没有，他在那个时候就告诉我们，强权的人杀的人多未必是英雄。

金庸书里的强权人物都是愚蠢、不可爱的。比如东方不败，千秋万载，一统江湖，但金庸把他写成个人妖。魔教教主任我行也很厉害，但后来膨胀了，说关帝老爷也不如自己厉害，有本事让他跟自己过招，他能挡得住自己的吸星大法吗？诸葛亮也不如自己厉害，诸葛亮只是智谋不错而已，他的武功也不能跟自己相提并论。这个人已经膨胀到这个程度。

当然还有很多影响我的话，可能比较个人化。比如说，郭靖说过一句话，"中国士大夫人人都会做诗，但千古只推杜甫第一"，这是郭靖对杨过说的话。我当时喜欢唐诗，可是就不喜欢杜甫，觉得杜甫的诗难读、无聊，觉得杜甫这个人没意思、磨叽。他的诗不是那种清新俊逸的风格，我不喜欢。可金庸却是我喜欢的作者，他说杜甫第一，那肯定有原因。后来我就去了解杜甫，去读杜甫的传记、作品、全集，现在我特别喜欢杜甫，这个也是受金庸的影响。

三、金庸作品的模式及超越

文如其人，人如其文。虽然吃鸡蛋不一定要见下蛋的鸡，但我们总要知道这些蛋是哪一类鸡下的，是农家的鸡，还是笼子里的鸡。什么样的鸡下什么样的蛋，什么样的人写什么样的作品，对人的认识有利于对其作品的理解。

金无足赤，人无完人。任何事物从这个角度看是优点，换一个角度看可能就是不足。认识一部作品的不足和认识作品的精华一样重要，认识一部名著的不足有利于我们超越其不足，有利于我们站在巨人的肩膀上遥望更远的地方。

为此我们在采访六神磊磊时请他谈了对金庸作品的感受、对金庸的评价、金庸作品的不足之处和金庸作品的模式及超越。

（一）对金庸作品的最深感受

杨过这个"屌丝"实现了逆袭，人生、事业成功，江湖人一开始看不起他，到后来都很尊敬他，叫他大侠。

庞沁文： 近年来您一直读金庸，对金庸比较熟悉，可以说是金庸的一个知音。您读金庸作品最深的感受是什么？

六神磊磊： 最开始读的时候，我最喜欢金庸的一本书叫《神雕侠侣》，觉得金庸其他书都不如《神雕侠侣》。为什么呢？光听名字——侠侣，

《神雕侠侣》 无我无形，无我无心，无我无招，无我无敌。

是讲爱情的。对孩子来说,爱情故事特别吸引人,男女主人公分别16年重逢,觉得这样的情节特别感人。

还有这本书主人公的性格也很吸引我,主人公叫杨过,他的性格用我们今天网络上的话叫"小屌丝"。后来杨过这个"屌丝"实现了逆袭,人生、事业成功,江湖人一开始看不起他,到后来都很尊敬他,叫他大侠。杨过的性格有点少年人反抗一切、怼天怼地怼社会的感觉,比较贴合我们小男孩的心理。所以当时很喜欢《神雕侠侣》。

后来慢慢地更喜欢金庸其他的书,像《天龙八部》《笑傲江湖》《鹿鼎记》等,觉得这些书里反映的问题更厚重,里面的人性更复杂,更经得起品味。

关于阅读金庸的感受,可以说,20世纪90年代我们在学校读金庸的时候,是冒着风险读的,就像跟家长和老师玩猫鼠游戏一样,是要对抗的。他们禁止我们读武侠小说,我成绩比较好,也被禁止读金庸。所以在读的过程中,我会觉得金庸跟自己是一伙的。社会是压制你的,它压制你的个性,压制你的阅读,所以我们会感觉跟金庸更加亲近。

现在我了解到,家长、老师已经不把武侠小说当成他们斗争的第一目标,现在斗争的主要是网游、手游等流行的文化;甚至经常有家长说,我买了金庸的书放在家里,让小孩去看,小孩都不感兴趣,是这样的。

(二)对金庸有何看法与评价

金庸是个什么样的人呢?他是貌似世故,但实际上外圆内方。

庞沁文: 金庸的作品对您人生事业产生了很大影响,您创办了"六神磊磊读金庸"微信公众号,并可以此谋生。您对金庸这个人有何看法与评价。

六神磊磊：金庸是个什么样的人呢？他是貌似世故，但实际上外圆内方。看他说话，你会感觉他很世故，他很少攻击别人，很少说谁谁谁的作品不好，往往会说，某某先生的作品我是很欣赏的，某某先生是很不错的。为什么？他社会地位高，是一个大企业家，是《明报》创始人，讲话四平八稳，甚至有时我会觉得这个人无趣。

可是骨子里面，金庸是外圆内方的。他的内里是方的，就像金庸自己说的那样，他这一辈子就不喜欢别人逼他做什么。他在中学上学的时候跟学校作对，被开除两次。

金庸这个人有人格魅力是一方面，但他也有缺陷。比如老爷子有点计较，有的小事他大可不必计较。另外，晚年不必出席的有些活动，他去出席；有的不用修改的小说，他去修改。

当然，这不会影响他在我心目中的地位。我对他是感激的，他养活了我，改变了我的人生轨迹，大体就这些印象吧。

（三）金庸作品的模式与突破

金庸否定他自己，推翻套路，我觉得他很了不起，比其他人高在这个地方。

庞沁文：我看金庸好多小说里面的人物似乎都是历经很多苦难，但是每经过一个苦难，都是一种成长，功力都会大增。您觉得这种情节是不是已经形成金庸笔下的一种模式了呢？

六神磊磊：武侠小说有个问题，影响了它们文学价值的提升。是什么问题呢？武侠小说是一种类型小说，类型小说就会有套路，这个东西影响它的文学价值。就比如每个角色都掉下悬崖去，捡到一本书，练成绝世武功,这种套路多了,就会影响文学价值。

我感觉金庸自己对这个东西也挣扎,也思索。比如说他在《神雕侠侣》的后记里面就专门解释了这个问题,他说过多的偶然和巧合会损害一本书的价值。比如说,《神雕侠侣》里面,小龙女跳崖没死,16年后她的心上人杨过为她殉情,跳下去后也没死,在悬崖下面两个人还遇到了一种鱼,这种鱼正好治好了两个人身上的毒,这就是过度的偶然和巧合,会影响书的价值。

金庸自己最后给了一种说法,他说,这些人的选择中固然有偶然和巧合,可是根本推动他们人生的还是人物自身的性格。金庸自己解释,如果小龙女不是深爱杨过不会跳崖,如果杨过不是深爱小龙女也不会在16年后仍然选择跳崖殉情,所以根本上推动他们做这件事的原因还是在于他们的性格,自己笔下写的是人性。这是他的一个解释。

但我觉得,对他来说更可贵的一点是什么呢?那就是他自己在推翻这种套路,推翻这种"大侠带着主角光环一路打怪升级,最后统领江湖,万众膜拜"的模式。比如说,他最后一本书里的大英雄陈近南,刚开始我们都觉得这个人就是顶天立地的大英雄,人品毫无瑕疵,一心为国为民。可是后

《书剑恩仇录》

慧极必伤,情深不寿,强极则辱,谦谦君子,温润如玉。

来呢？他不是打怪升级，最后得到武林敬仰，相反，他的路越走越窄，他的希望越来越小，他的人生越来越灰暗，最后死在一个非常卑鄙的小人手里，被小人背后一刀就捅死了。反而是一个油滑的小人韦小宝最后过上了飞黄腾达的生活。金庸否定他自己，推翻套路。我觉得他很了不起，比其他人高在这个地方。

有人评论说陈近南之死是"用污物涂抹圣像"，说得非常好。这本书写一个大英雄，反而将他的命运写得越来越绝望，在这个社会里越来越混不下去，自己坚持的东西越来越没有人理会，最后被人用脏的东西涂抹他一身，让他死掉。他死得非常卑微，死在一个岛上，被韦小宝这样一个小人物给埋掉。

我觉得好多作家可以推翻自己，推翻模式，推翻套路，这个很了不起。但其实在文学、小说、戏剧里面，套路也并不完全是负面的东西。比如说莎士比亚的一大贡献就是开创了很多套路，王子复仇套路，杀叔叔套路，还有长得很像的孪生兄弟等等，无数的套路。也不代表套路就是不好，一定是负面的，要综合来看。

庞沁文：实际上套路也是一种原型，很多现代作品都可以在以往的经典作品里面找到它的原型，它们只是在一种新的社会现实环境中的充实和丰富，然而过度的巧合毕竟会影响真实性。

六神磊磊：如果金庸小说里没有那么多巧合，会好一点。比如主人公张无忌跳下崖去，捡到绝世武功秘籍《九阳真经》。他得到了，然后被关在一个地道里，几个小时就练成了别人一辈子练不成的乾坤大挪移。如果金庸当时有办法把这些东西再加以调整和润色修改，可能书的文学价值会更高。这是类型小说的缺陷。

四、如何用好金庸带给我们的财富

人生来是要做事情的,通过做事情才能找到自己的位置,才能谋生,才能给社会做贡献,才能与社会与人交往,才能不断地成长,才能到达我们所想要到达的地方。如果王晓磊不创办"六神磊磊读金庸"这个公众号,他不可能成为网红,不可能产生这么大的影响力,不可能拥有他现在拥有的一切,起码是不能以现在的方式拥有。我们可能不认识他,或者认识的不是现在的这个六神磊磊。

做任何一件事情我们都要搞清楚,我们做的是什么,为什么要做,怎么做。因此我们有必要搞清楚六神磊磊读金庸是在干什么,他为什么会读金庸,他是如何写读金庸的文章的。因此我们在采访时请六神磊磊谈了他如何接触到金庸作品、从哪些方面接触过金庸、为什么写金庸、怎么写金庸。

(一)如何接触到金庸作品

当时用这种租书的方式去读小说,对我们来说风险很大,因为一旦被老师和家长缴获,这本书就被没收了。

庞沁文: 您最先是从什么时间开始接触到金庸作品的,是图书还是影视剧?

六神磊磊: 我最先接触到的肯定是影视剧。不过我们当时看了影视剧之后,并不知道是金庸写的,就只知道这是好看的、武打题材的影视剧。后来才留意到,原来这是改编自金庸的书。因为我这个人从小喜欢写东西,喜欢看书,我留意到原著作者都叫金庸,并且这个名字又很好记，一个人叫"庸"——平庸的、平实的，这是他的名字，就是这么留意到这个人。

后来接触到的是什么呢？是小连环画。我小时候没有全套的金庸连环画，都是散的小人书，一本一本的。记得小时候，我有一本《倚天屠龙记》的小人书，就叫《独当六强》，说的是主人公张无忌和六大门派武斗，最后赢了六大门派，维护武林和平的故事。我还有一本小人书叫《一灯大师》，讲的是《射雕英雄传》里面的一个故事。我留意到什么事呢？当时小人书底下都有一段文字，我发现只要是金庸的小人书，底下这段文字就很好，语言很准确，虽然不华丽，但是很精彩。后来我才知道原因，为什么这些文字都很好，因为用的都是原著里面的话。

庞沁文：您从什么时间开始接触到金庸小说原著？

六神磊磊：接触到原著是在我上初中的时候。当时我们都去英语老师家补课，我的一个同学不好好上课，就看武侠小说，他在看《神雕侠侣》，我很感兴趣，所以就借过来看。这是我第一次接触原著，那本《神雕侠侣》是一本盗版书，没有出版社，封面也很不美观，是黄色的背景，上面用很拙劣的笔迹画着一男一女和一个巨大的怪物，后来我知道那个怪物是雕，就是这样一本书。而且，为了节约成本，盗版书大量地删减了里面的内容，比如杨过给陆无双接骨，很多这类精彩的内容都没有了，不过我还是看下来了。我就是这样接触金庸原著的。

后来我接触到了三联版的《金庸作品集》。三联版是对我们影响最大的一个版本，这是第一次，金庸作品以全集的方式在中国内地发行。

庞沁文：三联版《金庸作品集》有一大套，您在什么地方读到的呢？

六神磊磊：我到什么地方读三联版呢？到学校门口外面的租书的书店看。现在回想起来，我猜测书店里的书应该盗版居多，因为盗版便宜。用什么方式阅读呢？我们当时用借的方式来读，每一本书交十块或者二十块钱押金给书店的老板，让老板把书借一册给我们，读完之后还给他，一天五毛钱。当时用这种租书的方式去读小说，对我们来说风险很大，因为一旦被老师和家长缴获，这本书就被没收了。没收了的话，我就没办法把书还给书店，十块钱押金就收不回来，资金链就断裂了。对于孩子来说，十块钱、二十块钱有流动性，必须保持这些钱在自己手上。

后来我慢慢地才有条件接触到更多的版本，比如明河版、远流版，才有条件去收藏。这大概是我读金庸的历程。

（二）从哪些方面接触过金庸

《笑傲江湖》里面最后令狐冲去找风清扬，他说，踏遍了华山的每一个山岭都找不到风太师叔的存在。我也有种感觉，风清扬找不见了。

庞沁文：您和金庸本人有没有接触，包括照片、电视或者是网络等各种方式的接触有没有？

六神磊磊：我没见过金庸，金庸也不知道我的存在。当时在复旦大学参加一个活动，学生问金庸先生的儿子查传倜先生，老爷子知不知道六神磊磊这个人？他想了很久，说可能是不知道，比较委婉地表达了金庸不知道我这件事。听了之后我很难受，白写了这么久，人家却不知道你的存在，可能也没有机会再见上了。因为种种原因，当时没有把这个当事。

如果是在数年之前我应该也是有机会见金庸的，不是那么难，可是现在时过境迁，大概挺难了。这种心情有点像什么呢？有点像他的小说《笑傲江湖》里面最后令狐冲去找风清扬，他说，踏遍了华山的每一个山岭都找不到风太师叔的存在。我也有种感觉，风清扬找不见了。

说到这个人，我很久都不知道他的长相，一直到中学的时候，我们学校外面的书店里忽然来了一本书叫《金庸传奇》，那是一本拼凑的金庸传记，而且很可能是本盗版书。我印象很深，这本书是两个作者合写的，封面上用的就是大张金庸的照片，光线很柔和，他半侧着脸。这是我第一次看见金庸的长相，有一点惊讶，原来他不是白衣飘飘，而是长着一张国字脸、戴着大眼镜的一个人，我有点意外。但我用了大概一分钟就愉快地接受了他的长相，我觉得他该长这个样子。

庞沁文：您认为金庸先生会如何看您对他的解读？

六神磊磊：说到对他的解读，我有一个认识，如果他读我讲的这些东西，读我对他的解读，他是会不高兴的。以我看访谈、读传记后对他的了解，他会不高兴的。他不喜欢我以这个路数去解释，甚至去歪解他的作品，他是不会感到愉快的。别人曾给他写的传记，他绝大多数都是不满意的。这是他的性格特点，他不喜欢别人拿他的作品开玩笑，所以有时我也觉得，他不知道我这个人存在也好。

（三）为什么写金庸

如果在 20 年前有人告诉我说，以后你的工作是读金庸，我会觉得非常非常魔幻。这不可能，哪有这样的工作呢？

庞沁文：您的公众号主要写的是金庸，您当时为什么想到要这么做？

六神磊磊：我原来在新华社重庆分社当记者，那时有些自己写的随笔类的东西没地方发，就想在网上开个关于金庸的小专栏，发一点这样的小随笔。我当时想的是什么样的？就是纯粹地谈论金庸小说的一些小细节、小段落，可能有几百个金庸迷集中在一起，大家分享一下就完了。

我当时很羡慕一个作者严晓星，他写的一本书叫《金庸识小录》，书里就是把一些金庸小说里的细节拿出来解读一下。比如说关于四大法王，为什么是紫白金青，不是紫白金红？他说这是有道理的，然后详细解释一下。又比如说，金庸的书上有神医给人治病，有一个病人的眼睛上被涂了生漆，这个神医就说，用螃蟹捣成酱，涂上去就能治好。这本书说这个治疗方法也是有道理的，是有出处、有根据的。

可是因为自己是记者，写着写着就会习惯性地把自己对于事情的一些感想给写进去，但我这个栏目的名字又叫"六神磊磊读金庸"，不能牛头不对马嘴，于是写文章时就硬往金庸上靠，涉及了很多金庸书里的内容，变成现在这样的风格。

我没有想到读者会越来越多，也没有想到这个事能养活自己，这些都非常意外。如果在20年前有人告诉我说，以后你的工作是读金庸，我会觉得非常非常魔幻。这不可能，哪有这样的工作呢？

（四）怎么写金庸

现在我有的时候看到现实生活中的人，就会自动把他对应到金庸小说里的人物。

庞沁文：您是怎么解读金庸的，方便透露一下吗？

六神磊磊：至于怎么解读金庸呢？有几块内容。一块是解读他本来的小说故事文本，讲讲原著，只讲原著，不联系现实，就金庸谈金庸。比如我可以聊一聊金庸的文字，金庸的国学到底深还是浅，等等。

另外一块是将他书里表达出来的人性与当前社会的人性对比，讲讲为人处事的一些道理，调侃一下。因为金庸小说里面人物的人性是非常复杂的，比如全真七子、江南七怪，七个人都很不一样，每个人都是复杂的。因为人性是共通的，就算是小说里的人性，跟我们现代的人性也是相通的，有时候我就可以拿他小说里的人性去讲讲现实。现在我有的时候看到现实生活中的人，就会自动把他对应到金庸小说里的人物。

另外，金庸小说里的一些情节段落也和我们现实生活很像，那我就会借他的情节讲讲社会现实。因为我本来是个记者，社会现实发生了什么就可以写一些东西。主要就是这几块。

庞沁文：您写金庸，大概是如何确定选题的？

六神磊磊：具体怎么定选题都是纯粹地随机的，自己脑袋里面蹦出来什么就写什么，没有什么套路。就是自己想，也没有人帮我忙，想到什么就写什么。

（五）未来打算

我能写出这么多文章，要归功于金庸的作品够大，能经得起我们反复地去"折腾"。

庞沁文：您写金庸写了那么长时间，那么多篇文章，有那么多可写的吗？

六神磊磊：写来写去，我有一个感觉，那就是他的书够大，够大才经得起他人反复地去"淘"。如果一本书的境界、格局、内涵不够大，是经不起这样长年累月去写的。就像庄子说那个话叫"水之积也不厚，则其负大舟也无力"，就是说水只有够深才能浮得起大的船。庄子又说，"覆杯水于坳堂之上，则芥为之舟；置杯焉则胶"，意思是在堂前低洼的地方倒上一杯水，一棵小草就能被当作是一艘船，放一个杯子在上面就会被粘住。所以我觉得，我能写出这么多文章，要归功于金庸的作品够大，能经得起我们反复地去"折腾"。

庞沁文：您现在还没有写《鹿鼎记》的一些内容是吗？

六神磊磊：《鹿鼎记》在写，但是有意识地少写一点，以后其他作品写完了，《鹿鼎记》还可以再写几篇，这样我才有饭吃，如果金庸所有作品都写完了就很麻烦了。

庞沁文：是想一直都写下去是吗？

六神磊磊：我想一直都写下去，目前来看还能发掘个几年吧。

庞沁文：我为了做这个课题，我还读了您的不少文章，也搜了您的公众号，也是您的粉丝。

六神磊磊：谢谢，不敢当，读者都是上帝。

庞沁文：我看您的作品每一次都还是能有所收获，不管是谈作品还是抨击社会现象。您不是专门研究金庸的，却能够把金庸研究得这么透，而且在社会上引起这么大的反响，也真是不容易。像您这样从金庸作品着眼，联系到整个社会，抒发己见，专中有博，值得大家学习。

我们提倡一本书主义，并非像丁玲说的那样，只有一本好书就满足了，而是把每一本书、每一个选题都当作你唯一一本书来对待，倾尽全力，不达水准誓不罢休。

——著名出版人、人民美术出版社原社长

汪家明

/ 庞沁文和汪家明 /

第六章
《老照片》与复原历史的反思文化

汪家明畅销书出版口述史访谈

采访时间	2019年3月22日
采访地点	酒仙桥路14号兆维工业园B4楼2层活字文化录音棚
采访对象	汪家明
采 访 人	庞沁文
摄 像	汪之岸
整 理	庞沁文

/ 采访人按语 /

《老照片》是汪家明先生一贯提倡的一本书主义的具体实践与落实,是能体现一本书主义思想内涵的代表性案例:它是一本标志性的图书,是一本编辑加工到极致的书,是可以持续纵向延伸的系列品牌图书,也是可以向期刊、网络等媒体横向拓展、开展版权运营的书。《老照片》由一本书引发了一种文化现象,甚至文化思潮。汪家明能策划出这样一本书令人敬佩,冯克力的后半生能够专注于编辑这么一本书,成为了落实一生做好一件事人生观的典范。如果一个编辑一生能够找到并编好这么一本书,此生值得矣。

一、《老照片》选题是怎么诞生的

《老照片》是大型历史画册《图片中国百年史》的副产品。

庞沁文：《老照片》定位于"定格历史，收藏记忆"，宗旨是"观照百多年来人类的生存与发展"。《老照片》开启了读图时代，创立了图文书的出版形式，还原了真实的历史，产生了广泛的社会影响。请您简单回忆一下《老照片》诞生的过程，包括当时的时代背景等，您都可以谈一谈。

汪家明：要说《老照片》怎么出现的，那可能就要说到山东画报出版社的成立。山东画报出版社是在《山东画报》的基础上成立的，《山东画报》是一个图文并茂的刊物，在那个时代因为没有很多的现在的技术手段，所以图片基本上就是靠一些纸质的出版物，比如叫作"画报"的摄影杂志来表现。过去各个省都有画报，画报一般是新闻性的，报道新闻事件，比如说省里开什么会，有什么大的项目、大的事件，就报道这些新闻事件。我 1984 年到山东画报社工作，我们当时就提出来要改革，把这个画报搞得更立体一点，比如说我做过《青岛老房子的故事》这样的报道，这不是一般的报道，一报道就是一年，是"连载"，发了 12 期（《山东画报》是月刊）。再比如我做过《运河风情录》的报

《山东画报》1980 年第 10 期

道，也是做了一年，这样就把一些历史风情和社会、人的生活结合了起来，不是一个单纯新闻性的杂志了。

《山东画报》当时在画报界、杂志界有比较高的口碑，有改革的精神。在这个基础上，1993年我们获准建立了山东画报出版社。当时由画报成立出版社全国一共没有几家，大概有三四家吧，上海、浙江、福建，就这么几家。我当时在《山东画报》杂志社是总编辑，就受命来组建这个出版社。如今山东画报杂志社和山东画报出版社是两个法人单位，当时是一家。后来我就专职做山东画报出版社，当时策划的第一个大型图书选题是《图片中国百年史》。在我们策划这个选题之前，还没有一部用图片来讲述近100年的中国历史的书，差不多就是近现代史以来的历史阶段。这是一部大书。

这部书的策划人一个是李书磊，当时他是中央党校文史部语文教研室主任；一个是刘方炜，作家。这个书的顾问是当时中央党校的常务副校长汪家镠和副校长龚育之。有一位副主编是研究民国史的博士李继锋，现在过了将近30年，他成了中央电视台关于近现代史的一个常年顾问，在他的专业领域很有成就。为了这本书，我们当时从全国去搜罗照片，用了将近一年的时间，搜罗、买到了6000多幅照片，这6000多幅照片当时的费用是20多万，在1993年、1994年时20多万是一笔挺大的款项。

拿到这些照片以后，我们按预先的方案做书，书出来后是两大本，18斤重的两本大画册，文字也不少，有10多万字。这个书一出来就受到了高度的重视，当年就得到了"五个一"工程奖。我们没有做任何工作，就顺顺当当地得奖了。在那个时代，所有的画报、报纸、电视等媒体，都在用这本书的图片，翻拍，或者是剪下来用，当时引起了很大的反响。

出这本书时，我刚才说了，买了6000多幅照片，我们在《图片中国百年史》里只用了2741幅，还剩下了一大半，这剩下的照片好多都是很有意思的，只是书中用不上。比如说蒋介石和他第三任夫人陈洁如的照片就用不上。拍照片时蒋介石28岁、陈洁如只有15岁，他俩的合影，画质很好，但这张照片你怎么用呢？《图片中国百年史》是一部严肃的历史著作，蒋介石有好几个夫人，其他领导人有的也不止一个夫人，我们不能像八卦一样去讲他们好几个夫人的事情。可是这些照片很珍贵，虽然成了"边角料"，其实自有它们独特的历史价值。所以，我在编这部大书的过程中就想：不能把它们浪费了，将来再出一部书，把这些有意思有价值的照片，我们花了钱买来的，费力搜集来的照片，讲清楚其照片背后的故事，出一本比较轻松的书，不是严肃的历史著作，而是逸闻趣事那样的一部历史边缘的书。

一开始想名之为《图片中国百年轶事》，后来一想不行，本来就是逸闻趣事，也出成两本大画册，像百年史一样，18斤重，这种书给谁看呢？没人要，内容也不适合这么出。当时我灵机一动，能不能把它分解开了来出？就是化整为零。可是光发一张两张照片，或者是一组照片，还不能说明问题。其实在编《图片中国百年史》的时候我就有一点遗憾，就是这个书很多照片背后的故事没有讲出来，因为它是画册，以图片为主的，它没有讲透，没有大量的文字。如果我们能够通过一组照片表现一件事一个人，加上一篇文字，也可能一千字也可能几千字，来讲一讲照片背后的故事，那这张照片的作用就更大了，趣味也增加了。另外，我们为什么搞《图片中国百年史》呢？因为摄影术进入中国也不过100多年，摄影术发明之前没有这种图像的记录，有就是画的。大家都知道画的不足为信，照片是铁板钉钉的，是特别值得相信的，特别有史料价值，所以才会有《图片中国百年史》，而不是《图片中国二百年史》，因为出不了二百年史，摄影史就那么短。所以我想，要把这些留下来的照片单独出书的时候，应该有很多的文字配合，来把一个照片的故事讲透，最后就化整为零，详细讲每一个照片的故事。我本人对《读书》杂志,对三联书店,一直是很向往的。我在大学里面一直就订《读书》,对《读书》杂志的那种形式特点和品格都相当清楚,我就想我们是不是可以把这些一组一组的有意思的《老照片》,组织人去写一下其背后的故事,然后10到20个故事,加上那么几十幅上百幅照片把它编成一小本书?我们本来都是做杂志出身的,《山东画报》嘛,然后我们用杂志的形式,有专栏,有常设栏目,有机动栏目和其他栏目,还有补白,这样编成一本像《读书》杂志那样的书,一本一本地出,定价也很便宜。

庞沁文: 您是如何想到用《老照片》这个书名的。

汪家明:《图片中国百年史》是1994年出版的,实际上1995年初大批书才上市,1995年下半年我就提出出版连续出版物的设想,最初的题目设想的是《照片与往事》,这个题目很切合这个设想,但不像一个连续出版物的题目,不满意。我苦思冥想,一直在想这个事。我的出连续性图文并茂照片出版物的想法,大家都很赞成,因为我们周围的人很多都是摄影圈的,包括原来的老领导、老社长,是省摄影协会主席。他们对照片很敏感,哪幅照片好,哪幅照片不好,什么照片有价值,什么照片没有价值,一眼能看出来。对照片敏感这不是一般人都有的,大多数出版社的编辑也没有。

《图片中国百年史》

所以我提出这个设想以后，他们也很感兴趣。我们过去太重视新闻照片，对纪实照片的价值就开发得很不够，我个人设想把这些历史上的纪实照片，把它的历史价值、它背后的故事、它在历史中的作用等都挖掘出来，这个想法得到了大家的好评，但就是对题目不满意。

这个很有意思，就是你每天都在想这个事，虽然在干着别的事，心里也一直想这个事，在苦思冥想以后，有一天我在做梦，梦中突然想到，就叫《老照片》，还找什么别的题目，多好呀……一下就醒了。记得是早上4点多钟。说来也怪，一旦总题目定下来，原来构思许久的主要栏目也都排起队来，站到"老照片"之下……我爬起身来，连外衣也没穿，匆匆抓起一支笔，在一张废纸上写下这些设想。第二天到单位跟大家一说，大家一致叫好。

二、《老照片》的栏目设置与组稿

《老照片》其实是对《读书》杂志的模仿创新。

庞沁文：《老照片》是一辑一辑出的，第一辑出版于1996年12月，有点类似于期刊，其中分了许多栏目，您方便介绍一下这些栏目吗？

汪家明：《老照片》这个题目一旦出来，那些重要栏目就跟着来了。比如"名人一瞬"，我想要有个人物专栏，这个人物是名人，但光名人也不行，要是他最有价值的瞬间。与名人相对，老百姓的照片也很有意思，再来一个"私人相簿"。除了名人和老百姓，还有历史事件呢，还有一些社会风情，我做过《青岛老房子的故事》，做过《运河风情录》，我对社会风情很感兴趣，而风情是有文化性的，所以又有栏目叫"故时风物"，就是过去的风物。关于历史事件，正常的历史事件读者都熟悉了，但是很多历史事件的照片我们从来都没见过，所以设一个栏目叫"秘闻片影",一张照片表现的秘闻,就是过去不太知道的事情。比如我们有一张照片,是1946年北平的天安门城楼,城楼上面摆的是蒋介石的相片,这可能很多人没见过,因为这个巨幅蒋介石像摆在天安门城楼上只有两个月的时间。当时北平不是国民政府的首都,国民政府的首都是南京。那时候抗战胜利,蒋介石的威望达到了顶峰,因为在当时的名义上,他是抗日的领袖,所以他的像摆在天安门城楼上。不是挂在现在毛泽东像的位置,它摆在天安门城楼上面,比现在的毛泽东像还要大。这一类的照片,还有周恩来会见当时苏联领导人柯西金的照片,当时中苏矛盾很大,这个会见是秘密的,从来没有公开发表过。我们拿到这个照片以后,知道很珍贵,然后把会见时的中苏关系一讲。类似于这样的照片,其实多得很。这个是"秘闻片影"。这些照片,主要是从当时的新华社中国照片档案馆买来的,开介绍信去,到了它的档案室可以查,查到以后交档案馆有关领导审批,然后交钱,可以给你洗印5吋或8吋照片,拿回来用。这些老照片都没有版权问题。

民国时期的照片主要是买自当时的中央第二历史档案馆,二档馆在南京,前身是国民党的中央档案馆,国民党逃到台湾时,没来得处理,大量的资料就留下来了。民国的照片那儿很多。除了那儿以外,我们做《图片中国百年史》的时候,还从很多私人手里面,从各省各地的档案馆、博物馆、图书馆里买了大量的照片,也从中央党校档案馆买过照片。这样,从1995年下半年提出选题,用了一年的时间做准备,到1996年12月才出版了第一辑《老照片》。

三联书店的前任总经理沈昌文先生,他做过10年的《读书》杂志主编。有一次他在参加《老照片》座谈会时说过一句话:《老照片》就是照片里的《读书》杂志。他看出来我们在模仿《读书》,学《读书》的样子。这个《老照片》,我当时确实是照着《读书》来做的。比如开本、

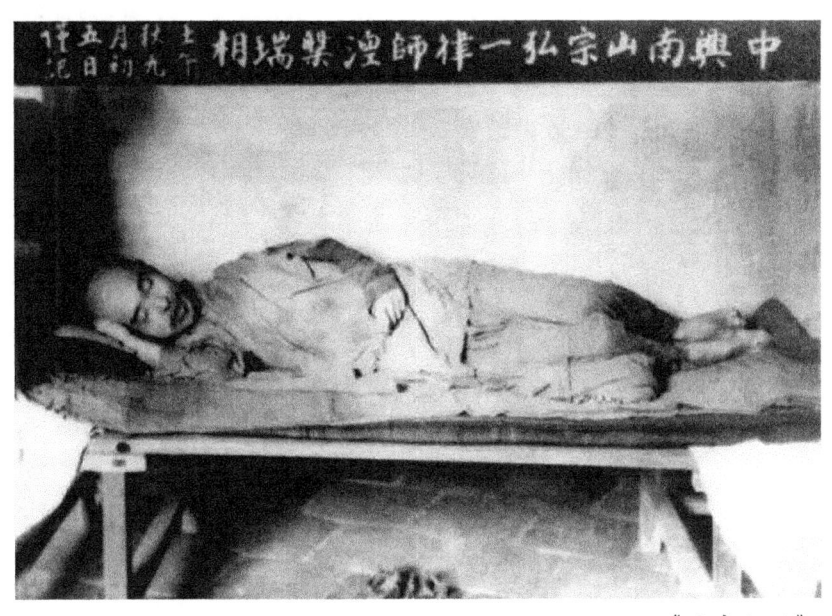

《圣者之死》

人的生活可分为三层：一层是物质生活，就是衣食；二层为精神生活，就是艺术；三层为灵魂生活，就是宗教。

篇幅、内文设计风格，甚至个别栏目都是学的《读书》杂志。当时《读书》有一个栏目叫"抒臆集"，一个小栏目，就是抒发胸臆，发一些议论，比较随意。我为《老照片》设计了一个栏目叫"凝望集"，就是凝望一幅照片发感慨，联想开去，而不是那种严肃的历史纪实。比如弘一法师去世的那张照片，他躺在一个平板床上，床前有一双草鞋，一把伞。我为这张照片写了一篇文章《圣者之死》，发一点人生的感慨。《读书》杂志当时还有一个栏目叫"说读书"，就是这一期说上一期，实际上是读者来信。我仿照这个栏目设了一个"再品斋"，题目有点土气了，就是把上期的内容再评价一下（第一辑没有，因为第一辑前面没有）。这些都是模仿《读书》。

《老照片》的主编叫冯克力，当时是我动员他来做这个事，为什么？因为我们俩是山东画报杂志的老同事，我们俩共同经历了山东画报的改革，山东画报最大的改革就是增加了文字量。过去画报文字都很短，新闻就是一个事件记录下来就行了。我们那时候推出了《运河风情录》这样的作品，有时候一篇文章能达到几千字、上万字，这在过去的画报上是不可设想的。当时好多人觉得这么好的纸弄这么长的文字，不浪费纸吗？因为画报一般都用铜板纸，铜板纸上印大段的文字确实有点浪费。一般的画报，彩色印刷的大约占三分之一或者二分之一，最少有一半是黑白的。我们就尽量把文字排在黑白页上。当时的《山东画报》，在改革方面是全国领先的，我们有图片处理的经验。我知道冯克力对照片很敏感，知道什么叫好照片，你摆 10 张照片在那儿，他能一眼看出哪张好，就是说他是有眼光的人，有画报的经验，让他来做这个事情，比较有把握。

栏目确定了，主编定了，照片有了，设想都有了，但是第一期找不到人写稿子。我们那会儿这方面的资源不多，只有我们原来画报写稿子的那些人，再就是一些朋友，有作家，比如说作家张炜那是朋友，现在是全国作协副主席。还有后来在新闻出版署的同学于青，才女嘛，她也会写文章，第一辑就有她和她一个女同学在天安门前照的合影，穿的一看就是红卫兵的衣服，很有意思，就类似这样的，就请这些人。可最主要的还是靠我们自己，第一期我写了 4 篇，冯克力写了 3 篇，当时还有一个编辑叫吴兵，他写了 2 篇，我们自己就写了 9 篇，都是用的不同的笔名。第一期是这么出来的。比如说我刚才说的《圣者之死》《蒋介石和陈洁如》就是我写的，还有周作人和鲁迅合影的那篇，也是我写的。

慢慢地到了第三辑，就不只用《图片中国百年史》剩下的照片了，有很多的照片是作者自动投稿的，后来自投稿越来越多，尤其是"私人相簿"那个栏目,后来就出现了一些特别的、很有影响的人家的后代写的一些讲他们家里老人往事的稿子,特别有意思。《老照片》的栏目设置与组稿大概就是这么一个过程。

三、《老照片》为什么会受到读者欢迎

《老照片》是历史的真实记忆,而怀旧是一种美好的情感。

庞沁文:《老照片》第一辑出版后,很快就受到读者欢迎,实现了畅销,您可以分析一下原因吗?

汪家明:首先的一个原因是《老照片》像《读书》一样是有思想性的,它是在用图片呈现历史、还原历史、反思历史。我前面说《老照片》模仿《读书》的栏目,其实表面的模仿是次要的,《老照片》

《老照片》第一辑「书末感言」

回忆不仅是一种感情的投入,而且是一种理智的收集,收集掉落的一切,进行崭新的排列,于是生出许多发人深省的结果。

一开始瞄着的读者就是《读书》杂志的读者，他们对这种历史文化思想，有巨大的兴趣，尤其是一些读者想对历史重新观看、重新了解，《老照片》就努力适合他们的那种喜欢思想性的趣味和趋向。当时的《读书》杂志还不是后来的《读书》杂志，不像 90 年代后半期的学术性那么强，20 世纪 80 年代到 90 年代前半期《读书》杂志基本上还是个文化性的刊物，后来才增加了学术。这都对，后来的也办得很好，但我们针对的是之前的文化性的《读书》杂志的那些读者。《老照片》里面其实也有很深的思想性，就是通过它重新去看历史，《老照片》就是用现在的眼光看历史，这个是画等号的。我在《老照片》第一辑书末感言里面也提到了，把一些过去的往事重新来检讨一遍，你就会发出新的感慨、新的想法。就是说我们重新看历史，就会受到新的启发，这些都是我办《老照片》的想法。

《老照片》火起来还有一个原因，这个重要的原因就是怀旧。1996 年起大家都已经感觉到世纪末了，世纪末的时候大家都有一种怀旧的心理。那时候不像 80 年代大家是往前走，改革开放，思想解放。到了 20 世纪 90 年代末，《老照片》实际上是重新去检索，去回顾我们的历史，是这样。因为有点怀旧，所以《老照片》第一辑我写的书末感言《怀旧是一种美好的情感》，就是从怀旧这个角度来写的，这个就和读者当时的心理很切合。当时我就有那么一种感觉，就是人在年轻的时候，甚至小时候，可能有伤心的事、痛苦的事，可到老了以后，想起那些事还都是很美好的，留下的都不是不美好的东西。人生的特别不好的事，人们其实不愿意再去怀念它，怀念的都是那些美好的事情，这就是人的一种本能吧。大家都愿意看《老照片》，很容易理解。每个人家都有自己家的老照片，尤其是城市人，每个人都愿意保留自己父母、自己祖辈的照片，甚至自己小时候的照片都愿意保留，因为那就是历史的痕迹，这个历史是个人的历史、家庭的历史、整个城市的历史、整个社会的历史。你看我是青岛人，青岛的老照片很多，我对那些照片兴趣极大，这都是人之常情。

《老照片》能否受到读者欢迎，我在当时其实并没有把握。我找到北京万圣书园的经理刘苏里，我们早就认识，我说你看看这个书怎么样，他说不错，有新意，估计能卖两万册。那我就放心了，我就印了一万册，我并没有想到后来它会轰动，印到30多万册。刘苏里也没有估算对。

为什么会卖这么多？刚才讲了针对的是《读书》杂志的读者，适应了读者怀旧的心理，其实这些还不是主要方面，最主要的方面，后来才明白了，就是我们创造了这种普及性的图片为主的读物，图文并茂的图文书，现在被认为开创了所谓的读图时代。以前没有图文书，《老照片》是最早的图文书，最标准的图文书。

庞沁文：《老照片》当时应该是以书代刊，用的是书号，在书店里卖，不能像刊一样通过邮局发行，但其内容和形式更像一本刊。

汪家明：那时候我们出版《老照片》是得到省新闻出版局领导的支持的，如果说你是"以书代刊"就会被取缔。当时这种读物还不多，这些年多起来了，叫 Mook 了，Mook 就是书和杂志之间的一种出版物，《老照片》在当时还算带了一个头，也可以说是受读者欢迎的一个原因。

《老照片》受到欢迎还有一个技术因素。现在谈《老照片》很少有人谈这个技术因素，但我是最清楚的。图片在普通的胶版纸上也能印得不错，这其实有一个技术因素。我在山东画报杂志曾经当了好几年的总编室主任，总编室主任管发稿印制。这期间《山东画报》和全国的画报印黑白照片都要用铜板纸，如果出书，书中的照片要效果好，也需要用铜版纸，这样，文字印在胶版纸上，照片用铜版纸，只好做插页，或者集中放在书前或书后，无法图文混排印在同一页上，而且当时印黑白照片，是用一种叫凹印的技术，凹印有毒，后来国家严格禁止了，就改为胶印。我当时和山东人民印刷厂一个专门搞制版的师傅做了多次的实验，失败了很多次，终于初步解决了用单色胶印印黑白照片问题，后来在普通胶版纸上印黑白照片的问题也解决了。《老照片》第一期用的是普通的米黄色的胶版纸，照片印得大家看着还挺满意的，还挺清楚。有了这个在胶版纸上印黑白照片的技术，做到图文混排，《老照片》的这种以黑白照片为主的图文书的价格才能够比较低廉，才可以流行起来。

四、出版社该如何打造畅销书

畅销书并非来自对市场热点的追逐，而是来自对自我特色的坚守与对读者需求的契合。

庞沁文：《老照片》后来大火，被有关专家认为是开创了一个图文书时代，这是您一开始就设想好的吗？

汪家明：《老照片》开创了图文书的时代，这是一个客观事实。但对我们自己来说，并没有想开创一个时代的想法，就是阴差阳错吧。所谓阴差阳错就是山东画报出版社一成立就给你限定了出书范围，就是和摄影有关的书，包括摄影理论，包括摄影画册，反正只能出和摄影有关的书。那时候管得很严，只能按出版范围出书，所以我们才会有《图片中国百年史》，才会有《老照片》，才会有《名人照相簿》丛书，那都是和照片有关的书。

本来是限制你，但是反而成就了特色。那时候中国摄影出版社是专业摄影出版社，它就出摄影艺术类的书。山东画报出版社定位是出大众读物，所以就出版了《老照片》这类书，那就是"我"，别人没有。虽然还有几家，如上海画报出版社，他们也都侧重于摄影艺术。我们的《老照片》不是摄影艺术，它有艺术性，但它主要还是谈历史、文化、思想，所以这个就是歪打正着。我们并没有想到它会成为一个图文书的开始，读图时代的开始，这也是我们赶上了那个时代，就是说1996年、1997年的世纪末。在之前没有这种图文结合的读物，现在就太多了，但那时候没有，技术上也没达到，所有的事就赶巧了，就这样就有了《老照片》了。但最主要的确实是和我们的出身有关，我们就是干这个的，我本身在山东画报杂志，正在做总编辑，管的就是这个事，所以《老照片》就这样面世了。

庞沁文：等于你们在坚守专业定位的同时反而受益了？

汪家明：对，那时候受很大的限制，我们坚持按定位出书才有了《老照片》。

庞沁文：您坚持自己的特色，坚持出版大众思想类读物，实际上也是在不知不觉中，走出来一条自己的道路。

当时，新闻出版署给每一家出版社都明确了定位，划定了出书范围，要求出版社不能超范围出书。在市场化改革的背景下超范围出书已经不受严格的限制了，但从《老照片》畅销的案例看，出版社还是应该有自己的市场定位。

汪家明：出版社必须明确自己的市场定位。但据我的体会，做出版很大的一个要点，就是把内容，不管什么内容和读者需求结合起来。比如说早10年，我们现在很流行的绘本，读者是不买的，他们觉得就弄了几个字，弄了几张画就要那么贵，他不买，但是现在大家改变了，接受了。这都和编辑和出版有关，和时代变化有关。编辑和出版提供一种新的形式让读者接受，他们慢慢地或许会接受，或许不接受，这就是现实。现在还有好多好的内容，你觉得很好，但是读者就是不认。比如说现在很好的摄影艺术类图书，完全是摄影图片，大众还不能接受，未来是否会接受有待观察。

庞沁文：您说得特别对。图书出版只坚持自我不适合读者需求不行，一味地为了满足读者需求进而丧失自我也不行。自身定位与读者需求的契合，需要有一个磨合过程。您在坚守自身定位的同时创造出了图文书这一新的形式，刚好适应了读者的需求，才赢得了《老照片》的畅销。下面请您介绍一些编辑图文书的经验。

汪家明：我们做摄影图书，做摄影读物，有一些特别的体会，就是一张照片，不是你坐好，我拍下来就行了，摄影师是有选择的，可能只拍了你的两只眼睛，改变平常人们的视觉感受。我现在看你，肯定看到的是完整的，我不可能光看你的眼睛。但我拍照片，可以把别的都不要，只拍下人的某一部分来，突出一个人的特点，这就是摄影的作用。把一系列照片集中起来，突出对象的特殊的地方，改变人的视觉感受，这就是摄影书。读图时代的摄影读物，和一般的文字读物不一样的地方是，它的那种冲击力是很大的。这就需要懂照片的编辑，不懂的编辑会把照片放上就行了，根本不是那么回事，哪张放大，哪张缩小，放哪个位置，都是有道理的，剪裁怎么剪？也是有道理的。说实在的，一直到现在为止，我认为很多出版社，包括很多很了不起的出版社，都缺少做图文书的编辑，出的图文书一塌糊涂。有的编辑以为把照片配上文字就叫图文书了。不是那么回事。做《老照片》，做图文书，这里面是有一些学问的。

《老照片》讲究文字也是很重要的一个方面。不客气地说，一般地说画报，画报出版社、摄影出版社、美术出版社，他们的文字功夫相对说都不太强，《山东画报》算是另类，当年在那主事的三个人，我，还有姜奇、冯克力，我们三个其实都不是搞摄影的，对摄影喜欢，但我们都是搞文字的，大学都是学中文的，可是这三个人在画报社说了算。在别的摄影出版社，别的画报杂志社都是摄影的说了算，这个和我们《山东画报》的领导也有关系，杂志的领导他们都对文字对文化特别重视，特别尊重，对我们这些所谓的文化人，他们特别看重。他们需要选题有思路，不是只要照片拍得好就行了，这就是《山东画报》当年在全国画报界被公认是最好画报的原因。你现在问问画报界的都知道，在20世纪80年代至90年代初《山东画报》是响当当的。《山东画报》是编辑决定画报内容，别的画报是摄影记者决定画报内容，这是最大的区别。山东画报出版社成立后能够有所成就，能推出《老照片》，能在出版圈内做出独特的个性，这都要感谢当时在《山东画报》杂志的那一段探索。

五、《老照片》的宣传营销

许多人愿意自发地为《老照片》做宣传，大家都是趣味相投，喜欢这个东西，我觉得这个是最重要的。

庞沁文：《老照片》一经出版就能迅速畅销，你们做了哪些营销工作呢？

汪家明：书出了还不到一个月，《文汇读书周报》，当时是最好的一个读书的媒体，就在第一版的中间框内发表了一篇短文，叫作《为〈老照片〉鼓掌》。《老照片》迅速地就流行起来。结果第一期就不断地加印，然后各个书商都在要货，结果是卖了30多万册，我们当初根本没想到。

庞沁文：《为〈老照片〉鼓掌》起到了很好的宣传效果，这篇文章是谁写的？

汪家明：冯克力认为是《文汇读书周报》的创办人褚钰泉写的，其实不是，是一个姓彭的人写的，那个人看了《老照片》第一辑以后主动投的稿，褚钰泉把它发了，放在一个重要的位置上，文章很短。《老照片》刚刚出版一个月，那篇文章是第一个为《老照片》叫好的。褚钰泉办报，很有眼光，我特别佩服这个老编辑，后来他成为了我的好朋友。前几年，褚钰泉刚刚 70 岁，因病突然去世了，十分可惜。

《为〈老照片〉鼓掌》那篇文章，对我写的书末感言，就是《怀旧是一种美好的情感》那篇短文，评价很高，说此文可以和周启明的《语丝》的发刊词媲美，我觉得挺得意的。因为对照片有感情，尤其对历史照片这个《老照片》有感情，我写的时候很有一种感觉在里面。写东西就这样，有感觉才能写得好。

《老照片》当时得到了很多人的支持，三联书店的三联韬奋图书中心，现在叫三联韬奋书店，对《老照片》的发行产生过重要的作用。三联韬奋图书中心建成试营业是 1996 年 10 月，《老照片》第一辑出来是 1996 年 12 月，《老照片》一出版就进了三联韬奋图书中心，三联韬奋图书中心总经理叫杨进，是戴文葆先生的儿子，他比我大几岁，我们因为《老照片》成为好朋友，一直到现在。《老照片》在三联韬奋图书中心特别畅销，为什么？因为三联韬奋图书中心和《读书》杂志编辑部都是三联书店的部门，《读书》在三联韬奋图书中心卖得很好，凡是《读书》杂志的读者都愿意上那个书店去买《读书》，顺便也会买《老照片》。

三联韬奋图书中心是和香港三联书店合作办的，它经营的方式比较现代，一开门进到书店里面就会看到两个畅销书榜，一个是三联书店自己出的书的榜，一个是其他所有出版社出的书的榜。《老照片》出版以来，只要新的一辑《老照片》出来，都排在第二个榜的第 1 名，到现在为止，20多年了。

杨进总经理特别聪明，他要试一下《老照片》第一辑在店里一共能零售多少。完全是零售，不包括批发，不包括团体购买。他就一直跟踪，发现一年内就在这一个店里纯零售卖了一万多册，这可以说是创纪录了。

我们为《老照片》做了很多的活动，这也和三联韬奋图书中心杨进有关。《老照片》出了三辑以后，我们和杨进商量，在他那个店里搞了一个《老照片》展览的座谈会，很多人都去了，现在的好多文化名人，当时都参加了那个座谈会，大家都很感兴趣。这种座谈会后来开了很多，仅在三联韬奋图书中心就搞过6次活动。每到年底，杨进就把我们活动的照片贴在书店里的一个移动宣传板上，产生了很大影响。三联书店老领导范用先生也是每次活动都积极参加，我和他认识就是因为《老照片》。他对《老照片》特别地喜欢，每一期都是从头看到尾。学术文化界的很多很多人都很喜欢《老照片》，都给予我们大力的支持。

我自己也写了一些文章，其中有一篇是《〈老照片〉突围》。《老照片》出版后不久，盗版的模仿的都来了，各种类似的书都来了，书出的大都很差，都是那种低级书商做的，他们只知道赚钱，你出了书他马上给你盗版，很便宜地卖，出得很糟糕，败坏了《老照片》的名声。我那一阵很生气，就写文章对各种现象加以批评并希望《老照片》能办出特色。

当时对《老照片》的报道很多很多，可以说所有重要的和图书有关的媒体都报道过了，其中一个很重要的媒体是中央电视台的"读书时间"，其总策划朱正琳和制片人吴玉伦等后来都成为与我们志同道合的朋友。"读书时间"当时在文化人中很受欢迎，关于《老照片》的专题采访播出后产生了很大影响。

1951年，83岁的青帮最大头目黄金荣在上海大世界门口打扫卫生，接受劳动改造。两年以后，黄金荣在上海病逝（原载《老照片》第38辑）

《老照片》开创了山东画报出版社的新局面，我们主要的出版资源和发行渠道都是从《老照片》开始累积的，包括我们交的这些朋友。我做出版这么多年和媒体的关系很好，其实最初都是因为《老照片》。与书店的关系也是这样，很多著名的书店，如先锋书店、晓风书屋，还有广州的学而优书店，长春的学人书店……许多城市的文化核心书店都有我的好朋友，更不用说上海的季风书园，北京的万圣书园、风入松书店。总之，我通过《老照片》交了各种各样的和出版有关的朋友，媒体的，渠道的，甚至印刷厂的好多好朋友。一本书对我就能起这么大的作用，其实对山东画报出版社也是这样，山东画报出版社到现在还传承了《老照片》的这种传统，《老照片》一直还在出，图文书出得也很好，一直坚持到现在。

在20世纪90年代中期和后半段，地方出版社异军突起，当时读者关注的三个出版社是山东画报出版社、辽宁教育出版社、河北教育出版社。我本人也喜欢辽宁教育、河北教育这两家的书，每次都去买他们的书，每次全国书市第一就要去看这两家的书。

庞沁文： 就是说《老照片》这本书实际上是你的一个名片了，等于你和各个方面的人联系的、能够体现你的水平的一个名片？

汪家明： 也可以说是名片吧。其实是这样，很多人都喜欢《老照片》，我们是趣味相同。比如媒体的记者，他觉得拿《老照片》做文章很有意思。你们研究院的郝振省院长，原来，他在《新闻出版报》工作时，对《老照片》就很感兴趣。我提出"一本书主义"，他关注，他是最早报道一本书主义的，题目是《汪家明和他的"一本书主义"》。所以说，不是我拿《老照片》当名片，而是一下子就合拍了，大家一见面就说《老照片》，大家都有话说，包括书店的人。如今书店工作人员，有很多爱文化的人，特别好的文化人，比如南京先锋书店的总经理钱小华，风入松书店已经去世了的王炜总经理，万圣书园创办人刘苏里，上海季风书园的创办人严搏非，包括原来西西弗的那些人，我觉得都是很有水平的文化人，大家一说《老照片》就说到一起了。那媒体更不用说了，媒体都是文化人，各个媒体无论中央电视台的也好，《光明日报》的也好，《中华读书报》的也好，《文汇读书周报》的也好，包括《人民日报》的李辉等都和《老照片》有关，大家都是趣味相投，喜欢这个东西，我觉得这个是最重要的。

六、如何评价《老照片》的历史价值

《老照片》是形象可感的，既有趣味性，又有实证价值，它的价值是不容怀疑的价值。

庞沁文：您认为《老照片》的畅销产生了哪些社会影响呢？

汪家明：《老照片》的畅销引发了一股图文书出版的潮流。大家忽然发现图片这种出版资源浩如烟海，挖掘不尽，短期内就出现了各种各样的图文书。

最早有一家出版社出了套书名叫《老相册》，把我们前几期的《老照片》胡乱编一下就放里面，其实是盗版。后来我们准备起诉打官司。那家出版社的上级单位协调最后就赔了一些钱，并没有走法律程序，要走法律程序他们会赔得更多，后来他们只赔了十分之一，就这样过去了。后来就出现了各种各样模仿的，什么《知青老照片》《军事老照片》《红镜头》《黑镜头》，那一段时间，类似的书到处都是。说是开启了图文书时代一点也不为过。

庞沁文：您觉得该如何评价《老照片》的历史价值？

汪家明：如何评价老照片的思想文化价值，社会历史作用，不是我们自己说了算的，《老照片》能开创一个读图时代，那是我们没想到的，它客观上起到那个作用了。刘硕良当年主编的《出版广角》，对全国出版业影响很大。《出版广角》不断地搞一些全国性的活动，早在1999年就评全国的10个什么出版家，10个什么出版青年才俊，10个什么出版理论家，我也因为《老照片》被选入。在合肥那个"高端论坛"上我认识了很多的好朋友，都是出版界的风云人物。《老照片》本身也多次入选了中国多少年的多少本书，直到现在也是每次都入选的。新中国70年多少本书的活动没搞，要搞的话，《老照片》肯定也算其中一个重要的书。就像《读书》一样，就像《新华文摘》一样，它的重要性就摆在那里，但这都不是我们自己想要怎么样，它就是客观地形成了，就是我刚才说的机缘巧合，时代造就。

我觉得《老照片》最大的价值还是对文化界读者提供了比较客观

的历史情景，他们能够通过《老照片》开拓视野和受到启发，我自己在编的时候也是一样，也受很多启发。

庞沁文：您认为老照片的价值主要体现在哪些方面？

汪家明：综合地说，《老照片》实际上是对中国近现代史的许多具体方面进行重新梳理和认识，而它的梳理和认识都不是概念化的。因为照片本身都是生动的，是真实的，是铁板钉钉的东西，大量地把以前不了解的了解了，以前这样认识的，改成了那样的认识。《老照片》的作用就在这。对历史的重新认识也就是对我们当前的重新认识，你认识了历史的思想意义和社会价值，才能认识现在。由于时代的局限我们很难近距离地看清历史，随着时间的推移，我们就可以比较客观地重新地来认识历史。

《老照片》讲述的民国时代是一个大起大落的时代，连年的战争，军阀混战、北伐战争、抗日战争、解放战争，它就是那么一段纷繁复杂的历史，而在这段历史开始的时候摄影出现了，照片成为了记录历史的最好方式。民国早期的照片大量是外国人拍的，他们对中国很感兴趣，拍了很多照片，《老照片》第一辑里有在法国摄影博物馆保存的很多照片，老北京的照片，特别珍贵，要找到不容易。

《老照片》是形象可感的，既有趣味性，又有实证价值，它的价值是不容怀疑的价值。那时候的照片不像现在你可以随便修改，那时候你改不了，是什么样就是什么样，你不承认，有这个照片为证。很多照片是鲜为人知的，由于《老照片》的出现，这些照片都面世了，就成为一个公共的东西了，它的价值就会被更多的人认识，我觉得这就是《老照片》的意义所在。

庞沁文：《老照片》的历史价值体现在它还原了历史，把历史的最真实的面貌给人们展现了出来。

汪家明：对，比如说蒋介石和陈洁如，蒋介石后来是不承认这个夫人的，不但不承认，而且要把与她在一起的所有东西都毁掉，陈洁如手里有蒋介石和她在一起的60多张照片，蒋介石派人动用了很大的力量把这些照片全部拿走烧掉了，但还是有关于他俩的照片保留下来了。我这儿就有蒋介石和陈洁如的三张照片，一张就是我前面说的那张他俩的一个合影，蒋介石也很年轻，才28岁。还有一张是陈洁如到夏威夷去的时候，夏威夷的国民党同人挂了一个条幅写的是"欢迎蒋夫人陈洁如"，那这就不能否认她了。这就是老照片珍贵的一个地方，照片是对一段历史的真实反映，这个你不能否认。要不当时不会叫她蒋夫人，但是后来不承认她了。到现在有的历史书上就不提她，她其实对蒋介石也没有起很大的作用，这也是事实。现在一般人都知道蒋介石第一任夫人是毛夫人，就是蒋经国的母亲。蒋介石和陈洁如没有孩子，也有人说有一个孩子后来不在了。蒋介石还有第二个夫人，陈洁如是第三个，宋美龄其实是第四个夫人，这都是历史的事实，有照片可以作证。

庞沁文：我曾在《老照片》看到一张彭德怀老总被批斗的照片，在抗日战争、解放战争、抗美援朝中驰骋疆场的一代功臣，竟被两个红卫兵反剪双手押着，我对此感到十分震惊和辛酸。尽管我此前已经知道彭总挨过批斗，但照片呈现的场景更让我痛心。

汪家明：这就是老照片的力量。《老照片》刊登的这样的照片还有许多。因为《老照片》的出现，许多人都开始做收集整理研究老照片的事。光靠《老照片》也不行，《老照片》就起了一个示范作用，需要更多的媒体和研究机构加入到老照片的收集整理研究中。现在微信上大量的老照片被挖掘出来，看了以后是很惊讶的，但说实在的都解说不够、研究不够。《老照片》讲述老照片背后的故事了，它不是一般的讲述，而是需要资料，需要考证，需要研究，这些是《老照片》一直到现在都在做的工作。

如今，当年那么多模仿《老照片》的书都不见了，什么"老相册""老相簿""黑镜头""红镜头"，都没有了，但《老照片》一直存在到现在。之所以能做到这一点，首先要归功于其主编冯克力，还有一个重要原因是《老照片》一开始的定位和架构就是对的，就是严肃的，而不是商业的。它有商业性，但不是纯商业，它就是一个严肃的出版物，有一定的标准，有一定的准则，有一定的追求。《老照片》一开始就这么定位的，而且获得了大家的认可，产生了广泛的影响。别看后来模仿的图书到处都是，但能做到这个地步，而且坚持地做下来的，只有《老照片》。我们的《老照片》一直坚持自己的特色，按照固有的栏目，固有的设计方式，独特的老照片，独特的解说文字，形成了特有的风格，就这样一直出了下来。

庞沁文：2009 年，《老照片》入选"共和国 60 年 60 本书"，颁奖词写道："《老照片》以朴素而温情的独特方式记忆和见证历史，使我们得以在过去朦胧的霞光中，重新想象遥远的过去，重新认识和反思切身

林徽因（右一）与表姐妹们的合影，她们身上穿的是北京培华女子中学的校服。摄于 1916 年（原载《老照片》第 8 辑）

的社会生活。"这可以说是《老照片》历史价值的形象说明，这种评价与您的看法在某种程度上不谋而合。请谈一谈《老照片》对您个人的影响。

汪家明：我1984年到《山东画报》做编辑，后来开始做书，到现在我还在做书，总的来说我做出版快40年了，《老照片》是我出版生涯里面最重要的一件事，对我后来做出版，尤其是做图文书，起了很大的促进作用。

《老照片》的产生带有很大的偶然性，我刚才讲了，是那个时代、那个环境的产物，当然也和我的个人爱好有关。我从小就有保留老照片的爱好，我们家的老照片，还有鲁迅的老照片，马克思、恩格斯的老照片，列宁的高尔基的老照片，我从小就保留，我从小就有对照片的那种爱好。我本来是搞美术的，上大学前我画了6年布景，种种的机缘巧合，促成了《老照片》的出版。

七、值得铭记的参与创造《老照片》的人

一些充满情怀和理想的人，行进在复原历史的反思文化之路。

庞沁文：关于《老照片》您谈了很多，其中也涉及和《老照片》有关的人物。现在您方便专门谈一谈与《老照片》关联密切的人物吗？

汪家明：对《老照片》做出最大贡献的人，肯定是《老照片》主编冯克力。当时我是山东画报出版社总编辑，《老照片》前面几期当然是我们一起做的，后面就主要是他在做。冯克力是一个很有文化底蕴的人，尤其他本人对近现代史特别感兴趣。他是这么一个人，你看他能坚持到现在，一直做了20多年，就做一件事情。他曾说我给他找了一个活儿干，没想到他把这后半生全干这个活儿了。起初他是不愿

意干的，但他既然干了，就努力要干好。我很了解他，我们一起在《山东画报》杂志做编辑的时候，总是切磋，想着把《山东画报》办出特色，策划一些重要的栏目，把一些新闻事件的文化底蕴挖掘出来，这是他擅长的。他这个人的性格比较随意，没有多大的功利性，不属于那种功利的人，他不会很快就对什么感兴趣，但能沉住气去做。一开始做《老照片》做得慢，后来就能保证两个月一期。现在已做到130多期，我觉得他功不可没。我也很得意，我找对了一个人，当时我就认定了，只有他能做这个事情。当然，找他来做的时候，我就告诉他我会帮他的，我不会让他自己孤身奋战，要不他还不干呢。如果他不做，那我也可以做，因为那时我当社领导，事情比较多，所以也根本就不会做到这种地步，更不会坚持这么长时间，何况我后来就调走了。我在山东画报出版社干了9年，我是2002年调到三联书店的，2002年之后都是他在做。我刚才说他最大的优点是没有什么功利之心，他能够安心地、扎实地做这个事情，把他自己的兴趣和爱好，把他的学养都用在《老照片》上，用在这个连续出版物上，这个是很重要的。后来他渐渐地联络了很多的人，他的影响力更大，各方面也都在找他，他对《老照片》吃得很透很透。前两天他刚成立了一个群把我拉进去，说《老照片》的创办人也进来。实际上他大大地发展了《老照片》，从内容上架构上，他也想了很多的点子，最主要的还联络了很多的作者，作者们也都对近现代史的研究感兴趣。

长期以来主要是他自己一个人在做《老照片》，有一个聘用的编辑在帮他做。现在他已经退休了，又被返聘，仍做《老照片》的主编，有一个学历史的年轻人在那和他一起做，编辑部一直就没超过3个人，一般是两个人在做。本来我以为《老照片》的规模可以开发得更大一些，比如说可能现在10个人8个人在做，我刚才说的其他事也能做起来。但他的性格决定了他属于那种深挖的人，他不是一个开拓的人，这个深挖很重要，开拓有时候就开拓坏了。冯克力这个人对《老照片》来说是很重要的，他比我小 1 岁。

庞沁文：从你的角度来说你是找对了一个人，从他的角度来说他得到了一个展现自己的一个舞台，拥有了自己的事业。

汪家明：他自己也是这么说的，这是没有问题的。

庞沁文：我觉得从他的身上更好地体现了一生只做好一件事的道理，他真正专注地，把一生所有的精力都用在做好一件非常有意义的事情上，我觉得这真的是一件很幸福的事情。

汪家明：我们俩的关系也很好，我从来没有觉得我是什么领导，我们一直是朋友，多年都是这个样子，到现在为止。他老是把功劳放在我身上，我认为没有他，《老照片》做几期就没了，很有可能是这样。

庞沁文：那你们之间有没有一些不同意见，或者说一些矛盾？

汪家明：基本没有。虽然最早的想法确实都是我的，但他做的时候，我自始自终没有干涉过。他说这期你写一个后记吧，我就写一个后记。我有稿子就转给他，我说这个稿子挺好，他能用就用。可以说没有任何矛盾，从头到尾都没有矛盾。我离开山东画报出版社后，他的与《老照片》有关的活动，只要让我去，我还都去参加。这也算一个比较特殊的关系了，我们俩也没有争名争利的这种事。实事求是地说，他的功劳更大，开头当然是我，后来我离开了之后，那就完全靠他。后面我也没给他什么，我最多介绍个稿子，别的没做任何工作。

庞沁文：他能够坚持下来，几十年做那么一件事，而且能把它做得很好，确实是不容易。

汪家明：对，我觉得他还会干下去，现在已经是 23 年了，干 30 年应该没问题吧，他今年 65 岁。干到 72 岁没问题，我希望他能干到 72 岁。

庞沁文：冯克力在《老照片的诞生》一文中说您鼓励他"放手去做，思想尽量解放"。20 多年后的今天您依然希望他干到 72 岁。由此可见，你俩的深厚友谊和对《老照片》的热爱。

您与范用这些老出版人的交往有没有一些更具体的事例？

汪家明：范用当然有了，《老照片》第一辑就有范用的稿子，是我帮他编的。后来又发一篇范用写他父亲的稿子，也是我编的。我和范用关系特别好，他信任我，他对《老照片》特别地支持，到处去推。他常说:《老照片》好，你们要看《老照片》。他本人也是真心地喜欢。在出版上他对我的帮助特别大，可以说是对我做出版影响最大的一个人，他的那种趣味、品位，甚至态度，各个方面对我都有很大的影响。在出了《老照片》之后，也没过几年，1998 年我又想出《老漫画》，和《老照片》同样的形式，同样的开本，也是定期出。他对《老漫画》支持更大了，他本人是特别喜欢漫画，而且与漫画家的关系更密切，很多的漫画家都和他是好朋友，如叶浅予、廖冰兄、黄苗子、韩羽等，更别说丁聪，是他最好的朋友。所以我要做《老漫画》他特别地支持，《老漫画》和《老照片》像孪生的一样，但《老漫画》很可惜出了 6 期就停了，出不下去了，不如《老照片》卖得好，最终还是要卖得好才行。后来我发现现今的读者其实对那些政治漫画没什么兴趣，或兴趣很小。但我们一开始也是怀着很大的热情来做《老漫画》的，范用先生起了很大的作用，很多重要的作者、漫画的内容都是他找来的，包括在北京开座谈会，在上海开座谈会，也都是他帮忙张罗的。上海的魏绍昌先生，是中国保存 20 世纪 20 年代、30 年代的漫画杂志最多的一个人，是很了不起的。范用介绍我去找他，他提供了许多老漫画资料。这些人我后来都写过，回忆过他们。出版《老漫画》和《老照片》有关，没有《老照片》不会想到《老漫画》。

庞沁文：与其他人的交往有没有值得提及的？

汪家明：我们当时有一个重要的供稿者就叫徐宗懋，笔名秦风，中国台湾人。他本人也不是搞摄影的，他曾是台湾《中国时报》的主笔之一，业余一直在搜集老照片，现在创办了"秦风老照片馆"。他提供了大量的稿件，他的稿子一开始主要是民国的，民国照片当然在台湾保存得比较好，国民党把许多照片带到台湾了，他从个人手里、摄影家手里，搜集了很多照片，有些是我们从来都没见过的。比如说当时周恩来穿着带有国民党党徽军服的照片，是国共合作的时候拍的，很有意思。徐宗懋也在大陆搜集了大量的南京、上海等地的老照片。他下手比较早，机会不错。他对照片质量要求很高。《老照片》之外，从他收集的照片里，我们还出过一套两本书就叫《你没见过的历史照片》，他就敢起这样的题目，那么这个就很珍贵了。

徐宗懋确实给《老照片》很大的支持，他有质量比较高的照片，他本人又是一个文化人，写得很好。他是坚持大陆和台湾统一的，没有其他问题，这个也很重要。他对《老照片》的贡献，首先体现在提供了一些我们在大陆很难找到的民国时期的照片和故事。他不光是搜集了很多好的老照片，而且他也很能写。他带来了一些新鲜的选题和优质的稿件，这个是有很大的贡献的。他不但在《老照片》上发表作品，还出版了好多书，后来他在"理想国"出了很多书，这和刘瑞琳有关。前面我曾提到过，刘瑞琳曾经当过《老照片》的总编辑，她和徐宗懋也很熟悉。其次，徐宗懋提高了《老照片》的照片质量，就是画质。他买照片特别注重照片的质量，他要求照片必须要是原底洗出来的原始照片，翻拍的不行。过去我们出《图片中国百年史》的时候条件不具备，没那么好的画质，没那么好的质量，我们都是以照片能看清楚为原则，我们不强调照片的艺术性。徐宗懋的加入把照片的质量提高了，无形中整个《老照片》的照片质量要求也高了，我觉得这是徐宗懋的第二个作用。

庞沁文：徐宗懋目前在台湾还是在大陆？

汪家明：在台湾，他经常到大陆，他也在做出版。这人是很有眼光、很有能力的一个人，也很善于交往。

八、《老照片》引发了《张家旧事》等图书的出版

我跟叶稚珊说，张允和老师讲的这些事，你若能给记下来，配上相应的图片，就能编一本书。最后编了，书名就叫《张家旧事》。

庞沁文：您还出过其他和《老照片》有关的书吗？

汪家明：山东画报出版社1993年成立，1994年初开始出书，实际上那时候读者都不知道山东画报社还出书，那时候搞发行都很困难。《老照片》出来以后，一下子就把山东画报出版社的形象给改变了。我们当时围绕着这种老照片出了大量的书，比如《你没见过的历史照片》，比如"名人照相簿丛书"等，类似的书出了很多。

我们后来还出版了《张家旧事》，这本书对我们很重要。我和徐城北、叶稚珊这两个作家夫妻是朋友。徐城北是一个很好的作家。徐城北的父母都很了不起。他父亲叫徐盈，是鲁迅时代的小说家。他母亲叫彭子冈，是新中国成立前后最有名的女记者之一，四大名旦就是彭子冈给叫出来的。她曾多次采访戏剧界的人。徐城北和叶稚珊带着我去周有光家，周有光的夫人是张允和，张允和的妹妹张兆和，是沈从文的夫人。

《张家旧事》

命运为了锻炼我，把最难的"题"都留给了我一个人。

张家四姐妹是很有名的，她们的父亲是蔡元培的好朋友。一个大的文化家族，他家有10个孩子，6个男孩，4个女孩，这4个女孩都了不得，都是才女。我到他家以后，看到他家墙上，挂着一个相框，里面摆着老照片。那照片真好，我就问他们照片的情况，她就给我讲，这张照片是和有光谈恋爱的时候什么什么，那张照片是我家孩子逃难时如何如何，等等。然后讲她妹妹张兆和，讲她姐姐张元和，还有个妹妹叫张充和，讲她们的故事，讲起来没头。随后又搬出几本厚厚的大相册，打开给我们看，一边看一边讲每幅照片的故事。老太太当时就90岁了，她特别喜欢叶稚珊。叶稚珊是中央民盟刊物《群言》的主编，文笔特好，一些文化名家特喜欢她的文章，张中行出书让她写序。叶稚珊上班的地方，离周有光家很近，都在王府井北头，一个在东边，一个在西边。我跟叶稚珊说如果张允和老师讲的这些事，你若能给记下来，配上相应的图片，就能编一本书。最后编了，书名就叫《张家旧事》。这个书在山东画报出版社出版后轰动一时，连香港的《亚洲周刊》评价都很高，在法国的中文报纸也介绍了，卖得特别好。十几年后，三联书店又出了新版，说明这个书的价值和生命力。这都和《老照片》有关，就是讲述家庭老照片背后的故事。

庞沁文：后来那本书销量有多少？

汪家明：现在我就不知道了，加起来我觉得 10 万 8 万的有了吧。《张家旧事》是一本很好的书，会流传下去，因为这些人都不在了。张允和讲的那些特别经典的事，都可以说是名人轶事，从侧面反映了中国几十年的历史和文化人的命运。总之《张家旧事》能够出版和《老照片》是有关系的，我拜访张允和家是想为《老照片》约稿，后来却单独出了一本书。

庞沁文：总的来说，《老照片》是中国出版史上的一个奇迹，它对于出版业的贡献也是非常大的，它培养了好多人，也成就了好多人，它记录了历史，保存了历史，影响了一代人。您曾在《一本书主义》一文中指出："我们提倡一本书主义，并非像丁玲说的那样，只有一本好书就满足了，而是把每一本书、每一个选题都当作你唯一一本书来对待，倾尽全力，不达水准誓不罢休。"《老照片》是您一贯提倡的"一本书主义"的具体实践与落实，是能体现一本书主义思想内涵的代表性案例。我在 2009 年曾采访过时任山东画报出版社社长郭海涛，他对您的"一本书主义"特别推崇，并对"一本书主义"做出了新阐释，我与他的看法完全相同。《老照片》是一本标志性的图书，是一本编辑加工到极致的书，是可以持续纵向延伸的系列品牌图书，也是可以向期刊、网络等媒体横向拓展，开展版权运营的书。《老照片》由一本书引发了一种文化现象，甚至文化思潮。您能策划出这样一本书令人敬佩，冯克力的后半生专注于编辑这么一本书，成为了落实一生做好一件事人生观的典范。如果一个编辑一生能够编好这么一本书，此生值得矣。我想《老照片》也会随着时代的发展，随着人们对它的深刻内涵的认识与挖掘，或者说重视，会绽放出新的光彩。非常感谢您的口述。

《我们仨》传递的主题并没有局限于小家、小情、小爱，而是从他们一家人的生活经历，反映了知识分子的生存状态和心路历程，展示出一代知识分子的风骨。

——《我们仨》原责任编辑、三联书店原编辑

张 荷

/ 张荷在接受畅销书出版口述史采访 /

第七章
《我们仨》与互爱、互助、共同前行的家庭文化

张荷畅销书出版口述史访谈

采访时间　2018 年 6 月 28 日
采访地点　中国新闻出版研究院演播室
采访对象　张　荷
采 访 人　庞沁文　曾　卓
摄　　像　邓　杨
整　　理　庞沁文

/ 采访人按语 /

　　《我们仨》是一本很好地表现互助、互爱、共同前行的家文化的图书，钱锺书、杨绛、钱瑗一家三口在各自承担好自己家庭角色的同时也在努力工作，实现自我。书中还表现出杨绛先生对生命、对人生的深刻感悟、思考，以及对丈夫、女儿的深情怀念。和责编张荷一起品读《我们仨》，一起回顾《我们仨》的诞生过程，你会有意想不到的新收获。

一、《我们仨》为什么能打动人心

《我们仨》传递的主题并没有局限于小家、小情、小爱，而是从他们一家人的生活经历，反映了知识分子的生存状态和心路历程，展示出一代知识分子的风骨。

采访人：张荷老师好，《我们仨》由三联书店原总经理董秀玉老师策划编辑，您后来接手，作为责任编辑，您认为《我们仨》这本书对于读者来说，它的主要价值体现在哪些方面？

张　荷：我觉得《我们仨》是一本有温度的书，很温暖，很有感情，很有趣。当然，在这里面我们可能最先感受到的是一种家的温暖、对家人深情的爱和家庭生活的情趣。我更多地是从书里面看到杨先生一家的平凡生活，而这种生活又是一种很有情趣的生活，不只是柴米油盐的一种生活。当然这里面少不了柴米油盐，他们也经历过柴米油盐的日子。但是在这样平淡的日子当中，又有很多让你觉得非常有意思、有情趣的生活。所以有一些读者，特别是一些女性读者，更能从里面得到一种生活的启迪。我记得，书里面写钱先生和杨先生在伦敦留学的时候，他们把每天的散步当成一种探险，充满了好奇。钱瑗长大了以后他们也经历了一些分离、别离，都会把自己的感受、所经历的事情记下来，就像路边的石子，捡拾回来后，大家聚在一起再翻看这些石子，从中找到互相之间的牵挂，这种情趣、乐趣和三个人之间形成的非常微妙的默契令人羡慕。这是由他们三个人共同创造出来的一种与众不同的生活。

再者，家的温暖是很吸引人的，大家可以在这里面看到很多非常温暖我们的东西，不光是文字，从我们选取的图片也能看到，这个家

《我们仨》

我和谁都不争，和谁争我都不屑。简朴的生活、高贵的灵魂是人生的至高境界。

是一个非常温馨的，而且是非常民主、非常和谐的一个家庭。书里面有两张图片我不知道你注意到没有，钱先生给杨先生剪头发，杨先生给钱先生理发。我觉得这个特别能反映他们两个人64年的婚姻，这样一种互敬的状态。我觉得很多人从这里面感受到了家的港湾式的温暖，以及互相给予支撑的力量。书里面不光是历史的回顾，还涉及小孩子的成长、教育的趣事，这些故事其实是很有启发性的。比如说当年钱瑗识字，他们怎么教她去识字，用一种什么方式。

我觉得不同的读者的侧重面可能不一样。从一开始的好奇到继续地去阅读，再到深入地去理解，可以从更多的层面去看《我们仨》，去读《我们仨》。我觉得它之所以能受欢迎，是因为它提供了太多层次的关系，每一个层次都是非常有营养的。

采访人：那我们怎么才能从更深的层次上认识《我们仨》的价值呢？

张　荷：我觉得这本书传递的主题并没有局限于小家、小情、小爱，杨绛先生更多的是从他们一家人的生活经历，透露出两代知识分子的成长历程。钱先生和杨先生是比较早的既受过中学传统的熏陶，又接受过西学浸润的一代知识分子。他们经历过战乱，也经历过新中国成立以后的各种运动，我觉得这些是那一代知识分子成长经历的一种共同的生活轨迹。钱瑗是他们的第二代，钱瑗这一代人身上可能和她的父辈又有一些不一样的特质。杨绛先生非常疼爱她的女儿，觉得女儿是她一生当中最好的作品。她给钱瑗的一个评价就是"尖兵"，从钱瑗这儿就能够反映出，她那一代，也就是相当于我们父辈的那一代，他们身体里所具有的特质和他们所经历的生活。从大的角度来讲，这本书体现更多的是中国知识分子的生存状态和心路历程。

采访人：您能从杨绛先生描写的他们一家人的平凡生活中看到中国知识分子的生存状态，这说明您看问题是非常深刻的。您能举例说明您的观点吗？

张　荷：深刻谈不上，都是在生活当中慢慢学习。《我们仨》体现的知识分子的风骨，令人钦佩。书里写的不光是两个人三个人之间的故事，他们代表了一代知识分子的气质和品格。比如说钱锺书先生刚到伦敦的时候，书里面有一段写一个富豪希望他去学哲学，然后给他提供奖学金。可能在很多人眼里这是一个特别好的机会，可以解决自己的生活问题、温饱问题。因为他们是两个人一起去的，毕竟是组成了一个小家庭，是需要有经济支撑的，这对大多数人而言是一个很好的机会；可钱先生认为他更在意的、更中意的是文学，而不是哲学。虽然国家给的奖学金非常少，但他也要学文学，而不会转向另外一个方向。我觉得这个是蛮有骨气的事情。包括他们当年回国以后，回国正好赶上战乱，去各地教书，到了新中国成立前夕有很多人劝他们，让他们离开大陆，也有吴晗等人要挽留他们留在大陆。在这个抉择当中，他们更多的是站在一个知识分子的立场上去想问题，而不是站在某个政治的角度去想问题。最终他们选择留在大陆，他们两个人可以说是代表了一代知识分子对于自身立场的自我认定，而这种认定在某些时候，其实是挺困难的。完全抛开政治的东西只专注于学术，其实是不太容易的。

采访人：对，他们的选择应该说是基于知识分子的爱国精神。

张　荷：相对于丰富多彩生活的诱惑，学术其实是一个枯燥、需要全身心付出的工作，而且是没有捷径的。我觉得他们两个人这一辈子都恪守着这样一个原则。无论是在逆境也好，顺境也好，基本都是恪守自己做人的原则。当年钱先生给毛泽东诗词做英文翻译，他们是有一个小组，在当时这是一个非常高的殊荣。即使在这样的情况下，他也是恪守着他自己的立场和原则，我觉得这个就是非常难得的。很多人会随波逐流，但在他们的生活当中他们更多的是坚守着自己；而且这两个人三观特别一致，他们两个人的目标是一样的，原则也是一样的，两个人互相扶持着、互相支撑着，一辈子就这样走下去，特别令人羡慕。

采访人：《我们仨》中讲述了许多平凡的故事，其中哪些故事给您留下了深刻的印象？

张　荷：书里面给我留下深刻印象的故事特别多，很多故事在很多人的生活当中都会出现。我读《我们仨》时会从他们的故事当中汲取一些养分，然后潜移默化地变成对待生活、对待工作、对待事业的一种态度。我记得书里面讲当年钱先生离开了西南联大，要去另外一所学校，是他父亲让他去，杨绛先生不太希望他去，还是希望他在西南联大清华工作。她和她的父亲杨荫杭先生说起这事，要劝阻钱锺书。我记得杨绛先生当时写道，她看到她的父亲脸沉了下来，她就明白了：个人的路你要让他自己去选择，虽然你跟他的观念不同，但是你要尊重他的选择。其实这种尊重在他们的生活当中是非常重要的一部分。这个故事可能很小，也许很多人不太在意，但我觉得你如果细细读它，从中读到的就不仅仅是琐碎的生活，而是很多滋润你自己人生哲理的营养。

采访人：这就是说从人生哲学的层面看，《我们仨》的平凡故事中隐含着许多杨绛先生对人生的体验与感悟，如果你仔细体会的话会获得许多人生的启迪。

您可以再分析一下《我们仨》的畅销原因吗？

张　荷：这题目太大了。最直接的原因是杨先生会讲故事，她把许多平凡的故事讲得生动有趣，这本书好看，这是最重要的一个原因。再有，我觉得更多的是这本书是一个大爱的书，不是小爱小情调的书，这种大情调的书能够和更多的人产生共鸣，无论从哪个方面都能产生共鸣。这个共鸣多了，关注的人就会多了。还有一个原因也不能否认，那就是杨先生和钱先生他们两个人本身和他们一家人的影响力，我觉得这是不能否认的。杨绛先生、钱锺书先生都是著名学者、文学家，他们的女儿钱瑗也是非常优秀的老师，北京师范大学英语系的老师。他们三个人组成的这样一个家庭，在很多人眼里是很特别的，但其实是很平凡的一个家庭。

没遇到你之前，我没想过结婚；遇见你，结婚这事我没想过和别人。

——钱锺书

对于这一家人的故事，很多读者自然而然地有兴趣。特别是钱锺书先生的《围城》有着广泛的影响力，大家会有好奇心去探究这个作者到底是一个什么样的人。再者杨绛先生也是一个非常有才华的知识女性，无论是写剧本、做翻译、写散文，她所作出的成就可能是很多人一辈子都非常向往和羡慕的。所以大家也会对他们生活在一个什么样的环境当中，对他们的家庭生活有很多好奇，这可能是大家想去读这本书的最初冲动。

采访人：也就是说名人效应，也是使得《我们仨》畅销的重要的一方面。

张　荷：对，我觉得这也是不能否认的。杨绛先生过世后这几年这本书销量并没有减，至今已销百万册以上。我们一开始也没想到会这么畅销。

二、《我们仨》责编眼中的杨绛、钱锺书和钱瑗

《我们仨》不单单是一份怀念和一份记忆，家庭里的三个人各有特色，相濡以沫，因事业而出彩、而备受瞩目，推动我们去关注这个家庭的内在文化。

采访人：您在责编《我们仨》之前和杨绛先生有过接触吗？

张　荷：我最早和杨先生接触，是在《我们仨》出版之前。那时三联书店做过一套《钱锺书集》，虽然钱先生已经故去，我们希望让很多的读者怀念他，我们做了一个纪念版，并且想找一种方式，使钱先生和读者的距离能够更近一些。于是我们就跟杨先生商量，我们可以敲图章，把钱先生的私章敲在书上，相当于钱先生的签名。我们还做了个藏书票，给读者提供更多的纪念品。杨先生听了非常支持，特找出三枚钱先生的私章，我们到他们家做的事情就是敲图章。我记得当时我们在做工作，董总和杨先生两个人就在交谈。杨先生说她每天都在孵蛋，她坐

在她的写字台那儿每天在孵蛋，孵蛋就是创作。

采访人：杨绛先生还是一个很幽默的人。

张　荷：杨先生是非常幽默的一个人，我们也可以从书的字里行间看到她的幽默，而且杨先生是属于那种说话非常轻柔、非常和缓的人，吴侬软语，款款而来，她对人非常和善，说话也非常温和。但她是有原则、有态度的，她表达的方式往往是绵里藏针，非常厉害。书里面有一处是写她和钱锺书先生交朋友，对待朋友的态度。我不记得原话了，大意是说他们只和他们能够相近的朋友去交往。有些朋友觉得钱锺书先生可能有一些苛刻，说话过于苛责，这样的人他们就敬而远之。他们觉得，如果你时时都顺着别人也不一定能让别人对你满意，那我们就自己做好自己，只做好自己就好了。从这一点也可以看出两个人其实还是蛮有个

"我们仨"

> 我们与世无求，与人无争，只求相聚在一起，相守在一起，各自做力所能及的事。
>
> ——杨　绛

性、蛮倔强的，包括钱先生对于他后来任职的态度，也可以看出他是个有个性的人。

采访人：我搜了一下原话是："我们年轻不谙世故，但是最谙世故、最会做人的同样也遭非议。锺书和我就以此自解。"杨绛先生不肯迎合别人，专心做好自己的观点确实能给人启发。您方便对杨绛先生作一个总体评价吗？

张　荷：我实在不敢作评价，虽然他们不让称之以大师，我觉得在我心目中杨先生应该可以算是一个知识女性的代表，而且是值得我们敬仰、学习的知识女性的代表，上得厅堂下得厨房，能文能武，令人钦佩。

采访人：大家都特别地崇拜她。

张　荷：在出现困难和问题的时候，她可以以一个很柔弱的肩膀去扛起很多的事情。她在《干校六记》和《洗澡》中都提到过他们当年下放、"四清"之类的事。她可以去打包，给钱先生准备各种行囊。《我们仨》里面有一个故事就是杨先生在生孩子的时候，钱先生去探望她时说，这个我打碎了，那个我弄破了。杨先生都说：没有关系，我会修理，我会弄的。一个女性，尤其是一个旧时代的女性，虽然她那个时候出国留学了，但她生活的那个年代，很多女性的自我认知和自觉意识还很不够。但杨先生在很多事情上能够甘愿去为钱先生、为家庭做努力，去扛起一个家庭，我觉得这是很不容易的；同时更不容易的是在这样一个情况下，她自己还去读书，还在不断地学英文、法文、西班牙文，到晚年翻译《斐多》的时候，和古希腊文还有关系。我觉得杨先生是一个非常了不起的女性，是我们心向往之很难达到的。杨先生的晚年是特别特别让人敬佩的，特别是当她失去了两位至亲以后。一般87岁的人都是需要照顾的，儿孙绕膝，大家一起呵护她照顾她，但她在这样一个年龄一下失去两位最最重要的、生活里面的精神支柱，并没有被击垮，而是要打扫战场，要尽心尽力做她能做的事。而且她做了那么多的事，她活得通透通达，特别让我感动。没有特别顽强毅力和坚韧性格的人是很难做到的。

采访人： 杨绛先生身上有很多值得我们去学习的东西，《我们仨》特别值得去读一读。

张　荷： 好像女性喜欢读《我们仨》的特别多，当然每个人的立足点都有不同，但共同点都是喜欢《我们仨》，并从中找到滋养自己的部分。

采访人： 那您认为钱锺书先生是一个什么样的人？

张　荷： 我最早读的钱先生写的文字是《围城》，那还是我上大学的时候，《围城》刚重版。那时候读《围城》就觉得这个作者太有意思了，他能把故事写成这样，让人觉得这个作者有一点坏坏的，有一种特别的性格，是特别有个性的作者。后来我又读他的《谈艺录》，又看他的《管锥编》，我似乎觉得是两个人，就不是一个作者。那个做事那么沉稳那么老到的做学问的钱锺书先生，竟然是那个写《围城》的钱锺书先生，很难把二者放到一起。读了《我们仨》以后，就会觉得做学问的和写小说的是同一个人。在这里面你能看到钱先生对于学问的那种认真，包括刚才我提到的不改专业、坚持的精神。我记得杨先生他们从英国到了法国，到法国去看那些法文的东西，隔天看德文的。杨先生说在最初的时候，同样都读书，他的生词比我还多，但读了一阵子以后就已经很熟练了，他对于文字的掌握非常快。所以你可以看到钱先生是一个非常用功的人。从他的名字也注定了他一辈子的命运，他也是书香门第，他的父亲也是一个国学大家，给他起的名字叫"锺书"。

采访人： 锺是锺爱的锺吗？

张　荷： 他的锺是锺爱的锺，现在写钱锺书先生的名字我们都会用那

个简体字的"钟",因为敲鐘的"鐘"和鍾爱的"鍾"最后都简化成一个"钟"字了,它原来是两个字。汉字简化前,鍾爱的"鍾"是金字旁一个重,大鐘的"鐘"是金字旁一个童,现在都简成一个金字旁一个中,都简化成一个"钟"字了。但我印象特别深刻的是钱锺书先生的"锺"一定不能写成简体字的钟,因为他是锺爱书而不是大钟,是锺爱的"锺",如果用这个"钟"就分不开了。所以我觉得他的名字注定了他一生的命运就是爱读书的,和书打交道的,这辈子做的事情就是写书、读书,与书相伴的。

《围城》

围在城里的人想逃出来,城外的人想冲进去,对婚姻也罢,职业也罢,人生的愿望大都如此。

采访人:那您认为钱瑗呢?

张　荷:我觉得钱瑗是她们那一代知识分子中特别典型的,因为钱瑗和我的父辈在同一所学校,几乎是同一时期,我能从她身上感受到那一代知识分子对于事业对于生活的执着态度。很多时候她是时刻冲在前面的,无论教学上也好,工作上也好,都是在前面吃苦耐劳,所以我觉得杨先生给她的评价特别好,就是尖兵。我曾编辑过《我们的钱瑗》,那本书是由杨绛先生主编,钱瑗的同学、故旧、朋友,写了很多的回忆文章,然后我们把它辑成集,作为对钱瑗的纪念。当时我看了很多对于她的回忆,很多品质在那一代人是共有的,而且她做得更加出色。

采访人： 看来您对那一代人是深有体会的。

张　荷： 我觉得读书有时候不光是读好玩的，更多的是要找心灵的契合点。这本书为什么那么多人喜欢，就是因为它在很多的地方都和读者有契合。伟大作品是能够打动更多人的。

采访人： 请您再谈一些您和杨绛先生交往的故事。

张　荷： 我去过几次杨先生家。《我们的钱瑗》书出来后，我们给杨先生去送书，杨先生特别急切地想看到那本书，给我的感觉是她比看我们给她送的其他样书，都会更加地迫切。杨先生就觉得这个书是她最看重的一本书，虽然是很多人的纪念文章的合集。她给这本书写的序的标题是《尖兵钱瑗》，我觉得杨先生把对钱瑗的思念全寄托在这本书里面，她把这本书看成是钱瑗的一次回归。她们母女之间的情意很深，虽

一切快乐的享受都属于精神，这种快乐把忍受变为享受，是精神对于物质的胜利，这便是人生哲学。

——杨　绛

然事情过去了这么多年,但爱是永远不会变的。我也特别地感动。

我和杨先生接触,感到她是一个特别有趣的人,她晚年听力很不好,和她说话要大声说,要凑在她听力好一点的耳朵边说,或者是要写条子。有一次我和一个朋友去看她,跟杨先生聊天,她讲很多年轻时候的故事,还挺好玩的。她给我们讲,她曾经当过老师,教小孩子,她知道怎么能够一下子抓住这些孩子,让他们不调皮捣蛋。

三、责编眼中《我们仨》的内容精华

我们曾如此渴望命运的波澜,到最后才发现,人生最曼妙的风景,竟是内心的淡定与从容。

采访人: 作为责任编辑您第一次看这本书时的感受是什么?

张　荷: 我的感受其实是随着读的过程的深入,不断地变化的。最初的时候,从一开始来看,它的第一部分就是我们老了,你会觉得有一种非常惆怅的感觉。继续往下看,看到第二部分就是我们仨失散了,就非常地压抑,人是一种紧绷着的感受,你会随着她做她在做着的那个梦,你会体会到那个梦境,在那个梦境当中你会时时刻刻有压迫感。这种压迫感,一个是作者的文笔打动了我们,另外一个是在这一部分里面,表达得更多的是杨先生对于钱先生和钱瑗他们离去的深深的惆怅、无奈,表达的是这种失去亲人以后的痛苦孤寂,这种心情透过她的文笔,其实是能够非常深入地敲击人心。

采访人: 对,特别能打动人的内心。

张　荷: 但是这一部分有很多读者一开始读的时候会觉得很疑惑,为什么她要写这样一个东西?一开始我也不是太明白,可你往后读,你去理解作者，你或许就能够慢慢解开这样一个谜，不能算是完全解开，只能说你会慢慢贴近作者的心境。随着对他们仨生活描述的展开，你会会心地一笑。有时候你会产生一些联想，有时候你会觉得杨先生这里面有很多隐喻的东西，你会随着她的笔触表达慢慢地去体会。这本书不光是让我们去了解他们仨，更多的是去了解杨先生所要表达的很有代表性的，对于自身、对于知识分子命运、对于人生的一种思考。

采访人：您作为责任编辑对《我们仨》有更深刻的理解与认识。《我们仨》中有许多感人的细节，您方便谈一些您记忆深刻的细节吗？

张　荷：比如钱瑗给她妈妈写的怎么做面条，写得非常详细。这里面浸透了女儿对妈妈的爱。包括她给父亲画的那个画，好像没有孩子会画父亲坐在马桶上的姿态，我觉得这画太有意思了。杨先生笔下的钱先生也是一个特别活泼的、没有一点学究气的父亲。

再比如，书里面说钱先生长期在大学里面教书，因为隔的时间太长，回家以后钱瑗不认识他，也不理他，躲在妈妈的后面。然后钱锺书先生就扒在她耳边不知道说了什么，这两个人的关系从此就变得特别密切。杨先生说她也不知道说了什么，最后说了什么其实谁都不知道。看到这儿我就在想，钱锺书先生会说一句什么话，让一个小孩子马上转变了态度，和他的关系立刻变得很密切很亲切呢？我想不出答案，可我能感觉到钱先生是一个特别能抓住孩子心理的人，就是他心里也住着一个孩子。您能从一个父亲的角度想到和女儿说一句什么话，就让女儿和你的关系变得非同寻常呢？

采访人：这个还真的不太好想。这也是这本书富有魅力的地方，有心的人可以仔细地去琢磨这些。

张　荷：这本书里有许多细节用不同的触角去触动你，让你从解谜的角度去想，到底用什么样的方式能够让孩子一下子跟你有亲近感。

书里有很多细节蕴含着丰富的人生智慧。在书中钱先生问钱瑗，是我先认识妈妈还是你先认识。她说我先认识呀！我一出生就看到我妈妈了，你是后来才认识妈妈。这个细节体现了孩子独特的思维逻辑。

采访人：这体现了一种儿童的视角，从独特的视角体现了她和妈妈才是最亲的。

张　荷：后面钱先生又说了一句，你一出生我就认识你了。这个视角又换了一下，这也是符合儿童的视角了。书里有许多他们仨生活的点点滴滴，让你看了以后会会心一笑。我们好像也有过类似的事，但缺乏味道，有的时候会觉得他们是怎么能够做到这样子的呢。

从某种角度上来说他们家的角色其实是在经常变化的，这种变化是自然而然的变化，这三个人之间的关系和一般家庭的关系太不一样了。钱瑗跟她爸爸是哥们，然后他们两个又都是她妈妈的孩子，她妈妈有时候还要向他们两个去学习。他们之间的关系是不断地在变化的。这种变化其实说明这三个人之间的关系是特别密切的。有时候会觉得钱先生跟钱瑗的关系会更加密切一些，钱先生是蛮风趣的一个人，从不会刻意显示父亲的威严。书中更多的是讲怎么做人，从里面能够汲取到很多的有营养东西。虽然我们不一定能够做到那样，但也可以适当地拿它当小刀子修修自己。

采访人：《我们仨》中有一句话："人生最曼妙的风景，竟是内心的淡定和从容。"这句话对我影响很大，每当我内心焦虑惶恐不安的时候都会想到这句话，进而使自己变得淡定和从容。您认为这本书里面对您影响最大的一句话是什么？

张　荷：给我影响最深的其实不是哪一句话，在这本书里面特别打动我的是他们三个人离散后杨绛先生回到三里河家里后心境的表达，这使我对于生死问题有了更多的想法和思考。我从这本书中更多地感受到，人应该具有什么样的风骨，人在逆境的时候、在遇到坎坷的时候应该怎么样去对待生活。这比她的某一句话对我的触动和对我的影响会更深。杨先生105岁一个世纪多这么漫长的人生可以作为一个标杆立在那儿，你从这个人生当中获取的营养会特别的多。

当然，杨先生有很多的话都对我很有影响。杨先生在书的最后说的"世间好物不坚牢，彩云易散琉璃脆"对我很有启发。它不单单是说对于失去的无奈，我们可以从另外一个角度去感受它，要珍惜自己随时随地遇到的人、事和相关周遭的一切东西。在茶界叫一期一会，每一次遇见都值得珍惜。人生有很多值得去珍惜的东西，值得去关爱的东西，值得去把握的东西。杨绛先生在书里面说："时间不是金钱，时间就是生命。"我也是特别地会被触动。对于每个人来讲都是这样，你的生命可能随着时间流走了，但你表现出来的对待生命的不同感受，可以由你自己来把握。

四、《我们仨》的策划、编辑、营销

《我们仨》的策划、编辑、营销都是自自然然的，读者真的是发自内心地喜欢这个书，用真金白银去买这个书，这个是让我们特别感动的。

采访人：最初杨绛先生是怎么会把《我们仨》放到三联书店来出呢？

张　荷：因为杨绛先生和三联的关系一直很好，交往颇深，20世纪80年代杨绛先生写的《干校六记》《洗澡》都是在三联出的。当时他们萌发这个想法的时候，应该是他们三个人共同的想法。这个家庭特别有意思，三个人都很能写，又能写又能画，而且都有情趣，他们往往会把很多很平凡的东西变成一个非常有趣的事。他们当时就想着互相写对方,这个在一般家庭不太可能做得到,他们这个家庭的特殊性提供了这样一种可能。他们设想写女儿钱瑗眼中的父母,杨先生眼中的钱先生,以及钱先生眼中的杨先生,还有父母眼中的女儿。每一个人以各自的视角写对方,构成一个《我们仨》。钱瑗在她病逝之前写了5篇,书中有一个目录,还有她写的五篇里面的第一篇。如果能按照当时的设想写出来,那一定是特别有意思的一本书,至少能够让我们从不同角度观照一个家庭的状态。无论是从文学上来讲还是从社会学来讲都可能是特别有意思的、有价值的书。

采访人:而且特别有新意。

张　荷:钱先生和钱瑗两个人的离开,是特别遗憾的一件事,这让原来的设想没办法进行下去,杨先生把这个遗憾给我们做了弥补。这一方面是她的一种寄托,另一方面又让她撕开心上的创伤,令人觉得有点

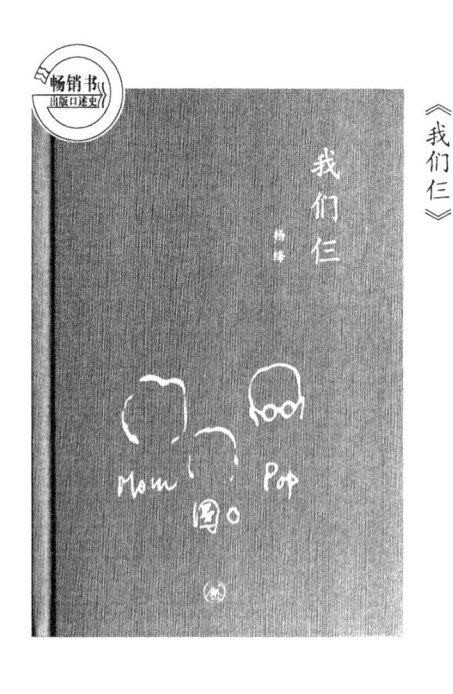

《我们仨》

我们曾如此渴望命运的波澜,到最后才发现,人生最曼妙的风景,竟是内心的淡定与从容;我们曾如此期盼外界的认可,到最后才知道:世界是自己的,与他人毫无关系。

残忍。她毕竟要回忆那些往事，要重新再梳理。我看这本书时心情很纠结、很复杂，看到最后我释然了。杨先生在书里让父女俩最大程度地复活，同时也让"他们仨"永远地活在一起了。

采访人：请您讲一讲关于《我们仨》策划方面你了解的事情。

张　荷：这本书第一版是董秀玉总经理亲自策划编辑的，后来董总退休了，后面的事情就由我接手来做，来打理这些事。

采访人：你所了解的董总和杨绛先生交往的一些事情也可以谈。

张　荷：我听董总说过，他们在1996年的时候就开始提这个事情，就是要写《我们仨》。钱先生和钱瑗先生过世以后，大家也都不太敢去碰这个事，杨先生用了一年多的时间译完《斐多》那本书，非常难译，她很多时候是通过译这部书把她的悲伤尽量化解冲淡，译完以后她才回过来写作《我们仨》。我记得董总说有一天接到杨先生的电话说《我们仨》写好了，请她过去看。杨先生家客厅里面有两个沙发，那种老式的沙发，董总就坐在沙发上看，看着看着她就泪流满面。

采访人：编辑加工方面有没有一些具体的事例？

张　荷：董总前期做了很多的工作，包括文字编辑以及图片的甄选。从我个人来讲，我特别喜欢杨先生文字的风格，她里面夹杂着一些方言，那种方言的表达是特别独特的，特别有韵味的。尽管后来对图书规范化的要求越来越严，但我在做编辑处理时，尽量不对这些东西做更多的加工处理。她用的一些成语，与我们现在要求的规范化的成语不甚相同，我们也尽量不做改动，保持原本的语言状态。我觉得这是她特有的一点表达，你换了就不对了。比如她写她对于钱先生"牵心挂肚"，按照我们一般通行的编辑加工，这个成语就要改成牵肠挂肚，可你要把它改成牵肠挂肚，它的韵味就不一样了，所以我们就觉得这个东西要保留，不能给她做变动。有时候想想，编辑做这种强制性的统一是需要看场合，看书的性质，不能生硬地为统一而统一。所以除了一些特别的技术性上的要求，大部分都保留了作者的原貌，这样才能够让它比较完整地呈现。

采访人： 能感觉到你们在这本书里面花了特别多的心思，费了很多心力，所以这本书更能打动我们。

张　荷： 编辑和作者对于书的目的其实都是一样的，都希望自己的情感能够传递给别人，让别人能够接受到这种情感，产生默契和契合。

采访人： 请您回忆一下当时这本书在营销方面有什么特点？

张　荷： 我们当时没有像现在这样，做一本畅销书要从选题开始把后面的营销策划方案都写出来，我们似乎没有做这样的工作。当然不是说我们特别牛不用做这些，那个时候图书销售刚刚走向市场化，我们三联书店是2002年改革才有了策划编辑，以前基本上大家都是文字编辑。对于图书市场没有像今天这么在意和刻意去追求，所以才有了我们书出来以后不久封面纸没有的状况。如果当时我们有一个特别好的营销策划，可能就不会有那样一个遗憾。我觉得挺感动的是虽然我们没有做什么营销工作，但读者真的是发自内心地喜欢这本书，用真金白银去买这本书，这比你做了很多的营销策划工作以后，读者才去买你的书，更让人感动。

采访人： 营销方面我印象当中杨绛先生当时是反对营销的，说不希望做任何形式的营销。

张　荷： 我们很多的书都是这样的，就是不喜欢做更多的外在的东西。所以我说第一我们没有那个意识，第二我们也没有太想去做那些。

第七章 《我们仨》与互爱、互助、共同前行的家庭文化 235

后来是这样，我们觉得这本书不只是成人可以读，有生活阅历的人可以读，其实也可以让更年青的人去读，所以在做了这个普通版本和一个珍藏版之外，我们又做了图书馆文库本。做图书馆文库本是想让孩子们也能读这个书，因为孩子们可以从里面感受到家庭的温暖、家庭的和谐、父母的爱。杨绛先生过世以后，为了纪念杨绛先生，我们又做了一个杨绛作品精装版。按照不同的读者和不同的方向，我们做了四个版本。如果说这个算营销的话，主要是满足不同读者的需求。

采访人：给读者提供符合他们需求的产品，本质上也是一种营销。

《我们仨》中有许多关于孩子成长的内容，太适合学生看了，做一个图书馆文库本无疑是非常明智的。你们是不是也在无形中做了一些相关的营销，这些营销可能会对图书的畅销产生一些影响？

张　荷：其实无形中的营销就是口碑。杨先生为人低调，不事张扬，钱先生和女儿走后，她要关上门打扫战场。我们都很敬重她，也很尊重她。包括我们做《听杨绛谈往事》等书，都没有做太多的营销，影响最大的可能还是口碑，口碑营销。

《我们仨》

一个人不想攀高就不怕下跌，也不用倾轧排挤，可以保其天真，成其自然，潜心一志完成自己能做的事。

五、有困难共同分担，有快乐一起分享

有了困难三个人一块承担，困难就会减轻许多；有了欢乐三个人一起分享，一份欢乐就变成了三份。

采访人：我爱人对书中一段细节描写很有同感，您刚才也提到了。杨绛先生产后住院，钱先生到医院去看望她，说我做坏事了，我打翻了墨水瓶把房东的桌布染了，或者说我把台灯砸了。杨绛先生都会说，不要紧，我会洗，我会修。这个细节既体现出钱先生全心全意地做学问，对生活的小节不太注重，也体现出杨绛先生特别能担当，是钱先生背后强有力的支撑。

张　荷：非常正确。在他们回国以后，钱先生在西南联大，后来他父亲又让他去蓝田师范任教，前前后后有几年的时间，家里面很多事情是靠杨先生在支撑，包括对于孩子的养育，对于老人的照顾。杨先生说每个星期都要去婆家做媳妇，回到婆婆家陪陪婆婆，带一些东西，跟他们聊聊天，说说话。在家里面她自称是做灶下婢，管家里面的家务事，同时还做家教，还有一些其他工作，也是对家里的一些补贴。这样可以让钱先生在外面安心教书。说起来那个时候的女性都会这样做，但对于杨先生来讲和其他人不一样的是，她的才情和学识都出类拔萃，却甘心做支撑，是非常难得的。我记得"文化大革命"的时候钱先生被下放，杨先生描述怎么帮他装行李，怎么拿麻绳捆箱子，我觉得她是蛮能担当的；而且很多时候她会挺身维护钱先生。钱先生在做毛主席诗词翻译的时候，江青曾经让钱先生住到钓鱼台，他们不能够直接拒绝，就说钱先生若去杨先生也要跟着去，就想用这样的一种方式抵挡一下，结果江青说那杨绛也可以来。

最难的是钱先生和他们的女儿钱瑗同时生病,钱先生先住的院,然后钱瑗也因为肺病住在医院。杨先生要两边跑,还要互相瞒,给钱先生说钱瑗那边的情况多么多么有好转,给钱瑗说钱先生的情况怎么样逐渐变好,就两边互相地瞒着。钱瑗是 1997 年过世的,钱先生过世是在 1998 年,她为了要瞒着钱先生不让钱先生知道钱瑗过世,硬是自己独自生生地扛起这么巨大的痛,在钱先生那边报喜不报忧,一般人是很难做到的。杨先生能把钱瑗去世的消息一直瞒着钱先生,她内心承受的压力不是一般人能够担得起的,从这一点上她真是太能担当了。这种担当其实都是基于他们之间的非常深厚的爱。

在《我们仨》里面谈到了钱瑗在工厂给人家画版,几天几夜不睡觉,回来只是说好的,不说坏的,就是怕妈妈担心。在杨先生和钱先生最困难的时候,他们是在北师大住了一阵子的,住在钱瑗的宿舍里。他们刚到钱瑗宿舍的时候,一开那个门,就看到上下铺的床上,放的东西特别乱,钱瑗说不好意思让你们看到了这些。钱瑗总是想给父母最安心、最能宽心的一面,由于工作忙没能及时收拾房间,她感到十分愧疚。但关于她的病情她是能不说就不说的,她的病到最后恶化得很快,但她在母亲面前总是显得很平静。她去世以后她的骨灰被安放在她办公楼前面的松树下,每年还有师生前去祭奠。我们从书里面可以看到她写给爸爸妈妈的信,一共写了五篇,第一篇写给爸爸,从中可以看出她不仅仅是什么都冲在前面努力工作的一个尖兵,她心里也有很多小女孩的感觉,在父母面前她永远是一种孩子的状态。虽然说她跟钱先生是哥们儿,小的时候钱先生跟她一起玩一起闹,但她对钱先生是十分敬佩的。

采访人: 您说到钱瑗和钱先生是哥们儿,我就想起来《我们仨》中杨绛写钱瑗的时候说,钱瑗有好多爱她的人,应该是她姥爷包括她家里的人都爱她，但是她缺乏一个玩伴，最后见到钱锺书的时候她才找到了她真正的玩伴。做孩子的玩伴或许更有利于孩子的成长，这在今天也是值得许多年青父母借鉴的。

张　荷：确实如此。关键是这三个人在一起这样的一个组合是挺难得的。杨先生在书里面写他们三个人有了欢乐的时候就一下子变成了三份，因为他们三个人是互相支撑的，但有了困难的时候他们三个人就同时把一份困难化解到每个人身上，困难就变得很轻了。就这种相互的支撑很多时候看似容易，其实不容易。

采访人：有了困难三个人一块承担，困难就会减轻许多；有了欢乐三个人一起分享，一份欢乐就变成了三份。这是对杨先生一家三口相互关爱的最好的注解。

张　荷：《我们仨》里面有很多的人生智慧，要是每个家庭都能这样的话，我觉得很多社会问题就会化解掉了。前面我讲到为了让孩子们阅读《我们仨》，我们做了图书馆文库版。为什么我们当时想让孩子们去读一读《我们仨》？就是希望培养他们的亲情，虽然有些内容他们读不懂。前些年有一个中学生问过我，说老师让我们写《我们仨》的读后感，可我看不懂她那个梦是什么意思，她为什么要写那个梦？我想，关于杨先生做的梦，不是一个特别简单的梦。你很难用某一个视角去看这个梦，是一个多视角集成的梦。我说前面看不懂的你就别看了，你就看后面你能看懂的就行。其实后面能看懂的对他们更有用，前面做梦的部分对孩子们来讲是比较艰涩，比较隐讳的。有些人建议看《我们仨》应该从后往前看，就是从第三部分开始看，然后再看第二部分，再看第一部分。不同年龄不同生活阅历的人对《我们仨》会有不同的解读，每个人的家庭都不一样，杨绛先生的家庭是一个让人羡慕的、不可复制的一个家庭。

> 我们不论在多么艰苦的境地,从不停顿的是读书和工作,因为这也是我们的乐趣。
>
> ——《我们仨》

采访人:家庭文化是中华文化的重要组成部分,值得挖掘和大力弘扬,《我们仨》确实是反映家文化的最夺目的一本书。第一是它有真挚的情感在里面,包括父女之情、夫妻之情、女儿对父母的敬重之情等。第二是他们相互之间相濡以沫,互相帮助,每一个人都在为对方着想,每一个人都在为对方考虑,怎么样能够减轻对方的痛苦,怎么样能让对方过得更快乐。第三是他们三个人虽然同处一个家庭,但每一个人都在努力地发展自己,每一个人都在做着他们自己应该做好的事情。钱锺书在写《谈艺录》《围城》《管锥编》。杨绛在翻译《堂吉诃德》,写《干校六记》《洗澡》。钱瑗在努力地做好她自己,学英文、俄文、备课、授课。一家三口在各自承担好自己家庭角色的同时也在努力实现自我。书中还蕴含着杨绛先生对自己、对生命、对人生的感悟和思考。

谢谢董总策划编辑了这本书,谢谢您谈了对这本书的真切感受。

许多读者在找生活中间的标杆、榜样，在找自己可以借鉴的内容，这个应该是名人书有市场的很重要的原因。

——著名出版人、北京长江新世纪文化传媒有限公司副总编辑

金丽红

/ 庞沁文、金丽红、尚烨、曾卓 /

第八章
名人书与成功者的明星效应
金丽红畅销书出版口述史访谈

采访时间　2018 年 4 月 25 日
采访地点　北京长江新世纪文化传媒有限公司金丽红办公室
采访对象　金丽红
采 访 人　庞沁文　曾　卓
摄　　像　尚　烨
整　　理　庞沁文

/ 采访人按语 /

新经典公司专注于出版那些经过市场检验、具有常销价值的新的文学经典,他们更善于直接购买有价值图书的版权,只摘成熟了的桃子。长江新世纪的副总编辑金丽红更看中的是桃树是否知名,是否有可能结出优质的桃子。她更注重于直接和当红的一流名人联系,约名人撰写书稿,形成了善于出版名人书的品牌效应。每一个编辑都应该依据自己的优势,形成自己的出书特色,正如每一个人都要依据自己的天时地利,活出自己生命的精彩。

一、名人书为什么会有市场

许多读者在找生活中的标杆、榜样，在找自己可以借鉴的内容，这个应该是名人书有市场的很重要的原因。

采访人：金老师好。作为名人书出版的第一人，您认为名人书能给读者带来什么？

金丽红：在咱们中国，一般大家喜欢叫它名人书，实际这种传记类的书，无论是在国内还是国外，始终都是有销路的。我做这类书，将近30年了。我感觉这类书是一个样本式的、比较生动的、有极强励志作用的版本。也就是说，我如果给你讲很多道理，你要艰苦奋斗，你要好学上进，光说这些没用，我若用一两个成功人士自身的经历，去给大家做榜样式阐述的话，那效果就会相当好了。比如说我一直在说的白岩松的书，非常典型，他的书每一本基本上当年都能突破百万册。我们也分析，怎么一回事？发现他一个中央电视台的主持人，擅长很多年轻人喜欢的东西。比如说，他有口才，有丰富的工作经历和生活经历，对很多问题有自己内在的、深层次的阐释，这都是大家爱看的。我觉得这样的书，比空泛地讲道理更生动一些。

一般成功人士没有特顺的，基本上都是遭遇非常多的坎坷。我估计可能是人的共性，读者其实比较喜欢看名人倒霉的书，你要是光讲成绩，讲有多少多少钱，仇富心理很多人还是有的。但你若讲他曾经遇到很多的麻烦，很多的困难，很多的失败，非常多的读者会有共鸣，喜欢看，包括我自己。所以，我们在人物书上，几乎没有一本是砸了的，我估计跟这是有关系的。

采访人： 您为什么长期以来一直坚持做名人书？

金丽红： 这个跟刚才讲的有类似的原因在里头，这类名人书，你做一段时间以后，你会发现它确实有市场，有相当量的读者群。我们做这些书的时候，比较能把握内容。咱们说的所谓名人，他们自身有很多的性格特色，有很多的成绩、遭遇、经验，有许多容易引发读者共鸣的内容。在目前市场遭遇很多新媒体冲击的情况下，这类图书销量同样是在下降，但是依然很有市场，相比较其他的书销量还是可观的。一本非常好的人物书，会成为一个爆款。比如说我们这些年出的刘晓庆的《人生可以从头再来》、白岩松的《白说》、冯小刚的《不省心》，以及别家出版社出的吴晓波的书，种类繁多的马云的各种传记。虽然有些不是名人自己写的，但是依然有很大的名人效应。说明了许多读者在找生活中的标杆、榜样，在找自己可以借鉴的内容，这个应该是名人书之所以有市场的很重要的原因。

采访人： 那您觉得名人书未来市场怎么样？

金丽红： 依然会是很畅销的品种，这个类型的书，从现在看图书市场上从来没有断过。有些书，比如养生书，曾经特别火爆。张悟本那本《把吃出来的病吃回去》出版以后，带来一个灾难性的后果，大家基本上就不太敢出了，加上管理部门的管控，这类书一下就没市场了。人物书从来不会出现这种情况，他一定是人物在换，但是市场不变。可能一段时间内，央视的主持人火了，一段时间内财经人物很火，也有一段时间内可能有关各国领袖的书会爆火。朴槿惠刚要上台的时候，她的书就特别火，还有普京的书始终特别好卖，为什么？就是因为无论哪个国家的什么样的成功人士，他都能成为所有人借鉴的榜样，应该是这样的。所以我觉得未来没任何问题，它一直是我们的中心，非常重要的产品线，从来都不会断，而且未来的规划时间会非常长，就是有比较长线的人物书出版的考虑。

二、为什么关注影视名人

你找的作者的公众认知程度一定要高，也就是曝光率要高，你弄个不火的，谁都不知道他，没见过，他的书就有问题。

采访人：您还记得您第一次做名人书是什么时候吗？

金丽红：1996年出的姜文的第一本书，严格讲它也不能完全算名人书，它是名人的一本关于自己创作的电影的书，讲当时他拍的电影《阳光灿烂的日子》。也是我们找到他，这个书的推荐人是王朔，这也是我们自己改的稿子。下面谈到的人物书，都会有我人际资源的各种辐射。王朔当时跟我讲，他有一个中篇，让姜文拍电影了，就是电影《阳光灿烂的日子》。他让我去找姜文，给他出本书。王朔说了，姜文是一定要干的，这个关系好多读者朋友不是太清楚，实际上王朔在圈里说话，大家是非常在意的。所以姜文很重视这个事，虽然那本书出得非常之艰难。那个电影监制是刘晓庆，姜文是编剧兼导演，那个电影非常成功，我们给这本书起的名字叫《诞生》，它的全名叫《一部电影的诞生》，1996年出的。姜文所有的书都是在我们这儿出的，他所有的书都离不开他的电影，没有一本真正意义上的自传：我来跟你说说我家里怎么回事，我夫人、我孩子怎么怎么，这些内容他从来不会说，一定是一个电影接一个电影地说。《阳光灿烂的日子》《太阳照常升起》《让子弹飞》等的书都在我们这儿出的。

采访人：您出的名人书，大概分为几种类型？

金丽红：类型要看怎么分，如果从人物的工作、职业特色来讲，我们出得比较多的，一个是主持人的书。男主持人基本上都是央视的，女主持人基本上都是凤凰卫视的。央视一线人物的书基本上让我们给包了。崔永元的《不过如此》，白岩松的《痛并快乐着》，朱军的《时刻准备着》，李咏的《咏远有李》等。女主持人中有敬一丹等的书，我们很快要出的是朱迅的一本书叫《阿迅》，写得非常好。凤凰卫视女主持人的书，我们出了好几本，最早是吴小莉的，接下来是鲁豫的，还有曾子墨的，主持人这是一大块。

另外一部分是影视界的明星，还有三大导演的书我们都出了。冯小刚的是《我把青春献给你》和《不省心》，张艺谋的叫作《宿命》，姜文的我刚才说了是三本，这是三个导演的。演员中有宋丹丹的《幸福深处》，蒋雯丽的《姥爷》，还有冯远征的，还有徐静蕾的，一堆，我记不太清楚。财经人物也出过，如潘石屹的书。军事人物这方面也出过。我们抓的基本上就是各个领域、各种职业方面的头面人物，一线人物的书做得很好。

我们感觉现在的网络这么红火，没有一个网络主持人一下能火起来的，除非是他自身就是很有市场的，比如说罗振宇。这样的人出版的基本上是言论集，他在微博、微信的言论，或者言论的集合，是那样一种书，严格讲不应该算人物书，应该算他的随笔、杂文。大体应该是这么几种类型。

采访人：您认为各个历史时期，这些名人书各有什么特点？

金丽红：这还分不成历史时期，大概有个阶段性，应该是这样，一般的人物，你们可能都知道，各领风骚三五年，可能这个阶段这个人特火，那个阶段那个人特别火。比如说演员更替得非常快，没想到张颂文40多岁一下成名了，你现在给他出书的话，也是可以的。其他机构出了一些张艺兴、吴磊这些小年轻的书，也都卖了一点。这些年轻人代表一个时代的特色，"90后"特喜欢他们，这个时候他们的书可能有一定的爆发力。我们出白岩松的书是 1999 年，那时候东方时空最火，东方时空是央视的一个试验田，是个改革开放尺度非常大的节目。节目播出以后，央视绝对是独霸天下。白岩松的形象一出来后，全国人民都在看，那个时候他的书绝对是火。央视的《实话实说》火的时候，像崔永元的书是卖得最好的。在我们之前还有其他社出的赵忠祥的《岁月随想》、倪萍的《日子》，发行量都很大，都是突破百万册。这个时间段，央视最火的时候，他们打下了很好的基础。

后来过了大概四五年时间，跟电影发展的兴盛有很大关系，一些演员起来了。再后来财经人物开始受到关注，说句实话，财经人物你要挑比较顶级的、拔尖的，无论是华为的任正非也好，腾讯的马化腾也好，但凡关于他们的书出好了，都有一定的市场。我们还给百度的李彦宏出过书，当时梁冬在他那当副总，梁冬写了一本书叫《相信中国》，书里面写的大量是李彦宏的事。那时候李彦宏没有现在这么火，还没有BAT这个说法。人物书是随着时代的变化而变化的。

采访人：您主要关注影视名人，对吗？

金丽红：对，主要是影视，包括电视了。是这样，你找的作者的公众认知程度一定要高，也就是曝光率要高，你弄个不火的，谁都不知道他，没见过，他的书就有问题。我们还出过关晓彤的书，她的书效果不太好。名人只要出书，大家都会认为是传记。晓彤这孩子没到写传记的时候，她那书我们起的名字还可以，叫《不知愁滋味》，少年不知愁滋味，写她小时候那段时间的事，依然没有销量。我们关注影视名人是因为他们的书有市场。有的人过来找我说，我想出本传记，那得看符不符合出传记的条件。

采访人：您觉得您出的名人书作者中，谁的文笔最好？

金丽红：这个不能比，各有特色。白岩松是很善于讥讽的，他有理论深度，他的表达能力和他的文字能力是可以比肩的。他对很多问题都比较敢说，某种程度上带点论说文的感觉，没有多少说我自己怎么怎么样。朱迅的文字非常好，她经历也丰富，网上流传许多关于她得癌症的内容，全身长了多少个地方。她自己说她的各种经历，在日本待了一段时间，在那儿主持了几个节目非常火，街头巷尾都在说她，朱迅属于那种非常执着的人。倪萍在我们这儿再版她的《姥姥语录》，倪萍的文字非常之好，天生文字好。小崔，崔永元具有非常强烈的、天然的幽默感，他的书看着让人从头笑到尾。还有冯小刚的《我把青春献给你》，我记得很清楚，2002年，就那一年写的，他没拍贺岁片。找冯小刚也是王朔介绍的，他们那时候开了一个好梦公司，我去看王朔的时候，王朔说了一句话："一旦未来我有点事，能以假乱真的是冯小刚。"冯小刚一直在学王朔的文字风格。我那时留了冯小刚的电话，后来，每年都要给他打两次电话。2002年底的时候我又打一回，问，怎么样？有没有可能出本书？他就说了，还真是写了点，让我去他家里。他当时住在亚运村那边，徐帆也在家。他说："我给你念两段听听。"我一听极好，他写这些东西真是跟他拍电影一样认真。但当时没有人相信他能写东西，现在大家都承认他是好编剧。他的书出版是在2003年，正好赶上非典，大家都在家没事干就看他的书，一个月10多万册就出去了。宋丹丹也不错，也是属于自己张嘴就是篇文章的，你给她记录下来，你让她看看行不行，行，那就可以出了，非常有天赋。我发现这些人都是这样，演戏演的好的人，他有组织语言的能力，与组织语言的能力相对应，他的文字写作能力不会太差。

总体上看，文艺圈主持人的书销量要稍差一点，比如说李咏、朱军的书销量差点。有点深度的新闻文化类主持人，像白岩松、崔永元的书销量都比较大，是这么个情况，还是有变化的。

三、做名人书的核心能力

作为一个人物书的策划人，得是个心理学家，要能够掌握各种名人的个性特点。

采访人：您认为您在出版业取得好成绩的原因是什么？秘诀是什么？

金丽红：这个也不叫好成绩，只能说我在出版界做人物书上有一点特色。可以这么讲，新经典，陈明俊那儿，他做经典书，谁都比不过他，经典书一定是文学类经典书。其他的经管类的经典书在中信出版社。博集天卷是做励志、心灵抚慰类的书。引进翻译类好的文学书都在南京的译林出版社。不一样，我们人物书这块比较突出，我觉得现在大家做不过我的是人物书。作为这方面的策划编辑，最好是阅历深一点，年龄稍大点，选人也好，跟人相处也好，基本上能够看清对方的性格，他的内心世界的很多相对比较隐匿的东西。然后迅速判断对方的想法，能够很快地搭建起一个说话沟通的桥梁。我跟他们聊天的时候，都能很快就能进入状态，我70岁了，看什么人一眼就能看清，大体什么性格，跟他聊几句就知道了，是什么样的，说的真话假话都能知道。但是你说假话我也不揭穿你，我一定是跟你聊。所以很多时候跟他们在那儿坐着聊的时候，他们有一个说法，金总是挺有魅力的。为什么？你说的话基本上能够说到他愿意听的地方，一定不是夸他，一定是在某些方面你跟他说到一块去了。这个是很重要的，我常常说，作为一个人物书的策划人，得是个心理学家，要能够掌握各种名人的个性特点。当然这之前你要做功课，你要了解他的经历，了解他曾经的业绩和他的困境，在这个过程中，不定哪个话题能引发你们两个人的碰撞，这是很重要的。

采访人：您认为做名人书最关键的环节是什么？

金丽红：约稿，主动上门投稿的只有一个，白岩松。当时白岩松没现在这么火，他是1997年底找的我。当时我对他还没有像崔永元那么有兴趣，崔永元当时的《实话实说》比他火，我就使劲追着崔永元，没怎么太追他。他的书来了之后，我觉得也行，就出了，没想到他的持续程度比小崔好，小崔的书现在不行了，他的书还一直行。

采访人：您认为做名人书，最大的难题是什么？

金丽红：催稿。一般地说，你要想让名人写东西，难上加难，因为没有一件事比写东西这么费力气，又不挣钱的。像冯小刚拍一部电影，动辄几个亿十几个亿。吴京的一部电影56个亿，都不知道这票房怎么来的。我们曾约一个著名影星写过传记，写了半截儿，没写成，催稿的难度特别大。所以我们从来不是约一本，一定是约无数个稿子在那等着，谁成书了出谁的。你要说一本，这公司就靠他这本书活，那完蛋了，不可能。写个稿子难度是非常大的，其间也有编辑帮助他们做一些后期工作，有哪些素材帮助整理一下，有一些图片帮着收集一下，这个工作还是大量的。像朱迅也是，她就是太认真了，绝对是一遍看完了觉得还不行，看第二遍，看十来遍那稿子，千锤百炼，这个是难度最大的。我们约王小丫和撒贝宁写书都是15年了。小丫的书写出来了，可是因为种种原因还没有出。小撒就是拖稿大王，他是北大法律系毕业的。今天我还给他发短信，我都70了，你的书还没写出来，把我熬到什么时候。你瞧这个难度。

采访人：您出版了许多名人书，我看您和名人的关系特别亲近，您是如何与名人们交往的。

金丽红：我觉得也不是说跟名人近到什么程度，说俗点，合作关系，我们就是出版者和作者的关系。但是有一点特别重要，相互间要了解对方，要尊重对方，首先为对方考虑，这个是最重要的。所以一般跟他们接触的时候，大家对我的第一感觉，就是觉得这人挺可靠，不会坑他们。这点是能让人感觉到的。比如白岩松跟我们合作20年，小崔直到现在虽然不出书，但一直关系很好。还有王小丫，非常好的朋友，虽然书没出来，但是相互间每个月或者两个月必须要见一次。这样的知己，关系非常好。我们在一起，不光是出书，还会有一些其他的联系。

另外，张艺谋、姜文、蒋雯丽，他们孩子的书都在这儿出，还是自费的。姜文的儿子、张艺谋的女儿、蒋雯丽的儿子，都出书。他们说："我们找你，你最靠谱。"张艺谋的夫人陈婷，就在网上晒她女儿的第一本书，她女儿给张艺谋过生日送的礼物，就是我们出的这本书。我和名人相互间都是心照不宣的，绝对是有事会想到对方，但是也没有近到人家导演之间那么近，不会到那种程度。但我们跟白岩松、跟作家刘震云都非常近。我个人觉得，应该是若即若离更好，不能没联系，但也不能走太近，毕竟人家有人家的事，你不能有事没事老找人家。可能到了我这个年龄，大家都知道怎么把握这个关系了。

《我把青春献给你》

采访人： 那您是如何选择作者的呢？

金丽红： 刚才我说到这点，第一，

> 每个人真正需要应付的不过也就是七八个人。把身边七八个人应付好了，日子就太平了。

关注度要高。所谓的关注度就是读者对他的认可度，读者认为他们喜欢这个人或者觉得他的书有可读之处的话，这就是未来的市场。名人书的卖点，跟他在社会上、在网络上人们关注他什么密切相关，我们一定是根据这些点来确定谁能出书。我们怎么找作者？实际上也简单，这些人，你在非常火的人中间去选，首先不火的先筛了，99.9%就已经没了，剩下很少的一点最火的，我们要求是中国的一线人物。剩下的这种人物没有多少，这中间，有的他自己坚决不写，自己就淘汰自己了。比如陈道明，我们始终在联系他，通过好几次电话，他说，他真的现在不想写这个东西。这个是他自己不写的，这批人就先拿下去了。

第二，要看他事业的生命周期。我们要看得远一点，要看到他的发展前景、前途。或者是因为年轻，或者是事业线很长。比如说马云，即使将来不行了，他永远是一个里程碑式的人物。像马化腾这样的，都是这种。你得找这种人物。在所有知名人物中体育人物的事业周期相对较短，我们出的体育明星的书很少。我们出过一个体育人物的书就是姚明的书，姚明在最火的时候，姚之队找我，我们给他出的书，当时开的价是十万册起，很高的，最后卖到二十多万，那是最火的时候。当时我们在北京饭店举办了首发式，他在北京饭店一出现，所有人都不走了，就围着他。你想他火到什么程度，那是他在火箭最高峰的时候。后来有编辑跟我讲要出《火箭50年》这本书，我说卖不动，姚明走了，火箭就没了，你看姚明自身的广告接的都很少了。为什么？他一旦下来，广告商都不找了，你怎么再出他的书。我们很喜欢姚明，但是出书要讲究市场，市场非常重要。

第三，要看他的文字感染力。文字能力还得不错，文字能力怎么评估？你不用看他写的文章，你就听他平时的电视讲话。我就看他们主持的节目，口才非常好的，你不用愁，文字也不会差到哪儿去。除非这人太奇怪，特别能说，就是不能写。有这种的，也有可能别人替他写。李开复的书就是范海涛替他写的，还有最近周鸿祎的书也是范海涛替他写的。封面是周鸿祎穿大红衣服的那本《颠覆者：周鸿祎自传》就是范海涛写的。她比较能写，写一本书没有两三年是写不出来的，她采访得非常非常细，一直跟踪你的企业，到你那去上班。她从《北京青年报》辞职以后，专门到美国学口述历史学，学口述史写作，她自己喜欢这个。

采访人：要想获得名人的书稿，还得有市场眼光和市场运作能力。您的市场眼光很敏锐，您是怎么判断名人书的市场销售量的？

金丽红：这个需要长期的市场磨炼。有一个最简单的办法是和作者以前出的书比较。比如说刘晓庆要出书，你要看她过去的书卖了多少，她的第一本书《我的路》卖了一百多万册，她的书肯定能卖，就是给她再少，十分之一能卖吧。如果作者以前没出过去书，相同类型的书比较也行。冯小刚第一次出书时，找不着他以前出的书，你就看张艺谋的书卖了多少，看陈凯歌的书卖了多少，一看就知道，大体能有多少销量。冯小刚要出《我把青春献给你》，我跟他谈价格，那个时候我们正好刚出了崔永元的《不过如此》。这种人特别聪明，他就问我，这书首印量是多少？我说30万册。他说我也要这数。我说你要不了。他说为什么？我说小崔他是做

《不过如此》

谁都不用羡慕谁，每个人都有自己的路去走，风景不同却自有美丽。

文化节目，大家觉得他天天跟文字、跟语言打交道，他会写。您拍电影，你是好导演，但文字未必能好，没人信你文字能好。他说真的吗？我说真的，前面有无数的案例证明，所有文艺圈的人都没有出书出得高的，确实是真的。他说倪萍呢？我说，倪萍的书开始卖不动，后来人们突然发现她文字好了就卖起来了。他说我的文字好。我说你文字很好，开始咱别太高了，首印量15万起，也算比较高了。我说给你开个最高价钱，这是在文艺圈里最高的。但他迅速突破，15万一下去就不够了。后来我跟小刚说，你这书一下就没了，我们开始都得多少留点余地，我也不能压在渠道里。

采访人：所以，您"金大仙"的称号就是这样来的，是吗？

金丽红：这是我自己说的，我开玩笑的。我想到退休以后，给大家判断个选题还是可以的。现在我们大量的选题，更多都是年轻人来做，我也是替他们把关。

《姥姥语录》

姥姥说的能人是勤奋、努力、舍得自己、不怕吃苦的人，是用心做事、执着往前走的人，是敢于超越别人、敢于打倒自己、敢于承认自己的错、敢于面对别人的成就的人。

四、最好的营销

作者能自带流量，图书文本好，这就是最好的营销。

采访人：名人书比较受人关注，宣传营销是否会容易一些？

金丽红：对，他本身就是所有媒体关注的点，你跟大家说，朱迅要出书，还没说下一步，这人就说什么时候？首发式我们去参加吧，就这样。所以我们出书就是出这种人的书。一般的人大家都不知道，现在资讯海洋般的，一浪高一浪地把你覆盖住，你还说我得把你宣传起来，没一点可能性。

采访人：您在名人书营销方面，有些什么好的做法呢？

金丽红：说句实在话，一定要他的文本好，自己本身就有极大的关注度，还是那句话，现在叫自带流量。冯小刚往那一坐，他说话了，上千万的点击量，他自己带的，都不用你说，这是一个方面。另外一个方面，锦上添花要做好。冯小刚那个书出来后，我们特别注重通过报纸上连载宣传。我们当时的策略和现在不一样，如果现在弄的话，也可能不是这种方法，可能在微博、微信、抖音各个方面做宣传。那时候就是报纸连载，连载效果奇好。张国立他们在拍一个什么戏，每天拍戏前第一件事，先拿《北京青年报》读报纸连载，读冯小刚那段文字，都读得特开心，然后开始拍戏。后来小刚跟我们开了一个首发式。我们所有的人物书都要开首发式，虽然现在新媒体火了，我们觉得有些人还适合用传统的做法，像倪萍的《姥姥语录》是去年再版的，正好赶上董卿的《朗读者》开播，我们就把董卿请来，董卿、白岩松、敬一丹、赵忠祥，这几个人往那一坐，在世贸天街开首发式，当时各个直播频道全来了，腾讯的、网易的都来了。新旧媒体一起上，传播速度非常快。那个时候她的《姥姥语录》第一版原来已经发了50多万本，我们当月就又销了10万册。

采访人：您在新媒体宣传上面是怎么运作的？

金丽红：我们招的管媒体这块的人，传统媒体是一块，新媒体是一块。管新媒体的都是"90后"的孩子，他们比较善于做各种各样的直播。现在的当当、京东跟过去不一样，他们首先的宣传就已经非常全面，他们都比那些传统媒体走得快。听说你们要出倪萍的书了，他们能提前先在首页上做个东西，做她的视频，给你好的位置，现在这种东西挺厉害的。我们拒绝谁都不能拒绝当当、京东，因为它是卖书的大平台。

最近我们刚刚出了尹建莉的一本书，她不需要所有的面都照顾到，只需要孩子教育方面的大的平台，比如凯叔那个。出尹建莉的书前，我们就把这些与孩子教育有关的大号全都掌握了，通过这些大号，去扩大。尹建莉自己有一个平台，叫尹建莉父母学堂，在这方面做了大量的工作。仅自己一家，前后差不多7天时间就卖出一万本书。书还没印好，还没上市，就预售了一万本。这说明一个平台的大V、大号现在的作用是非常大的。另外我们常常借助一些电影电视的力量，比如说央视的《朗读者》带火了一批书，倪萍以及冯小刚等都被董卿请到《朗读者》做过朗读，我们出的他们的书销量都有增加，这个东西一下子也能带动销量。

五、记忆深处的几本书

印象深的几本书，各有各的特点。

采访人：请您选几本印象深的书，详细讲一讲。

第八章 名人书与成功者的明星效应 /// 257

金丽红：我讲讲刘晓庆的《人生不怕从头再来》。刘晓庆这本书应该是她的第四本书，她的第一本自传体书是《我的路》，卖得非常火。第二本书记不太清了，还有一本，她的前夫陈国军写了一本《不能不说的话》，主要写刘晓庆。刘晓庆始终是风口浪尖上的人物，但这个人非常之好，当时新浪的一个朋友，跟她比较熟，我们请他约刘晓庆，想让她出本书。也有别人去约刘晓庆写书，但她本人并不是特别积极。后来我跟晓庆聊了，我俩一聊特投缘，性格上有点接近。她当时说一些话，给我乐的，她说夫妻两人白头到老的看着挺多，但真正从内心白头到老的概率就跟遭雷劈似的，特小。这话说得太经典，大家都觉得白头到老的人应该很多，她觉得不多。她对婚姻的很多观念，非常的别致，跟别人都不一样。刘晓庆已出过3本书，她也快到60岁，很多人担心她的书卖不了太多。后来这书卖了60万册，为什么？因为有媒体做节目时提炼出了《人生不怕从头再来》的两个卖点：男人和坚毅。这一下子引发了读者的关注，很快书就卖狂了。火一点的媒体做的真是厉害。晓庆在书中谈了姜文、陈国军，最后一个叫什么阿峰的，这么3个人。最后那个人在她住监狱时执着地帮她做了很多事。在秦城监狱时，她住的那个房子很小，里面还住着好几个人。她在很小的房子里一天能跑4千米，自己在里头坚持锻炼。出来以后，好多事她确实不能说，

《人生不怕从头再来》

能掌握命运，能够经得起岁月摧残的只有才华。

不敢回忆。那段时间有很多地方她没写，即便没写，也很生动。

白岩松在我们这儿基本上10年一本书，但《白说》是5年，把他所有的演讲内容，给他条分缕析，打成隔断。白岩松的演讲能力在全国应该是最好的，而且他说的很多话，具有极强的哲理性，金句频出，非常适合做成书。他的书翻开一看你就觉得这书非得买，里面太多的话你想记录它。你在网络上看的内容，可能哪天一覆盖，后浪来把前浪给遮了，书是能留下的。白岩松这本书，当年就突破百万册，现在就奔着200万册。最近，我们还出了他的《痛并快乐着》的3.0版，他这本书出了有20年了，现在你不可能原样再版，我们在书的每段后加上二维码，把他当时的感受，不用文字，用音频表达出来，非常好。

傅彪被称为冯小刚的御用演员，冯小刚前期所有的贺岁片都有傅彪，你们可能没看，演得绝对特别棒。傅彪得了肝癌之后，我们就去找他，一点也没客气，就跟他说，傅老师还是要留点东西。当时，他那个公司的头是刘震云，还有小刚给我们介绍。他写了大概五千多字，身体就不行，后来所有的稿子全是他爱人写的，非常感人。他们写的《印记》在北京青年报，在其他晚报连载以后，读者真是感动得了不得。现在咱很难想象，一天能卖三千多册，那是非常感人的。

《白说》

我觉得最幸福的生活状态，应该是总有一个踮起脚能够着的目标，吸引你踏踏实实始终向前走。

冯小刚的书你看了会非常非常地震撼，没想到他能写那么好，而且他那么敢写，影视圈的各种各样的话，他能把批评的话都说得很幽默。他说陈道明清高，说陈凯歌就是适合在象牙塔里待着，你就别出来，你就不是像我们这种俗人的范儿，你就在里面待着就行。他这话说得让人听着舒服，但其实也未必就是表扬，都挺好。

六、王朔作品的特色

为什么现在真正的文学家都对王朔有非常高的评价？因为他在语言文字上创造了有自己独特风格的东西，大家把它归类为新北京话。

采访人：您以前做的很重要的一部分图书，是王朔的书，请您回忆一下当时的情况。

金丽红：是这样，我当时在一个部队出版社，叫华艺出版社。那时候和现在正好分两块，我在华艺出版社干了15年，在长江新世纪公司干了15年。在华艺出版社那段时间打了非常好的基础，我1990年开始跟王朔接触，开始出他的书。当时跟现在不一样，当时他的书争议最大，哪像现在都成经典了。1991年底1992年初，我们首次给王朔这样一个有争议的青年作家出文集，当时央视的经济节目挺开放的，把我们的黎波社长和人民文学出版社的总编室主任，后来到三联书店当总编辑的叫李昕的人，邀请到中央电视台做过一次辩论，讨论王朔这样的作家能不能出文集？李昕说："约定俗成他不能出，要出就应该是老舍、郭沫若、鲁迅这些有盖棺论定的。王朔这个人那么年轻，还有那么大争议，着什么急。"黎波说："我们认为不是这样，他有好的文章，读者认为不错，我想把这一本变成四本，把他所有的书放在一起出，这个有什么不可以？"

后来辩论之后，大概也就两三个月，人民文学出版社就不断出各种年轻人的文集，现在出文集谁还管你年轻不年轻啊。王朔当初是这么一个情况。

采访人：当时为什么要出《王朔文集》？

金丽红：刚开始我们出过王朔的一本书叫《过把瘾就死》，这书特别火，湖南的一个盗版商盗他这书盗了70万册。《过把瘾就死》当时是放在"中国当代著名作家新作大系"里，不是他一本，牵头的是王蒙，还有莫言、梁晓声等一系列的作家，当时一线的作家全部含在里头，共22个作家，我们挑的全都是有争议的作家。我那时候部队出来的，胆也比较大，无知者无畏那劲。王朔这书出的时候，文坛产生两派意见，一派属于比较开放的，认为年轻作家有他自己的风格，语言很北京化，通俗。还有一派很传统，认为大逆不道，对主流的亵渎之类的。替他出来说话的第一个人是老作家萧乾，很棒的一个老作家。他说：我们所有的作家应该感谢王朔，因为王朔最大的作用是给作家松绑，不像"文化大革命"期间，完全是按照上面的口径去说话。王朔说的话，都是人话，当时就叫说人话。

第二个替他出来说话的作家是王蒙。王蒙写了一篇文章《躲避崇高》说，王朔没有大的毛病，他就是不愿意说那种太主流的话，其实他一点都不反动，他顶多是一个有缺点

《过把瘾就死》

我相信这个世界中有我的一个位置，就像我过去相信有一个人在等着我。

的小学生,他最大的动作——大尺度的动作就是在课堂上朝老师扔粉笔。说得很形象。这两个大作家出来说话以后,文坛对王朔就好了很多。但是对王朔的争议一直到1999年我们给他出最后一本书《看上去很美》的时候。那本书王朔自己不满意,从那以后他就基本不写了,后来出了一本带点佛教思想的。

"当代作家大系"这套书中最火的是王朔,我们就把王朔的书拿来全部编。他当时给我们分成四卷:纯情卷、矫情卷、挚情卷、谐虐卷。我们第一次带他去签售,是在新华社底下有个新闻书店。那天下大雨,那队排得真长。我那时候没搞过签售,第一次觉得王朔火成这样。当时没什么好车,用面包车把他接过来,他刚一下车,底下那一块人都叫"朔爷"。后来我们带这一批作家去了西安,在西安的体育馆签售,莫言、梁晓声、王朔、李国文坐了一大排,他们跟前都是站着几个人,王朔前面的队是绕着体育馆绕了好几圈,全排他一个人的队。当时我们都觉得,怎么会这样?这个就是市场在告诉你谁的书好卖。这之前他有一本书人民文学出版社出过,叫《我是你爸爸》,书名起得很好。原来三里河那有一排书摊,露天的那种,你们现在都没见过。所有的书商都在他们的书摊上挂着王朔作品的海报《我是你爸爸》,书商占便宜。《我是你爸爸》,非常火。当时我们带了一个台湾的作家代表团,从那路过的时候,他们问,怎么这么火?他们对我们还有些非议:你们出这种人的书?我说我们就是要出这种人的书,这种人多少年才出一个。他们就觉得这不太够文学,但是现在看起来,王朔的语言文字很难替代,他说的是部队大院的话。谁都能说出来,但写不出来。人人心中有,人人笔下无,他属于这种天才。

采访人:那王朔的文化精神,与痞子文化相关吗?

金丽红:痞子是一种贬义的说法,我从来没有这么说过他,他说的那个话,不像咱们说的那么正统,高大上。话说的好听点叫接地气,不好听就是俗,胡同串子说的话。其实他说的不是地道的老北京话,他说的是部队大院说的话。你们在北京时间待长了就知道,北京这些地方的话真的是不一样,你要到南城去,那是最地道的老北京话。王朔说的不是那儿的话,是部队大院的。部队大院的话有大量的智慧和幽默。

采访人:您觉得王朔的《过把瘾就死》主要是表达什么样的主题呢?

金丽红:《过把瘾就死》其实还是一个谈感情的书。王朔的书主要有两种类型,一个是他非常喜欢谈爱情。这人对女孩是非常好的,开始是徐静蕾,后来是王子文,他从来对女孩都是注重情感的。写情感的东西,第一本不是这个《过把瘾就死》,是《空中小姐》,这两本都是他最经典的言情小说,他言情小说写得非常好。言情之外还有案情,可他没写案子。另外就是写北京大院里的孩子之间玩儿的,比如刚才说的姜文拍的那个《阳光灿烂的日子》,姜文为什么觉得特别好?他说我们部队大

《致女儿书》

你必须内心丰富,才能摆脱这些表面的相似。煲汤比写诗重要,自己的手艺比男人重要,头发和腰和胸比脸蛋重要,内心强大到混蛋比什么都重要。

院孩子就是那么说话。姜文是很有格调的，这个人品位是很高的，第一个电影《阳光灿烂的日子》就是从他的《动物凶猛》改编的，从那以后他对王朔佩服得五体投地，包括冯小刚也佩服王朔。他那个文字随便什么人看都觉得特好，但没有人能写成他那样，就是这么一个人。你们看过吗？得好好看看。他的语言跟其他人不太一样，确确实实是不错的。

七、年轻编辑的培养

对年轻编辑的期望，要敢于和一线人物交往，面对不如意的事要保持良好心态。

采访者：作为老一代编辑认为年轻编辑存在的主要问题是什么？

金丽红：我们现在的年轻编辑有个特别大的问题，也是所有编辑的问题，不敢碰硬骨头。要让他找冯小刚，编辑都吓回来了。前两天冯小刚说，老金你给我找几个编辑，到我这儿来，咱们聊聊剧本，中午我请大家吃个饭。天底下没有这么好的事了，编辑圈里大家报名，只要报名就带你们去，哪怕十个都能带过去，没一个报名的，净这种好机会，可好多编辑只能找跟他差不多的，他俩聊行，让他跟冯小刚聊，他害怕。后来我们点名去，去了以后突然发现，很好聊。就这么一回事，越是这种人物，他对你们这些人越客气，虽然你讲的不一定好。你想到冯小刚跟前，让人说你讲得很好，哪有这种可能性。我做出版很晚，40岁才开始做的，这之前我当了8年的记者，在中央广播电台，那时候接触的人全都是一线的。那一线的人各种各样特别多，还有好多是国民党的黄维兵团的，国民党的大元老都跟我关系特好，特能跟他们聊到一块，替他们写了好多东西。李宗仁的秘书，我经常在他家进进出出的，我觉得有魄力的编辑，未来才能成事。你弄的稿子都是二三流的，因为你接触不到一流的作者，把好的关系都连接上，你都不敢去，那哪行。

采访人： 您在培育出版业新人方面有什么好的做法？

金丽红： 我们现在在全国范围内准备搞一个畅销书编辑的特训营，包括已经在出版界干了一段时间，但是自己找不着有感觉的人。我们要选一些特别优秀的，带3年，手把手带3年，在带3年的过程中间，好的新手我们还给他1到5万块钱的成长基金。我们的标准也很有意思，第一年你做一本3万册的书，第二年你做一本5万册的书，第三年做一本8万册的书，做不到，成长基金退回来，但是公司奖金照拿，用这种方式培养。我看我们招聘的有些人真不行，我刚才说的是一点，可能跟我们"90后"的孩子相对比较独有关，宅男宅女，很少跟外界接触，养成性格很孤独，社交能力缺乏是做出版的一大忌。如果社交能力差的话，说明你张不开嘴，迈不开腿，什么你都干不成，这是很重要的。

我常常跟编辑们说的一句话是："你在进入出版这行业的时候，你得把自己后半生的职业规划给做好了。"什么意思？你要下定决心就做这一件事。我发现我们很多编辑在做事的过程中，他老改变想法，干着干着换地了。今天早上有个招聘的人，一年换一个地方，已经换了8个单位了，就冲这一点，我对他高度怀疑。为什么？如果所有的平台都不适合他的话，那一定是他自己出问题了。我跟他们讲，编辑首先应想好我要不要做这事。我们招人就是这样，哪怕资质差一点，哪怕能力差一点，不怕，你只要愿意做这个事。我们这有好几个，看起来挺笨的，但真执着，一定是要做到非常好才行。作者也喜欢这种编辑，天天晚上加班，帮助作者弄这个弄那个。实际上这也是一个平台给他们提的要求。不光是做编辑，做任何一个工作，人的一生真正能干事的时间，实际上最多也就是30年，到55岁以后，精力锐减。在需要打基础的这30年时间，换好几个地方，还老拿不定主意，最后必然一事无成。只要决心做出版这个事，性格再好一点，其他事迎刃而解。任何事情学起来，都不难，就看你自己投入有多大，你投入大，你就比别人收获大，这是普通的道理。

采访人：您最信奉的人生哲学是什么？

金丽红：太俗的问题了，我还真没信奉什么人生哲学，我最不顺的是这两年，前面太顺利，几乎没遇到过什么困难。2016年，有团队成员突然撤走了，二十多人的队伍和将近两个亿的产品。那个时候留下我这么一个岁数大的人，突然要把整个产品结构做大调整，巨大的困难。一个机构产品结构搭建好了之后，突然发现这角没了，你要整体去调整，重新做一些改动，难度非常大，但是我们挺过来了。这段时间突然发现，人在任何时候，只要调整好自己的心态，那就没有任何问题。我现在比好多小年轻的父母岁数大多了，但是我这身体比他们都好，我老跟他们聊，我身体虽然有好多毛病，但我全自己调理好了，每天走差不多五六公里，一万一千步左右，而且我还特想得开。

我的想法就是这样，把企业搞好，做好自己该做的事就行了。我们企业现在60多个人，也是有相当的压力，做这种传统出版都有压力。我身体特好，主要是心态好，我经常做年轻人的工作。人生不如意的事情一定是十之八九，如意的事情只占百分之十左右，你不会觉得特顺的。我是1995年退休的，我是当兵的，而且是正师大校，是军队中比较高级的官，我天天陪你们这些小孩们在这儿玩儿，我觉得挺好。你只要调整好心态，你会觉得该你做这个事，谁让你搭建起这个平台来的，搭建起来就不能遇到点困难甩手走了。他们那些小孩父母有好多身体不太好的，我说回去跟你爸妈们都说，心态要调整好，自己去调理，没人给你调。调理一定不要在发现大病之后，发现大病之后最重要的还是心态，同样都得了癌症，心态好的保证活得时间长。

从 2001 年至 2018 年财经出版一直在定义中国主流社会的话语方式,也就是说很多话语方式都是从财经书这来的。

——资深出版人
卢　俊

/ 卢 俊 /

第九章
财经书与由执行到创新的财经文化
卢俊畅销书出版口述史访谈

采访时间　2018 年 7 月 17 日
采访地点　未来之音卢俊办公室
采访对象　卢　俊
采 访 人　庞沁文
摄　　像　徐静华
整　　理　庞沁文

采访人按语

确实如卢俊所说，2000年以来，财经出版一直在定义中国主流社会的话语方式，比如说，《重新定义公司》出版后，"重新定义某某"成为了人们常用的话语方式，《从0到1》出版后，"从0到1"就成了创新的代名词，《蓝海战略》出版后，进入别人没有进入的领域就称为进入蓝海，等等。我们完全有理由期待新的财经书给我们提供一些新的话语方式。当然，不只是财经图书，无论你做任何一种媒介产品，无论你是在写文章，做视频，或者是在做电影、电视作品，如果你能为大众生活提供一种新的话语方式，那说明你的媒介产品已经获得了大众的认可。

一、欧美财经畅销书的引进变迁

21世纪初时代发展的大趋势导致了《谁动了我的奶酪》这样用一个故事讲一个道理的管理寓言类图书盛行，成了当时的流行风潮。

庞沁文：我们今天主要请您讲述关于财经畅销书方面的故事，讲述改革开放40多年来财经类畅销书出版的整体情况及发展变迁。当然要从您的切身经历谈起。

卢　俊：2003年我大学毕业后到中华工商联合出版社工作，这是一家规模不大的专业财经出版社，它是为全国民营企业、非公有企业服务的，现在说起来叫知识服务民营经济的一个小型的专业财经出版社。但实际上，当时它提供的财经出版服务的专业性是有限的，它拿到的优质内容也比较少，我进入财经出版社的背景可以提前到2002年下半年，2002年的6月份到2003年的3月份我在中信出版社实习，中信出版社是我国加入WTO以后财经出版的一个重要阵地，那个时候我刚刚赶上了中国第一波财经书的大规模崛起。其实，2000年初中国才有规模性的财经出版这回事，从改革开放到2000年这中间中国财经出版一直是比较沉寂的，或者说，即使有一些财经书，都是相对比较畅销的一些个案。大部分的财经类图书的出版是一个非常专业的市场，它在整个图书出版市场里面所占比例是非常低的。我们打比方用1000亿来代表中国图书市场的盘子，按比例来算那个时候的整个财经出版物的市场在整个图书零售市场盘子里面的比例可能不到1%，也就是10亿左右的码洋是来自专业的财经图书出版，其中一大部分是来自财经的教材教辅、会计资格考试等图书。还有一个大的门类是炒股图书，所以在很长时间段内，

《谁动了我的奶酪》

生活是一座迷宫，我们必须从中找到自己的出路，我们时常会陷入迷茫，在死胡同中搜寻。但只要我们始终深信不疑，有一扇门就会向我们打开，它或许不是我们曾经想到的那一扇门，但我们最终将会发现，它是一扇有益之门。

大家以为炒股就约等于财经了。

2000年是中国财经图书由专业的小众市场进入大众市场的一个分水岭，也是中国正式加入世贸组织之后的一个必然趋势。2000年至2010年的10年，中国财经图书市场才大规模崛起，2000年以前是物资相对匮乏的时代，供给小于需求，只有少部分人跌跌撞撞做了企业，他们没有意识到要大规模向西方学习较为成熟的商业知识，那个时候物资紧缺根本不需要学习商业知识，只要你做就有人买，只要拼命地生产就行了。企业管理类图书当时几乎没有，管理图书没有人写，中国那时候也很少有真正的管理学博士和教授，甚至可以说几乎没有人见过彼得·德鲁克是什么样子，也不知道德鲁克有多重要，根本不知道中国应该像西方学哪一些商业知识，管理是什么。当时大家都没有清晰的概念，或者说经济发展本身大于管理驱动，所以说只要我能挣钱就行，当时的感觉就有点像是这个逻辑。

1998年亚洲金融危机之后,中国不管是大企业还是小企业都开始重新审视自己,2000年以后市场出现了关键的滞涨期,2001年中国加入世界贸易组织,中国和西方的版权贸易和图书出口额也在逐年扩大,市场竞争越来越激烈,催生了一个供给大于需求的市场,企业只有经营好自己才能够在那个环境中生存。企业对管理类图书的渴求把一个专业的财经出版市场催生成一个大众的出版市场,财经图书占比最高的时候远超10%,形成一个非常凶猛的财经出版浪潮。当然,这个财经出版的浪潮离不开出版人的推动。最早在财经图书出版方面产生影响的华章公司,是机械工业出版社与美国万国图文信息有限公司共同投资建立的合资企业,华章公司从海外引进了大量管理类图书,当时影印的海外管理学原著的英文版都有人买。华章公司开始和电子工业出版社、人民邮电出版社、清华大学出版社一起引进计算机图书,邓小平提出"科学技术是第一生产力"后,许多出版社开始重视计算机技术的引进,大量的人都在学编程,C语言等类型的计算机图书是财经出版崛起的前奏,因为,技术学完之后就开始学商业和管理知识了。华章公司在内的最先接触西方技术的出版商开始把眼光逐步转向做财经,在做海外引进计算机图书的同时,尝试做了一点经管书,第一波尝试从技术到管理的跃迁,因为时代的大潮在推动我们往那个方向走。所以他们一开始引进的一些财经书在中国特别受欢迎。

2001年前后,王斌先生从华章公司总经理职位辞职,入主中信出版社,担任中信出版社的"一把手",大举进军财经出版,大规模地从海外引进商业财经知识与技能类的图书,和前东家展开了势均力敌的竞争。他带领着中信出版社,从2001年开始一路赶超,到2007年前后就基本主导了中国大众财经出版市场,坐上了中国财经出版的头把交椅。中信出版社的市场占有率大概从2007年开始就跃居到财经分类第一了。

在这之前一直是华章公司占据财经出版主动权,每年出版的财经书是中信出版社的好几倍,在市场占有率上一直遥遥领先。从 2007 年中信出版社就开始展现财经领域领头羊的气魄了,到 2018 年年初的时候,中信出版社在财经出版市场的占有率已经超过 20%。

庞沁文:刚才您从宏观上谈了财经书市场的变迁,下面可以从具体的财经畅销书谈起吗?

卢　俊:最早引进财经图书并实现大卖的工作室叫"读书人",如今已经被卖到新经典了。"读书人"引进的第一本财经书是《富爸爸　穷爸爸》,书中提出了财商概念,在图书市场引发了一股"紫色风暴"。紧接着,2002 年"读书人"与中信出版社合作出版了《谁动了我的奶酪》,一下子就把中国的财经市场的竞争真正搅动起来了。很多人都说《谁动了我的奶酪》不就是一个故事吗?就是个老鼠找奶酪的故事,但在海外它是个非常成熟的财经出版类型,叫"管理寓言",就是讲故事说管理道理、管理原则。《谁动了我的奶酪》是第一个引爆财经出版市场的管

《富爸爸　穷爸爸》

只有你把额外的收入用来购买可产生收入的资产,你才能获得真正的财务安全。

第九章　财经书与由执行到创新的财经文化　/// 273

理寓言，有两个作者，斯宾塞·约翰逊是第一作者，肯·布兰佳是第二作者。还有一部畅销书《一分钟经理人》也是肯·布兰佳的作品。在《谁动了我的奶酪》之前还有一部具有商业智慧的书叫《羊皮卷》，卖得也还不错。

《谁动了我的奶酪》教你如何应对变化，其走红的大背景一个是商业社会的崛起，另一个是国企改革，大量员工被裁员，裁员也就意味着被变化，大量的企业都是买这个书，送给即将被裁退的员工，那个时候裁员量巨大无比，也促使了这本书在中国卖到千万册以上。

这本书崛起之后我们可以找到一条线索，紧接着是管理寓言《邮差弗雷德》《使命必达》《致加西亚的信》等，都是这一类的书。21 世纪初时代发展的大趋势导致了用一个故事讲一个道理这样的管理寓言类图书盛行，成了当时的流行风潮。从 2001 年到 2010 年这十年的出版流行趋势看，《执行力》的走红，《富爸爸　穷爸爸》走红，《细节决定成败》《没有任何借口》《责任胜于能力》，这种书全部在走红，也就意味着那个时候的中国主流社会，不用谈创新，只需要照着走就可以了，只需要把农业文明从身上脱开转变成工业文明，对于我们来说那十年就算是成功的，当时是这个逻辑。所谓管理就是要求员工听话，多干活，少抱怨，不要在工厂怠工，

卢俊畅销书出版口述史访谈

《杰克·韦尔奇自传》

我们没有任何有关未来的独占性资料。最主要的目标是，想象你可以让什么成为现实。

都是这样的基本规则,那个时候都是这一类书在风行。这些书真正的技术和智慧含量其实很低,但那时确实需要商业文明的塑造,需要这种书来做一轮洗礼,这一轮图书的崛起是有大逻辑背景的。从《谁动了我的奶酪》到《杰克·韦尔奇自传》,这些书打开了一扇开启一个新的财经时代的大门。

庞沁文:正如您所言,管理寓言类图书是财经图书的一个重要的类型,财经书还有一个重要类型是企业家传记,您能介绍一下这方面的情况吗?

卢 俊:《谁动了我的奶酪》是"读书人"引进之后跟中信出版社合作出版的,这是一本合作书。中信出版社一边跟"读书人"合作,一边自己自主发展。中信出版社自己自主发展的第一本书是《杰克·韦尔奇自传》,在此之前中国没有商业领袖的自传能那么大红大紫的。我们回头来看为什么那个时间节点《杰克·韦尔奇自传》会在中国大火?第一个刚才我介绍了背景,那个时代大家对商业知识的学习已经到了如火如荼的地步,那时中国其实没有商业偶像,我们回头去看2000年以前,只有所谓的营销专家,其实没有企业家,2000年以后,一直到2005年,我们财经界才有联想的柳传志和万科的王石。那个时候马云他们刚刚开始发展,到2005年左右的时候马云还像个游走江湖的"骗子",一直到2007、2008年,马云、张朝阳、丁磊等互联网新贵才开始风起云涌,越做越好。那个时候恰恰是工业社会向互联网社会进阶的时间点,也就似乎意味着全球范围内工业社会的最高峰就是在2000年前后,感觉1990年至2000年是全球工业社会的一个最顶峰。杰克·韦尔奇当时是通用公司CEO,是全球第一的职业经理人,而且他是工业社会管理的大思想家。他有这两个身份,可以说是工业社会卓越管理者的代表,他讲自己的故事,写自传自然在中国受到欢迎。紧接着中信出版社又出了安迪·格鲁夫——当时 IT 企业英特尔 CEO 的《给经理人的第一课》《只有偏执狂才能生存》《游向彼岸》，IBM 的创始人沃森的传记《沃森传：特立独行者和他的 IBM 帝国》，IBM 的 CEO 郭士纳的《谁说大象不能跳舞》等，当时中国把西方从 20 世纪 50 年代到 20 世纪末的这 50 年里面的企业家传记的书几乎出了个遍，一堆企业主的传记都出了，包括后来谷歌公司、苹果公司、高盛公司等管理者的传记以及巴菲特的传记等，比如后期的《滚雪球》《将心注入》《乔布斯传》，这些书都很火，在中国非常受欢迎。与此同时，像《水煮三国》、《细节决定成败》、王石的《道路与梦想》、冯仑的《野蛮生长》等中国本土的管理书，以及吴晓波的《大败局》《激荡三十年》也非常畅销，以另一种视角在注解那个时代人们对管理和财经图书的诉求。

《卓有成效的管理者》

每一个管理者都应该弄清楚，究竟能为其他人、其他部门乃至整个组织贡献什么？

庞沁文：管理理论类图书有哪些比较畅销呢？

卢　俊：与此同时，管理科学和管理学术类的图书也开始在国内出版，整个 20 世纪最广泛受欢迎的管理学家是彼得·德鲁克、汤姆·彼得斯、拉姆·查兰、吉姆·柯林斯等，还有受欢迎的营销专家杰克·特劳特和菲利普·科特勒。德鲁克好像是在通用干过，又在纽约大学干过，他既

《原则》

奉行"优秀想法至上"的原则,让最优秀的点子脱颖而出。

有企业的从业背景,又有学院派的背景。2001年至2005年通俗管理读物如《谁动了我的奶酪》大行其道,没有太多人关注德鲁克,只有像张瑞敏这样的少数企业家才知道德鲁克,德鲁克的书当时算是象牙塔里面的东西。到了2005年以后,德鲁克的《卓有成效的管理者》一类的图书才逐渐由华章公司推出,变成了大家所尊崇的中国通行的管理知识范本。2010年前后华章又引进出版了杰克·特劳特的"定位"系列的经典丛书。早在1994年中信出版社就出版了当时的管理大师吉姆·柯林斯和杰里·波勒斯的《基业长青》,2009年又出版了柯林斯的《从优秀到卓越》。《基业长青》是哈佛商业评论的管理大师们把全球企业做了一些调查,把做得好、延续时间长的企业的企业家特征做了一些总结,基于管理事实和管理现象总结出来一套管理理论,卖得非常好。《从优秀到卓越》在当时也非常受欢迎。想要畅销不能光讲事实,还得有理论,所以管理理论的书也出了很多,也很受市场欢迎。还有一个重要的畅销书是W.钱·金等著的《蓝海战略》,2005年由商务印书馆引进出版,这本书倡导企业从相互间的竞争转向满足消费者新的需求,体现了西方管理学最新的商业管理趋势。2018年中信出版社出版了一本书叫《原则》,其作者是桥水基金的创始人瑞·达利欧,桥水基金是美国金融企业里面做对冲基金做得最好的一家。雷·达利欧把他过去的工作和生活的原则总结出来写了一本书，他的基本原则是拥抱现实应对现实，当年卖了一百万册，卖得很好。《原则》是 40 年来实业企业主和金融企业主写的书里面最后一本值得说的书了。

2001 年至 2010 年的 10 年，财经书基本上经历了这么一个基本的蜕变脉络，从非常不像财经的财经书出版，到越来越泾渭分明的各类财经书，开始出现了非常清晰的分类。正如开卷公司所划分的企业管理、企业经营、人力资源管理、财务管理、销售和市场等，财经图书二级分类市场的出现让大家有了基本的分类意识。财经图书的畅销从一定的视角说明了广大从业者正在学习大量的财经知识和管理知识来丰富自己，21 世纪的前十年可以说是中国非常波澜壮阔的财经时代，是中国财经书最好的十年，黄金十年，甚至可以说是闭着眼做财经书都能畅销的时代。那个时代恨不得可以说 580 多家出版社有 560 家在做财经书，就连当时以做名人书闻名于世的黎波、金丽红组合都做了财经书，都做了炒股的书。他们的出书范围原本跟这个领域不搭边，因为这轮浪潮起来了，所以他们也做了财经书，抢占市场的热点。

二、欧美财经创新类图书与互联网图书的引进出版

从 2001 年至 2018 年财经出版一直在定义中国主流社会的话语方式，也就是说很多话语方式都是从财经书这来的。

庞沁文：您前面提到管理类图书经历了由执行到创新的变革，请您介绍一下关于创新的财经书出版情况？

卢　俊：早在 2000 年克莱顿·克里斯坦森创新三部曲《创新者的窘境》《创新者的解答》《创新者的基因》就被华章公司引进由机械工业出版社出版了，可一直卖得不怎么好。那个时候中国社会对创新的需

求很少，只需要跟着西方走就可以了，只要去执行就可以了。2010年中信出版社再次引进克里斯坦森创新三部曲，很快赶上了国家提倡创新驱动，2014年9月李克强总理在达沃斯论坛上首次提出了"大众创业、万众创新"，在国家提倡创新的大背景下，克里斯坦森的创新三部曲开始大卖，成为这个市场领域的一个常青树，占据了很大的市场。

同时，关于创新和创业的图书陆陆续续出，创新驱动最大引爆点是2015年年初出版的《从0到1》。为适应"大众创业、万众创新"的要求，当时我刚入职中信不到两年，在2013年到2014年，就先把《从0到1》《创业维艰》《合伙人》《联盟》《支付战争》等书的版权引进了，并且计划做成一个系列，后来也的确做成了叫"奇点系列"套书，随后我们又将《重新定义公司》《重新定义团队》《重新定义创新》《重新定义管理》《重新定义战略》5本书纳入"奇点系列"，这10本书加起来销量可能已经过千万册了，至少有上百万人成了这套书的读者。这是财经出版领域新一轮以创新驱动的浪潮。

《重新定义公司》

激励偏向的是事成之后的利益分享，而赋能强调的是激起创意人的兴趣和动力，给予挑战。唯有发自内心的志趣，才能激发持续的创造。

《重新定义公司：谷歌是如何运营的》是谷歌公司的董事长写的一本书，原书的标题不叫《重新定义公司》。我在 2013 年报选题的时候按照《重新定义公司》去报的选题，当时很多人不理解，为什么叫《重新定义公司》？我说从 1998 年全球互联网崛起之后，谷歌是全球范围内唯一一家代表互联网经济对传统工业社会的管理方式提出挑战和改善的一家企业，我们很少听说过苹果公司有什么异于工业企业的管理方法，也没有听说过 Face Book 有太多异于工业企业的管理方法，只从这本书中了解到谷歌公司可以上班睡觉，可以在公司打坐冥想，可以穿拖鞋、养宠物，食堂饭很好吃，各种各样奇奇怪怪的事情都可以在谷歌干。我想这个管理方式很显然是不同于工业企业的，当时请阿里巴巴曾鸣教授给这本书写推荐序，我和曾鸣教授商量提出来一个新的概念叫"赋能"，"赋能"就是做那本书时第一个提出来的，当然这个词今天已经被广泛运用了，我们觉得特别好。实际上这本书等于是介绍谷歌在探索信息企业该如何管理，互联网的企业如何去管理，这件事情似乎之前没有人真正探索过，谷歌做出了自己的关键探索。但是，这本书只是谷歌公司一家企业去践行互联网管理的一个个体案例，它并不是一个通行的可以通用于其他公司的做法，但我觉得它具备一定的代表性。这本书也卖了有上百万册，后来一系列的"重新定义"的书都卖得很火。当初，2013 年的时候，很多人认为谷歌已经不那么热了，引进时也不算便宜，所以很多编辑都不想出这个书，言下之意是谷歌已经是个过时的企业了，都没有去拼抢这个书，但是，我感觉他们的信息企业管理的代表性很强，所以，我要了这个书，这本书对字节跳动的企业文化影响很大，它最后大热也证明了我对信息经济、对管理学提出的新变革和挑战做出了有前瞻价值的判断。买这个书版权的时候相比于它后来的销量来说其实很便宜了，后来也证明了它是物超所值的，特别受欢迎。"重新定义"也成了一个流行的概念，它的源头其实是从这套书来的，我们率先用了"重新定义"这个词,后来就成了一个话语方式,这个东西重新定义,那个东西重新定义。许多事情确实是需要重新定义,所以其实是社会暗自需要这种概念和观点,我们刚好出了一套"重新定义"的书,大家也随之觉得"重新定义"的时代到来了,这套书其实是建立了一套新的话语方式。

我们回头去看,从 2001 年至 2018 年财经出版一直在定义中国主流社会的话语方式,也就是说很多话语方式都是从财经出版这来的。所以财经出版是非常重要的,它是商业文明的先驱,也是社会发展探索的一个先驱。

庞沁文:确实如你所说,财经出版为现代人提供了很多话语方式,比如说《从 0 到 1》出版后,"从 0 到 1"就成了创新的代名词。《富爸爸 穷爸爸》出版后,培养财商就成为许多人的口头语。《蓝海战略》出版后进入别人没有进入的领域就称为进入蓝海,等等。我们完全有理由期待新的财经书给我们提供一些新的话语方式。

卢 俊:紧接着两本大书,一本叫《人类简史》,一本叫《未来简

《史蒂夫·乔布斯传》

既然我们选择做这件事情,我们就要把它做得尽善尽美。最重要的是,勇敢地去追随自己的心灵和直觉,只有自己的心灵和直觉才知道你自己的真实想法,其他一切都是次要。

史》，分别是 2014 年、2017 年出版的，这两本书是尤瓦尔·赫拉利站在历史学跨学科的角度上重新理解了人类发展的逻辑。《人类简史》并不是说人是怎么来的，而是说人类用什么样的逻辑发展到今天，作者把共同想象力、虚构能力、叙事能力作为了人类发展的重要逻辑，就是因为人有语言能力和虚构能力才构成了人类社会所有的国家、组织、民族、公司。基于大家的共同想象力，才有这样的公司，才有这样的国家，才有这样的民族。如果不是因为有叙事能力，是不可能有人类的，这是这本书的重要观点之一。《未来简史》也一样，其实未来并没有来，这本书并不是讲未来的简史，实际上还是在讲未来发展逻辑。这两本书现在卖了也有近千万册了，销量挺大的两本书，这是中信出版社在 2014 年、2017 年这两年做的影响比较大的，跟财经其实非常搭边的书。2018 年赫拉利的第三本书叫《今日简史》出版了，三本书被称为简史三部曲，这套书是这几年的一个非常大的热点。

随着工业社会浪潮的逐渐陨落，信息社会和智能社会的崛起，出版思潮发生了很大的变化，关于互联网公司与互联网运营的图书受到关注。在 2008—2010 年有关谷歌公司的图书就已经开始出版并畅销，像《谷歌星球》之类一堆关于谷歌的书都卖得巨好，2010 年 10 月湛庐文化操作华文出版社出版的《Face Book 效应》开始流行，关于 Face Book 的书到目前为止卖得最好的是《Face Book 效应》，其他有关的书都没有这本好卖。2011 年苹果公司 CEO 乔布斯去世后，《乔布斯传》以及有关苹果公司的书成为一个独立的出版热潮，人人都在说乔布斯，人人都在说苹果，苹果成为谷歌之后最火的企业。表面上看苹果公司是一个做硬件的传统 IT 公司，但从本质上来说它又不传统，由乔布斯奠基苹果做了一个新的 App 店铺叫 Apple Store，这使得苹果成为一家以硬件为平台的互联网企业，苹果是跨越互联网公司和传统 IT 公司的超级跨界的公司，苹果公司是个封闭的系统，苹果公司是特立独行的。与苹果不同，谷歌是一个开放性企业，他的安卓系统就是开放的，包括Face Book、推特这一类重要媒体都是开放的。所以这类相关的图书，都受到了很大程度上的追捧，这背后都是有经济学的底层逻辑在推动。

庞沁文：企业采取什么样的战略与企业的特质有关，封闭的系统开放的系统都有可能成功，关键在于你适合什么。相对而言，苹果公司做出一个封闭的系统，可能需要更强大的创新力。

卢　俊：数字化生存以及科技伦理理论方面有几本书值得提及，一个是1996年海南出版社出版的尼葛洛庞帝的《数字化生存》，这本书对数字化图景的描绘已经成为现实，尼葛洛庞帝是麻省理工学院新媒体实验室第一任实验室主任。现任实验室主任是日裔美国人，又是做生意的，叫伊藤穰一。2017年年底中信出版社引进出版了他的书《爆裂》，提出了未来数字社会不对称性、复杂性、不确定性等9大生存原则。2000—2010年，克里斯·安德森写了两本书，《长尾理论》和《免费》，这两本书对于互联网经济的研究都是非常深刻的，也产生了非常重要的影响力。还有尼古拉斯·卡尔写的《浅薄》和《玻璃笼子》，对互联网可能带来的人变得越来越傻的现象进行了描绘。紧接着是凯文·凯利的《失控》和《必然》，还有库兹韦尔的《奇点临近》等，这些科技发展趋势预测和科技伦理方面研究的书中比较重要的是《失控》，技术给了每个人连接的机会和能力，让每个人更加不需要依赖于土地、资本，用信息就可以连接整个世界。"失控"其实就是说人不再被绑定在某家企业里面了，工业社会的基础"企业"似乎被瓦解了，合伙人机制通过利益的绑定，在缓释失控的节奏。如果没有合伙人机制让大家在一起工作，可能整个人类的组织方式要产生巨大的变化，比如新兴崛起的区块链方式的确在重塑着这个世界。所以雇佣制在衰落，合伙制在上升，今天几乎所有的互联网信息公司都是全员持股的，大家都是利益的共同塑造人，这正是《失控》这本书的基本奥义。所有这些互联网理论的书都比较畅销，但是也没有太过大热，可能最多也就是几十万册的样子，不是特别多，但已经足够多了。主要原因是科技、哲学、互联网，很多方面的知识融合在一起，对于一般读者来说，不是特别好理解，也是一个相对专业和小众的需求。

2012年以后有一个新财经出版潮流叫大数据，有两本书卖得比较好。一本是广西师大出版社2015年出的，叫《大数据》；一个是湛庐文化策划、浙江人民出版社2012年出版的，叫《大数据时代——生活、工作、思维的大变革》。后一本是大数据图书卖得最好的一本，可能卖了有几百万册。大数据图书的畅销得益于大数据经济的崛起，互联网经济一直被认为是信息经济，信息的快速传播被认为是互联网的本质，后来才发现互联网的本质是数据，大家都在看数据，数据几乎成为公司的核心资产，并不是数据本身值钱，而是因为数据代表了信息价值，代表了用户的行为价值，一个公司掌握了多少大众用户的行为，

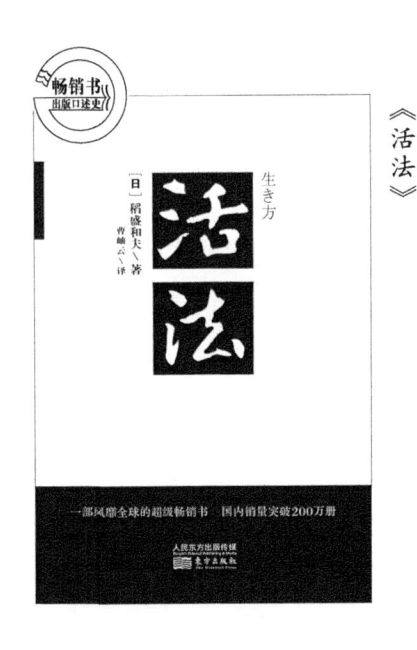

《活法》

"心想事成"是宇宙的法则，你心中描绘怎样的蓝图，决定了你将度过怎样的人生。

背后的数据是帮助他去洞察用户心理的非常重要的路径,从而把数据变成资产。数据经济的兴起使得大数据图书畅销成为必然。

三、日本畅销书的引进

日本优衣库的老板柳井正,投资家孙正义,管理学家大前研一以及集企业家与哲学家于一身的稻盛和夫的书在中国市场较受欢迎,稻盛和夫的书更受中国读者喜爱。

庞沁文:刚才,您对改革开放以来时代的变迁及引进的欧美畅销书的核心观点流变做了一个概括的介绍。日本的财经书也曾在国内十分畅销,您可以介绍一下从日本引进的财经畅销书的情况吗?

卢　俊:下面我把日本的企业家、日本的未来学者和管理学家简单梳理一遍。日本在20世纪末的时候都是老一代的工业企业家开工厂、做公司,有一些企业家的书在中国比较流行,大都是关于日本企业家的生平、经营管理的方法、经营企业的历史等的介绍,比如松下幸之助等企业家的书。到了21世纪初,日本两个首富的书受到国内关注,一个是优衣库的老板柳井正,还有一个是投资家孙正义,这两个人的书是交替在流行,但他们的书一直没有大热。说句实在的,柳井正做的是服装企业、工业企业,他身上能学的东西可能并不太多,他《一胜九败》的理念其实没有大热。孙正义是一位非常成功的投资家,但对于大多数普通人值得借鉴的东西也不多。在中国大热的是集企业家与哲学家于一身的稻盛和夫,稻盛和夫的《活法》《干法》分别于2005年、2010年被引进到国内。这两本书将我国哲学家王阳明的心学和西方的管理理论结合起来,将励志、经营、管理结合起来,融合了东西方的智慧,受到了广泛的欢迎。稻盛和夫还提出了阿米巴经营法,将企业划分为小集体,自行制订计划，独立核算，持续自主成长，让每一位员工成为主角。阿米巴经营法其实和今天谷歌提倡的"创客化"团队是一脉相承的。在日本的新型企业家里面稻盛和夫一直是主流的，就是他的书卖火了，其他人的书都一般。稻盛和夫用王阳明心学结合西方的管理智慧得出的这一套东西，让中国人能听得懂，觉得很受用的，并且还很有文化归属感，所以就特别喜欢稻盛和夫了。日本有个管理学家大前研一的书在中国也很受欢迎。大前研一在麦肯锡干过，同时他又在学校里面教书，他写的《无国界的世界》跟《世界是平的》其实是一个道理，但他是东方视角的，后者是西方视角的，还有他的《专业主义》也非常经典。大前研一非常典型的代表作叫《低智商社会》，在国内卖得很好。大前研一是在中国比较受欢迎的日本管理思想家，他写了很多书，在中国出了很多书，都卖得比较好。

四、我国本土的畅销财经图书

中国的管理理论一直到今天为止没有特别像样的，说哪个中国的企业家、学者出的管理理论的书牛了，还真不好找，但依然有许多人的书值得提及。

庞沁文：国内本土的财经畅销书有产生较大影响的吗？

卢　俊：2001年至2010年，畅销书的出版还有中国本土财经的崛起这条线。2000年以来中国的企业家出书，早期的时候是房地产商，比如王石的《道路与梦想》，潘石屹的《我用一生去寻找》，还有冯仑的《野蛮生长》等，后来有凌志军写的《联想风云》。随着互联网经济的快速发展，中国本土的互联网创业企业家慢慢崛起，这个浪潮里面马云是一个代表，任正非、马云、马化腾、李彦宏、周鸿祎、刘强东、雷

《水煮三国》

你的态度越积极,你的决心越大,你所能调动的资源和力量就越多,成功的概率也会随之上升。

军等企业家都有代表性,在中国他们的图书出版成了一个大风潮,整个机场书店都摆着这些人的书。这一条线是关于中国企业家出书的一条线。

到了 2013 年以后,微信崛起了,这个时候互联网公司发展已经到了鼎盛时期。微信的崛起导致了微信商业生态的崛起,跟微信有关的书就开始卖得好,如何做公众号,如何在公众号上做广告,这类微信运营方面的书成了当时的市场热点,几乎是家家都在出。

中国的管理理论一直到今天为止没有特别像样的,说哪个中国的企业家、学者出的管理理论的书牛了,还真不好找。21 世纪前十年管理学图书有一种类型是本土作者介绍西方管理学的图书。有一些作者他们在经营企业方面没有什么突出的业绩,但他们学习了西方的管理学知识,他们非常会讲,像余世维、曾仕强、李践这些很流行的成功学和企业经营的培训师,他们的书或者光盘在机场书店销售得很好。可今天回头看看这些曾经火爆一时的培训师不在了。为什么不在?因为真正的知识源头在西方,大部分企业家直接学正宗,不愿意学你再嚼一遍的东西了,知识不需要中间商了,那个时代已经结束了。

2003 年中信出版社出版了成君忆的《水煮三国》，是中国管理学的启蒙书，把大家耳熟能详的三国故事和管理学知识结合起来，体现了中国传统文化的智慧，讲得通俗易懂，妙趣横生，卖了大几百万册。成君忆还写了一本书叫《孙悟空是个好员工》，把管理知识和《西游记》故事结合了起来，后来《红楼梦》《水浒传》等名著都和管理学拉上了关系，把中国传统文化里面所有的智慧又挖了一遍，形成了名著与管理学知识结合的畅销书浪潮。2007 年中信出版社出版的《货币战争》是一本中国人写的分析西方近代金融野史的财经图书，因被认为是预测了 2008 年爆发的全球金融危机持续畅销了十多年，《货币战争》满足了广大读者探究金融危机背后原因的心理，可以说是一个金融野史故事的推演，它可能有一些值得相信的地方，也有很多地方是站不住脚的。对该书的争议从未间断，但争议某种程度上更促成了他的畅销。

中国管理学学者中值得一提的有一个做理论研究的是在阿里巴巴工作的曾鸣先生，曾鸣原来是长江商学院教授，也是创办人之一，他之前还在中欧和北大光华做过兼职教授，后来又去了企业做战略规划。这两个学者是中国管理学界非常重要的人物。另一个就是有争议的陈春花教授，她曾是北京大学国家发展研究院的教授，之前在新希望集团做了一个新华都商学院，又在新希望做了一段时间的总裁。她既在企业干过，又在学校里做过研究。当时中国人民大学给华为做咨询的六君子彭剑锋、黄卫伟、包政、吴春波、杨杜、孙建敏等也都出过书，《以奋斗者为本》《以价值为纲》《以客户为中心》，这三本书其实是华为的基本价值观。很多外部的战略咨询专家给华为梳理出了非常重要的战略思想和资产，虽然也是学的西方的东西，但确实是管理的核心，是管理学非常重要的逻辑。中国学者的著作，陆陆续续出了一些，学者虽然很多，但中国的商业实践还不够成熟，导致学院派也没有很好的案例佐证，相信今天风起云涌的中国互联网发展实践一定会促生基于中国互联网发展的管理学理论出来，这东西需要一定时间的沉淀，这么多现象背后究竟是什么有效起作用的新的管理学原理，总会有人总结出来的。

五、经济学类畅销图书的出版

本土的经济学著作中只有媒体人写的经济学著作可以进入畅销书行列，国外引进的经济学著作能够畅销的大多是通过讲故事阐述经济学的道理。

庞沁文：您方便介绍一下经济学类图书畅销的情况吗？

卢　俊：说完了管理、金融方面说经济。在中国的经济学分为两类，一类是中国本土经济学，还有一类是海外引进的经济学。中国本土经济学的发展经历了几代经济学家，第一代经济学家包括孙冶方、薛暮桥、马洪等，这些人是中国现当代经济学家里面比较早的经济学家，好多都已经去世了。第二代包括吴敬琏、厉以宁等，这两位算是这一代里面比较牛的经济学家，他们是这一代经济学家里面的佼佼者。第三代经济学

《头号玩家》

你不知道未来会发生什么，但你现在所做的一切积极的行为都会给你的未来带来希望。

家包括林毅夫、周其仁、张维迎、樊纲、魏杰，还有清华经管学院院长钱颖一等这一批经济学家。他们之后经济学研究者的声誉基本就没有那么高了，这三代人是中国经济学里面比较主流的学者。从另一个方面看，中国经济学研究者又可分为学院派和政府派、机构派和媒体派。这四个派别中很多媒体派的经济学著作进入畅销书行列，因为媒体本来就意味着流量。比如说做媒体出身的吴晓波写的《激荡三十年》《大败局》等图书就比较畅销。不过我非常喜欢青年经济学家，比如何帆、薛兆丰、郭凯、任泽平、管清友等，无论观点对错与否，他们可以说都是未来经济界的新希望吧。

从海外引进的经济学著作可分为学术经济学和大众经济学两部分，大众经济学都是讲故事，通过讲故事让经济学变得通俗易懂。中信出版社出版的《卧底经济学》《魔鬼经济学》这两套书都是非常受欢迎的大众经济学著作。

中国人民大学出版社是经济学学术著作和经济学教材出版的一个主要阵地，他们出版的曼昆的《经济学原理》的经济学教材及"诺贝尔经济学奖获得者丛书"等，销售都不错，他们做得比较扎实。上海远东出版社出了一些经济学方面的书。中国社会科学出版社和社会科学文献出版社也陆陆续续、零零星星出一点经济学著作，但销售并不火。

从国外引进的经济学著作里面《小岛经济学》《国富论》《21世纪资本论》比较畅销。《21世纪资本论》是我自己亲历的案例，是经济学学术著作走红的一本书，表面上看它不应该在全球卖那么多，确实非常学术，但是它成了现象级的畅销书。我们也分析了为什么在21世纪初社会大变革的时期会出现《21世纪资本论》，马克思的《资本论》出版时间，刚好是工业社会崛起的时间，改变农业文明的工业文明在革命的时候出现了《资本论》，现在是互联网社会在革工业社会命的时候出现了《21世纪资本论》，也就是说社会财富分配重新洗牌的时候，大家对于未来的思考会受到关注，自然这两个时间点非常好。《21世纪资本论》2014年由中信出版社引进出版，他的畅销是那个时代的产物。

庞沁文：《21世纪资本论》的畅销与它讨论贫富不均的问题及富人税的问题迎合了社会底层人士的心理密切相关。关于财经书的整体介绍先告一个段落。

六、财经畅销书的典型案例

《从0到1》这本书其实是中国进入创新社会的一个标志。

庞沁文：下面请您就《从0到1》这本畅销书做一个深入的解剖。首先谈一下这本畅销书的策划过程。

卢　俊：我把《从0到1》这个选题怎么来的，我怎么做的，我怎么去操作它的，简单口述一下。2013年的5月6日我刚到中信出版社上班，没多久，我就报了《从0到1》这本书的选题，书的作者叫彼得·蒂尔，当时在百度上还叫彼得·泰尔，国内几乎没人认识他。在中国投资

《从0到1》

企业成功的原因各有不同：每个垄断企业都是靠解决一个独一无二的问题获得垄断地位；而企业失败的原因却相同：它们都无法逃脱竞争。

界有一些人认识他,但中国普通老百姓根本没有人知道他,他在美国很有名,在中国知名度不够高。他要求的版权价格让我们领导觉得这本书不值这个钱,这个钱其实很便宜,两三万美金,版权费在2—3万美金之间是非常便宜的一本书,但即便如此相对于五六千美金版权费的书也是贵的,大家都挺犹豫要不要买这本书的版权。这本书的选题报了两次,头一次上级领导没通过,说这选题算了。我觉得它特别好,我觉得它好的原因是什么?第一是我预感创新驱动的社会即将来临。迈克尔·波特将社会发展阶段分为要素驱动阶段、投资驱动阶段、创新驱动阶段和财富驱动阶段四个阶段。通过我对社会环境的观察,我认为2013年的时候中国社会投资驱动社会即将结束,而创新驱动社会即将到来,这是我对大环境的基本判断。第二个是克里斯坦森的"创新三部曲",之前由华章公司出版时并不好卖,中信出版社2010年再次引进出版后开始好卖了,一年能卖三四万套了。第三个有关创业的书刊开始畅销。牛文文当年做的《创业家》杂志火得不得了,而且做了创业营。孙陶然根据在创业营的讲座扩写的《创业36条军规》一书在市场上卖火了。所有这些证明中国的创业环境正在大幅度地改善,这是判断《从0到1》畅销的一个基本逻辑。所有畅销书都是社会大潮的反映和回应,畅销书既是对时代的反映,又是对时代的回应,这是畅销书的一个基本特征,它其实代表着某个时代的重要特征,《从0到1》这本书其实是中国进入创新社会的一个标志。

在当时很多人看不出来,其实也不是大家完全没有感知,就是对它什么时候到来,大家都没有明确的判断。碰巧,我就把它引进来了,当时这个作者在中国知名度不够,我们也不知道怎么推他。

2014年法兰克书展,这个书在欧美市场上市了,卖得还不错,法兰克书展就传回来这个书大热的消息。我当时的判断还有一个是,这个书看起来特别像哲学作品,可它的源头是彼得·蒂尔在斯坦福大学做的创业 14 堂课，是他的学生把他的课堂笔记整理出来做成了一本书，课堂里并不是只讲理论，更多的是讲故事，打比方，用非常口语化的语言，这样界面友好度会比较高，所以这本书很容易被看懂，看明白。第二个是他掌握了大量的需求信息，他作为投资人投了扎克伯格，他是 Face Book 天使投资人，50 万美金投给了扎克伯格，最高的时候这 50 万美金值 220 亿美金，他投的不只是一家 Face Book，还投了很多互联网企业，包括今天的 Chat GPT，以及马斯克的航天科技企业，等等太多了。

彼得·蒂尔后来支持特朗普体现了彼得·蒂尔这人有多牛，他支持的人最后当了总统，因为几乎所有硅谷的人都反对特朗普，觉得他是一个傻瓜，觉得他是一个民粹主义者，是一个逆潮流的人，彼得·蒂尔作为天使投资人，他跟所有人都作对了。Face Book 董事会一度建议把彼得·蒂尔踢出董事局，说这人太可怕了，他竟然支持特朗普，但就是因为他有自己独立思考的能力，让他决定了这个人值得支持，并且这个人一定会当总统，他换来的回报太高了，真的是非常厉害的人。

2014 年法兰克传来《从 0 到 1》热销的消息，我们就加快了进度，在 2015 年 1 月开始把这个书推向市场。找谁来推？总得需要国内同等的人，一对应就对到徐小平，徐小平是国内做得最好的天使投资人，我们找他是天经地义的，而且他也想跟彼得·蒂尔认识和见面。现在彼得·蒂尔确实也是徐小平的合伙人，真格基金里面有彼得·蒂尔的钱，是因为《从 0 到 1》这本书撮合了他们认识，他们成了朋友，最后把钱投了，成立了一个基金，真格基金管理着彼得·蒂尔的资产。

徐小平看完之后觉得太好了，这书通俗易懂，同时为创业者提供了非常好的解决他们的思维问题、行动问题、合伙人问题等的解决办法，很多问题都在书里面提到了，做得非常好。因为他在美国投大量的公司，这些经验都是不可或缺的。这本书我们找徐小平做了推荐序。

作者说要到中国来推广这本书，他定的时间是 2015 年的 2 月 26 日。

那时正好是中国的春节期间，大家都不在正常工作状态下。我们当时就知道有困难，但还是接了，因为这是没得选的选择，只能定 2 月 26 日。我就去找能跟我们合作一起办《从 0 到 1》中国推广的公司和合作伙伴。牛文文的黑马营说他们愿意参加做这个事，因为他们在给创业者做服务，他们可以去招募创业者来参加这个会。吴伯凡先生说他愿意跟我们一起做这个事，我们就联合吴伯凡和黑马营一起做。我们确定他来的时间是 2 月 26 日，也就是说当时距离他到中国大陆的时间已经不到 1 个月，我们就开始筹备，我们跟黑马营、吴老师反复开会，确定了三家合作与分账方案，假如卖了票挣钱怎么分，赔了钱怎么担。赔钱是中信出版社担的，别人肯定不愿意担，别人是帮你忙的，所以我们就要去找赞助。

正月初七做《从 0 到 1》创业课论坛，我们确定了徐小平、刘强东、周鸿祎、潘石屹、江南春、吴伯凡、牛文文等企业家来参加这个论坛。我们定了国家会议中心的场地，租了两天，跟央视做一场，跟黑马营做一场，还有其他一共做 4 场活动，需要两天的租金，加上舞台搭建等算下来最后要 150 万人民币。这是出版社历史上从来没有发生过的事，150 万的缺口对所有做书的人来说都是很大的缺口，因为它基本对应了 1500 万码洋的净利润，要卖 30 万册书才能把这个钱赚回来，30 万册书的净利润才能把这个活动给办了。我们做这个会议，中间太焦虑了，卖票也特别难，赞助谈得焦头烂额，压力很大，每天都想死。老板都急了，老板把我拉过来说"你疯了，我们做乔布斯全国的灯箱广告也没有花这么多钱，你为什么做两天的活动花这么多钱？"老板很生气，不停地在骂我们。我们整个团队的人也很痛苦，在春节之前就要放假回家过年了还被骂，我们也很焦虑。最终还是硬着头皮，咬着牙把这个事做了。我们找到了几个赞助商，360、京东、易宝支付这三家公司给的赞助有一百多万，我们又卖票，卖票卖了七八十万，还有一些零星的其他投入，最终有将近 200 万的总营收，不仅把我们在国家会议中心的坑填上了，而且还挣了一点钱，这个后来我们才知道它有多么重要。

徐小平在除夕晚上发了一条微博，说他看这本书看到凌晨三点。你想这在当时是多么传奇的消息，一个商业大佬、投资人除夕晚上看《从0到1》看到半夜三点，一口气看得荡气回肠，然后发了一条微博。第二天，大年初一，《从0到1》在各大图书榜单上从过去的第十名一下子飙到第一名。徐小平说了一句话，很多读者就去买书，很快就排第一名了，从大年初一到初七都是第一名。我告诉徐小平新书总榜第一名了，他特别高兴，因为他写的推荐序，如果这个书卖得好，可以不断提升他在投资圈的影响力，也会增大他和彼得·蒂尔认识、成为朋友的可能性。

这个事最大的优点在于春节期间大部分传媒业都是停止工作的。只有电影业在工作，2015年大年初一上映的电影叫《美人鱼》，娱乐圈在炒周星驰，但其他的财经记者等都不工作了，没话题。刚好，别人不工作，我们在工作，别人没话题，我们就提供了创业的话题、创新的话题。从大年初七到初九这三天里面，全中国80%—90%的社会主流人士都在谈论《从0到1》，"从0到1"成为了一个最热最热的关键词。直到初十才出现了另一件事才让热度下来了些，柴静做了一个关于雾霾的演讲《穹顶之下》，这个报道引爆了舆论，从正月十一直到正月底大家都在说雾霾的事。《从0到1》通过三天"管理"了所有中国人的注意力。尽管后期在舆论上受了一些影响，但创新的话题一直在发酵，图书的销售还是很快，根本来不及供货，从2月底到5月底供货才进入了正常，过了三个月印出来的书才赶得上卖。到5月份就已经销了六七十万册，非常快的速度就畅销起来了，再加上3月7日两会上，李克强总理首次在政府工作报告中提倡"大众创业、万众创新"，就跟排练好的一样，这些因素加在一起构成了话题性的畅销书，到今天卖了好几百万册。我一开始只知道这本书有故事，有市场需求，可后面一系列事情的出现是我们不可控的，这不是我们设计的。我遇到了难题，硬着头皮，咬着牙做了，谁知道春节期间做这个事会引起那么大的社会话题效应，我们都无法预知；我们只知道可能会引爆，但是不知道会引起那么大的现象级产品，这个东西产生了巨大的力量。《从 0 到 1》这本书可能跟我一辈子都绑在一起了，一提起《从 0 到 1》就知道是我策划的，这似乎也成了一个传奇。它让我从一个中游偏上的财经书策划人一下子变成了中国最主流的财经策划人，在此之前我也有很多畅销书，但是没有达到这种超级现象级，比如《21 世纪资本论》是 2014 年出的，虽然也很畅销，但是都不够这种现象级。《从 0 到 1》一拖十，后面跟着《创业维艰》《合伙人》《支付战争》《重新定义公司》等"奇点系列"十本书，这一本书带起来了十本。这套书奠定了在财经出版界的一个关键影响力，这个对我个人影响很大。

做每一本书你都会有些预设、预想，会有一些计划，但超级畅销书不太好预设，必须要有一些天时地利人和的事情撮合在一起。人在畅销书产生过程中的主观力量有时候觉得挺大的，但实际上也不是特别地大，个人力量在一本书的畅销过程中起到的作用，一个是定基调，一个是发酵。但整个发酵的过程不是由一个人完成的，是由同事、媒介、社会、公众、读者、政府等多方面共同发酵的。

彼得·蒂尔与中国著名的创业家、投资家、商业思想家的对话是 2 月 27 日录制的，中央电视台《对话》频道播出是在 3 月 29 日播出。

彼得·蒂尔 5 月份又来了北京一趟。除夕他去台北很沮丧，没人参加他的新书分享会，到北京来发现 2000 人的会场坐得满满的，他惊呆了，我们也惊呆了，那么多的人买票进来，而且，很多人拿着现金在门口买票，还一定要 8888 元的席位。彼得·蒂尔之前对中国有偏见，他的书里面说中国是一个没有创新力的国家，但在演讲中改口了，他说全球除了硅谷，最有创新力的城市是北京，我觉得很惊讶。他说希望再来北京，果然他 5 月份又来了。我就带着他成都、深圳、上海、北京做了

4场巡回演讲。所有人都知道这是个流量源泉,大家都愿意参与,所有赞助超过500多万,门票收入一大堆,加上之前春节活动的收入,基本上就近千万了。我们不说书的事,开了5次会近千万收入,成本有个两三百万,得赚好几百万,这意味着可能需要100万册书才能赚到的净利润。我觉得这种级别的IP运营才是有品质的,也是开放性的。运营这套书不仅仅是一套书的运营,同时是一个IP的运营,是一个知识产权的运营。围绕《从0到1》我们开了几个论坛,还注册了"从0到1"学院,想要做相关的培训,还想做"从0到1"孵化基金,但实际上出版社在跨界、越界经营上能力是有限的,我们能把论坛做好就非常好了,想再做学院、基金出来,对我们的挑战太大了,确实是出版业人力等各方面人才和各种要素匹配不够,或者说我们的决心又没那么大,要做一个学院必须雇50个人来做学院,这必须要有决心。其实在书的事情上我们绑得比较深,做得非常垂直,往前迈了两步做了论坛,做了尝试性的IP运营,但我觉得不够成功,可以再往前走得再远一些。

庞沁文:这本书中的观点哪一些对您启发比较大些呢?

卢　俊:我觉得《从0到1》这本书首先是哲学层面的问题,它是个创新哲学,所有人都知道0和1是编程世界的两个源代码,如何把0变成1,它实际上是个蜕变和裂变的过程。必须要给0施加很大的能量才能变成1。创新其实都是裂变,必须要让这个母体受到很大的能量赋能才能变成另外一个东西,人的细胞裂变也是因为这个细胞长期受到了比如说吸烟或者不良生活习惯的种种打击,这个细胞才会变异。创新实际上是个变异的过程,创新就是变异,创新就是无中生有,从0到1。

第二,这本书告诉人们允许出错是创新的基本机制。《从0到1》改变了我个人和中国社会对于犯错误的认知,必须要容忍犯错误才有创新，如果对错误没有容忍度是不可能创新的，也就是说允许犯错误是创新的基本机制。互联网金融、比特币、区块链、人工智能等都是在试错中发展壮大的。很显然，从互联网企业的发展历史来看，如果一开始对阿里巴巴、腾讯和百度都管得很严，今天会这么成功吗？不可能，就因为开始的时候对互联网企业管理是允许其野蛮生长的，容许出错，他们才成长起来了。

第三，要努力实现垂直创新。垂直创新就必须追求极致，只有你追求极致达到到临界点才有可能创新，要做绝对好的东西，必须冲破产生质变的障碍点，冲破了就会有"从0到1"的持续发生。在垂直创新的基础之上才能实现所谓的指数级增长。过去的增长，工业时代的增长都是平稳增长，到了移动互联网时代必须要有跨越性的增长，不能是平稳曲线，必须要不停地跳。互联网时代如果你的企业不是比对手好十倍，你不具备这样的能力就无法获得更好的发展，这对我影响比较深。

《从0到1》里面讲了许多具体的事。比如讲创始人年薪不能超过15万美金，我觉得都很具象，因为你是创业的，你拿过高的薪水意味着你没有冒险之心，你希望安稳，你也不会倒逼自己去把这个企业做好，所以创始人必须拿比较低的薪酬，中等薪酬能保持你有创新创业冒险之心。再比如合伙人的投资不能均等，三个创始人，不能一人33%，必须要有股份独大的人，也就是说必须有一个绝对控股人，这是他提出来的建议。如果说三个人股权均等，就没有人真正愿意做冒险决策，三个人分摊风险，某种意义上是规避了风险，但也是规避了创新。必须有一人有独占专权才有可能出现创新，这是它的机制。这在一定程度上由表及里揭示了现象和本质之间的关系，哲学方法论和行动方案都表达出来了，对于中国的创新者来说是非常重要的，给中国很多企业带来了非常多的启发。彼得·蒂尔就成了创新大神了，在中国至少有几百万读者买了他的书，他的书卖那么好他也非常开心，这是非常完美的操作，也是一个很美好的记忆。他说他在中国从一个小咖变成了一个超级大咖。这本书我曾经详细地写过一篇复盘文章，大家可以专搜一下，文章标题叫《重新定义策划工作：1套书卖1亿》。

庞沁文：有没有代表性的一句话给您留下了深刻印象？

卢　俊：彼得·蒂尔面试所有的应聘者时就问一句话："在什么重要问题上你与其他人有不同的看法？"受他影响，我后来在面试应聘者的时候也常问：哪些别人习以为常的事情在你看来是严重的错误，你在哪些别人习以为常的事情上跟别人有截然相反的观点？你有没有什么偏好，你有没有别人不喜欢的事你特喜欢？彼得·蒂尔认为只有具备独立思考的能力，才有可能实现垂直创新，如果在所有的事情上和别人的看法都一样，你就不可能具备垂直创新的可能。他认为创业者必须在一些重大事情上与别人有不同看法，也许不一定对，但你必须要具备这种禀赋素质，如果你不具备禀赋素质的话你不可能具备创新能力。创新是在边缘发生的，你永远都在中心创不了新。你是权力的获得者，你也是利益的最大收获者，你没有意愿去创新，你天天吃香的、喝辣的，创什么新呢？只有在边缘的人、痛苦的人到达边界的时候才能创新。

庞沁文：您对改革开放以来整个财经书的历史发展做了既概括又详细的介绍，把它的历史传承和变迁讲清楚了，既有宏观的勾勒又有微观的描写，既有别人的观点，又有自己的思考，还讲了自己策划营销的经验和经历，对我们来说也是一个很大的收益。最后请您概述一下您对如何做畅销书及其未来趋势的看法。

卢　俊：要想做出畅销书，首先要判断图书能否畅销，这有三个判断标准：一是要看图书内容是否和读者需求匹配；二是看故事是否讲得好；三是看图书内容是否有稀缺性。其次要做好发现价值、价值优化和价值传播等图书出版的三大关键环节，做好这三个环节，做出畅销书的概率还是比较大的。在未来做畅销书会比较准，但畅销书总会有。一本书畅销后，销量可能没有现在这么大，但我们可以做 IP 开发，拍电影，拍电视剧，做玩具等衍生品开发，什么都可以做。

卢俊畅销书出版口述史访谈

我并没有说看不起那些鸡汤类的、励志类的畅销书，但就我个人的背景而言，我更愿意去做能够让我们国家迅速地去对接到世界发展的各个前沿的书。

——知名出版人、北京湛庐文化传播有限公司董事长

韩　焱

/ 陶祥朋、庞沁文、韩焱、黄丽、崔璐 /

第十章
财经书与汲取国外前沿文化精华

韩焱畅销书出版口述史访谈

采访时间　2019 年 11 月 9 号上午
采访地点　北京创意总社 1949 湛庐文化直播间
采访对象　韩　焱
采 访 人　庞沁文
摄像录音　黄 丽　崔 璐
整　　理　庞沁文

/ 采访人按语 /

引进全世界科技、财经、教育、心理学等各领域最前沿的图书,与全世界最顶尖科学家、教育学家、心理学家对话交流,解读全世界最伟大头脑的思想,使中国各领域的实践能与全世界最先进的思想对接,使得我国的读者能够亲近国际上最伟大的思想,这可以说是湛庐文化能够在激烈的市场竞争中保持常胜不衰,不时地还会冒出一些畅销图书的成功秘诀。每一个出版人都应该有把世界上一流的思想精华引进到中国的理念与魄力,每一个有为青年都应该站在世界最先进思想之上获得发展,甚至是创造出更多的精彩。

庞沁文：可以说在很早的时候，您就已经在出版行业内，在畅销书运作方面产生了一定的影响。您在西蒙与舒斯特工作期间，在华章公司工作期间，在领导湛庐文化期间，在畅销书运营方面都做出了可以说是很大的成绩，您也可以说是畅销书运营方面的一个高手。您所策划运营的一些畅销书，像《大数据时代——生活、工作与思维的大变革》之类，实际上是可以写入畅销书史的，因为该书是整整地影响了一个时代的。在我的感觉当中，对整个大数据时代，它是起到了一个推波助澜的作用。好多人是通过这本书认识大数据、理解大数据，进而推动整个大数据时代的发展的。就是说您所策划的图书在整个畅销书史，甚至整个中国社会发展史、经济文化史等方面都产生了很重大的影响。所以我们今天想邀请您谈一下，您和畅销书的故事。当然还是从历史的角度来谈。

一、在西蒙与舒斯特集团工作期间

在西蒙与舒斯特工作期间，我和同事们一起通过与清华大学出版社、中国人民大学出版社、华夏出版社等的合作，引进了一批经管类教材与学术著作，完成了一个迅速地去对标国际最先进的企业经营、管理实践的任务，完成了建构商科的基础学科框架这样一个任务。

庞沁文：首先请您从您最早接触畅销书开始，也就是说您在西蒙与舒斯特期间，接触过哪些畅销书，这些畅销书有哪些特点，您都可以做一个简单的介绍。

韩　焱：刚才您一讲，我就回顾我自己的出版生涯，算一算真的也差不多二十四五年了，正好跟中国改革开放以后这一段畅销书的发展史，能够紧密地结合起来，我一下子觉得我非常非常地荣幸，也觉得自己能够作出一些贡献，与有荣焉。感谢您来邀请我，重新回顾一下我自己二十四五年的这样一个出版生涯。

我觉得我自己的职业生涯还是很幸运的，我赶上了一个非常非常好的时代，而且我自己这三段生涯特别有代表性。第一段是学习和模仿。我刚进入出版界，就进入了当时国际上最大的出版集团叫西蒙与舒斯特出版集团，它属于国际上一个很大的传媒机构 Viacom，它下面除了出版以外，其他的几个品牌大家也都耳熟能详，一个是大家都知道的派拉蒙影业公司，就是当时出品了《泰坦尼克号》，还有《拯救大兵瑞恩》等一大批大片的电影公司。还有一个美国最大的影碟租赁公司叫百事达，那时候流行的是去租借录音带、CD，回到家里看视频，所以百事达的业务非常火。可是租借影碟的模式很快就被网上看视频的模式颠覆掉了，百事达被奈飞颠覆掉了，或者说被爱奇艺、腾讯视频、优酷等颠覆掉了。但出版行业不一样，不管是电子书、有声书，或者是其他的知识服务产品的崛起，都没能完全替代纸书，直到目前为止，纸书还是人们阅读学习不可或缺的一部分，在人们文化生活当中，依然是非常非常重要的一个板块。从目前来看，纸书还会在这个人类的学习历史上和文化传播的历史上占据相当长时间的一个主导的地位，这一点作为一个出版人，我觉得是非常非常欣慰的。

我在第一段职业生涯里面，就是在西蒙与舒斯特工作的时候，确实是学到了很多东西，也模仿到了非常多国际上很好的出版理念、一些思路。这为我能够去依据中国的市场，理解中国的市场，然后做出自己的创新，打下了特别特别好的基础。还记得那个时候我大学刚毕业，刚刚到西蒙与舒斯特，最早我是以一名实习生的身份进去的，我在那儿实习了半年，然后才转成正式的员工。当我作为一个实习生进去的时候，我发现，这里真不愧是世界上最大的出版集团，我就觉得进入了一个文化的、知识的海洋，很多大家耳熟能详的东西，像《飘》《二十二条军规》等，这些都是西蒙与舒斯特旗下的公司出版的。当然我自己特别感兴趣的那一部分，其实是商业图书，我看到了很多很好的商业类的图书。大家都知道，在20世纪80年代左右的时候，我们还不太了解什么叫作版权意识，我们大面积地把非常非常多的好的国外书籍，影印过来就使用。1992年，我们国家正式地加入了"伯尔尼公约"，我们也承诺说，要成为积极地去保护知识产权的中坚力量。从加入"伯尔尼公约"之后，就产生了一个断崖式的结果，国外的很多原版书籍我们就看不到了，那个时候的资讯还没有像现在这样发达。所以我1995年加入西蒙与舒斯特公司之后，做的最重要的事情，就是去弥补我们加入"伯尔尼公约"之后的这一段空白，我们大量地把国外很多很好的书籍引进到国内来，尤其是引进了一批商科的大学教材，完善了高等教育的基础学科的构建。当时我们所

《营销管理》

如果企业生产出恰当的产品，制定出合适的价格，选用恰当的分销渠道，辅之以恰当的促销活动，那么该企业就会大获成功。

处的那个年代，我们对商业贸易还没有一个非常完整的知识架构。我记得非常清楚的是，非常有名的一本书叫做 Marketing Management，那个是菲利普·科特勒先生写作的一本书，他也是营销管理之父，当时都快要出版到第十二、十三版了，可我们国内只在很久远的时候引进过一次他最早的版本，后来就都没有了。我们当时许多人都不知道marketing（营销学），很多老师也把 marketing 翻译成市场学，我们当时并没有把营销和销售、市场等概念分得很清楚，更谈不上能构建起来一个营销管理的知识架构了。所以当时我们做了很多完善大学商科知识结构建构的工作。

现在大家耳熟能详的工商管理硕士 MBA，那时候在咱们国家还没有，我就跟教育部的管理工程教学指导委员会联系，去参加了教育部和教育出版委员会一起在安徽合肥举办的年会，大家讨论的主题是，咱们国家的管理类的教学应该怎么往下走。您可以看到当时我们有很重的理工科思维，我们还叫管理工程教学指导委员会。我记得我带去了国际上销售最好的工商管理硕士的教材的清单，涵盖了从本科生到研究生教育的所有商科教材。

当时参会的基本上是全中国最重要的高校的校长，还有经济管理学院的院长、副院长，大家也都非常非常地兴奋，开展了特别激烈地讨论。这个会议结束之后，我们就和清华大学出版社、中国人民大学出版社等等一些高校的出版社，迅速地筹划出版了"工商管理经典译丛"，这套书成为了许多老师学生的案头书。大家都知道的"华为六君子"之一的人民大学的彭剑峰老师，他用他的人力资源管理的理念，为华为等众多公司提供了十分有价值的咨询。还有清华的一些金融专业的老师，在我们连股票市场、基金、证券、期货等还有点分不清楚的时候，他们全部静下心来，很认真地来研究，到底这些学科的框架是什么，到底我们国家的这个产业发展需要哪些理论指导，到底我国的企业家们应该建立什么样的知识结构。"工商管理经典译丛"等图书为这些研究奠定了基础。

那个时候的那个激情燃烧的感觉，我现在依然记忆犹新。时任教育部管理工程教学指导委员会秘书长、清华大学管理学院副院长的赵纯均老师后来给这几套书很高很高的评价，也有很多的企业家说，从20世纪90年代的后半期，一直到2005年，这一段时间内，基本上那一代的企业家，就是看着我们策划的这几套书成长起来的。我自己也觉得，我能够参与到这个洪流当中来，能够为中国企业迅速地去赶上世界级的企业，在出版上做出一些微薄的贡献，确实是非常非常兴奋，也非常非常自豪的。

除了这些教材，我们还希望能够带来一些教材之外的创新的理念、创新的实践。所以我们又和一些出版社，比如说当时的华夏出版社等合作，引进了哈佛商学院的一些教授的著作，其中有一套很有名的叫"哈佛商学经典译丛"，把当时世界最前端、最流行的那些商业新理念，包括我们怎么样变革，怎么样有一些战略性的思维，全部都囊括进来了，也是一套十几本书的系列。当时非常多的人在读这套"哈佛商学经典译丛"，取得了很强烈的反响，也打击了一些伪书。当时大家在很多大学门口的地摊上，或者在有人推着的那个平板车上，都能见到这么厚的哈佛什么什么工商大全之类的书，很多企业家背后书架上也摆着这样的书，其实那些都是一些攒书。"哈佛商学经典译丛"那套书的出现起到了溯本清源的作用，给了大家一个非常好的去对接世界管理前沿这样崭新的、刷新视野的机会。在那个阶段，我自己感觉到，确实完成了一个迅速地去对标国际最先进的企业经营、管理实践的任务，完成了建构商科的基础学科框架这样一个任务。我觉得在我们整个中国企业发展的这个阶段和我们出版界所需要承担的使命上，我作为一个出版者，尽了自己最大的力量。

二、在华章公司工作期间

在机械工业出版社华章公司工作的阶段，我们通过努力跟国家整体市场发展的节拍相契合，为怎么样更好地理解中国的市场和用户，怎么样更好地通过我们的图书去传播先进思想，去服务企业的进化，找到了一个非常好的路径和感觉。

庞沁文：您后来为什么要到机械工业出版社华章公司工作呢？

韩　焱：我的第二个阶段是在机械工业出版社华章公司工作时期。当时也挺有意思的，就是因为之前一直在做版权引进的工作，就觉得不过瘾，总感到好像有点隔靴搔痒的感觉。当时，王斌，他现在是中信出版集团的董事长，那个时候是机械工业出版社华章公司的总经理，也是机械工业出版社的副社长，他找到我，因为当时我们有一些版权的合作，他就跟我讲，说你现在做的不算真正的出版，虽然你的工作很重要，但真正的出版是你必须把鞋子脱了，跳到这个河里来，你现在没有湿过脚，你还是需要踏入中国的出版产业里面来，在中国的出版单位里面来做这份事业，你才能发挥更大的作用，也能学习到更多的东西。所以我就加盟到了机械工业出版社的华章公司。

庞沁文：您在华章公司期间，主要做了哪些畅销书呢？

韩　焱：因为华章公司是比较少有的一个国有出版社和外资合资的公司，这也是一个非常大胆的尝试。我觉得那个阶段使我更好地理解了中国市场有什么样的一些脉动，我们中国的读者更需要什么，我们更需要做一些什么东西，能够去在第一时间满足读者的需求。第二段职业生涯也是让我感到非常非常自豪的，大家都知道我在华章的时候，做了一些非常重要的工作，像我刚才讲到的，国外的好的教材我们还在持续不断地引进，同时，我们也看到了我们和国外先进企业之间的差距到底在哪儿。当时我们引进了非常重要的一本书，叫作《执行》，可能很多人都知道这本书，我们大约卖了上百万册，在当年也是轰动一时，还引发了很多跟风的书。《执行》是很重要的，是恰逢其时的，当我们如火如荼地在做各方面的产业建设的时候，我们发现了一个问题，就是很多时候我们有好的理念，但不能够真正地去落地，好的战略并不能得到真正地贯彻，这到底是为什么？《执行》这本书非常好地回答了这个问题，就是告诉我们说，战略和最终的成果之间有缺失的那一环，那一环就是执行。大家都在说，你执行力强，或执行力不强，但我们要怎么样去理解执行，到底要怎样做才行呢？《执行》这本书真的是来得恰逢其时，它影响了很多很多人的思维。后来还有很多中国的作者和中国大企业的战略顾问，他们都来研究《执行》，写了类似的书。

"重在执行"受到了海尔、联想、腾讯等一批企业的重视，很好地促进了产业的升级和发展。类似的事例还有很多，比如说当时还有一本

《执行》

执行不是简单的战术，而是一套通过提出问题分析问题、采取行动的方式来实现目标的系统流程，一门战略与实际、人员与流程相结合以实现预定目标的学问。

书很轰动，叫作《体验经济》，我们原来在做企业的时候，可能更多的是制造业的思维，或者更多的是一些生产性的思维，我们服务性的思维是很少的。现在大家都觉得"场景革命"很重要，或者我到一个地方会很在意它能提供给我的氛围，每一个服务都存在着"关键时刻"。现在大家可能觉得这些词耳熟能详了，但那个时候我们还缺乏这方面的意识。所以当《体验经济》出来，告诉我们说，我们的商业还可以这样做，还可以让大家真正地自己参与进来，我们才理解了为什么会有像宜家这样的企业，买了一堆板材回去，还要自己来把它组装起来，这种DIY的作用到底在哪里？为什么还能卖出去那么多的钱？我们这些年来也会看到，体验经济的发展确实可以带来巨大的产业价值，创造更多的增值，这也是一个非常非常大的贡献。

最重要的，可能大多数人都会认为，我在华章一个很大的贡献就是引进了德鲁克管理系列，大家都知道他是管理的大师，当时也有国内的一些出版社在很早的时候零星地引进了几本德鲁克的著作，但是没有系统、全面地去引进它。所以我操持了一个很大的工程，完成了这套将近30本图书的引进；而且那个时候我们邀请到了海内外很多研究德鲁克的专家，请到了各方的神仙，在一个大礼堂内，对企业营销人员、销售人员、生产人员，当然也包括整个中层和高层管理者，做了系列培训，让大家能够充分系统地来理解德鲁克的思想、脉络，还有传承，以及对当下中国到底能产生一些什么样的帮助和影响。

我觉得我们当时做得非常透彻，通过自己的选题策划，把最好的思想精华，真正滋养到市场需求的每一个毛细血管里面去，我们都得到了一次非常好的演练、非常好的提升。当然最后书推出来以后，对整个社会造成的巨大冲击和影响，一直到现在都经久不衰，这套书可能现在还能每年为机械工业出版社创造一个多亿的效益。从社会影响力来讲，从创造的经济价值来讲，都是不可估量的。非常非常多的企业家、非常非常多的企业发展，都从这套书里汲取了很丰富的营养。

在华章公司工作的阶段，我们通过努力跟国家整体市场发展的节拍相契合，为怎么样更好地理解中国的市场和用户，怎么样更好地通过我们的图书去传播先进思想，去服务企业的进化，找到了一个非常好的路径和感觉。

三、创立湛庐文化传播公司以后

我并没有说看不起那些鸡汤类的、励志类的畅销书，但就我个人的背景而言，我更愿意去做能够让我们国家迅速地去对接到世界发展的各个前沿的书。

庞沁文：您是怎么想到成立湛庐文化传播公司的？

韩　焱：2005年之后，我又有了一些新的想法。我在想，从我的经历来讲，我一直以来接受到的训练，都是要能够有一种更灵活的思路来帮助我们跟世界上最先进的思想对接。我想能不能做得更好，能不能做得更快。我想怎么样能够更好地发挥我的灵活性，怎么样能够做好我最擅长的事，怎么样能够服务好更多的中国企业用户，我想做一些尝试，我就想那干脆这样，我自己成立一个公司。当时的国家政策非常支持民营图书策划公司，非常欢迎民营的策划机构来和国有出版社进行合作，有一个灵活的机制对接，大家都发挥各自最大的优势来促成出版的繁荣。

所以我就成立了北京湛庐文化传播有限公司，我们就和中国人民大学出版社、浙江人民出版社，浙江教育出版社等，开展了比较广泛的合作，合作效果也很好。湛庐文化更好地发挥自己的特长，能够迅速对接世界上最新的，新科技、新趋势、新实践。我们发挥我们的灵活性，更好地把触角向外伸。出版社则发挥它的坚实的编辑优势，以及对整个政策和市场走势的把握。我们相结合，优势就出来了。

庞沁文：请您把您在湛庐文化传播公司时期做的畅销书做一个重点介绍。

韩　焱：您刚才提到的《大数据时代——生活、工作与思维的大变革》，在我们推出这本书的时候，基本上整个世界也才刚开始喊，什么叫作 big data。说 data 我们都还不太清楚，怎么样去分析数据，怎么样去使用数据，还在想数据科学的时候，大数据又来了。当时大家对大数据有非常非常多的误解，说大数据就是多吗？就是大吗？到底大数据能为我们的未来带来什么样的趋势？能给我们带来怎么样的升级和迭代？在那样的一个时刻，在整个世界都还有点儿蒙圈的时候，我们就迅速地把这个《大数据时代》引进过来了。

可以说当时是踩在了整个世界趋势发展的这个点上，我觉得这个比较重要。以前我们都落后世界几拍，从《大数据时代》开始，我们就紧

《大数据时代》

大数据不是要教机器像人一样思考。相反，它是把数学算法运用到海量的数据上来预测事情发生的可能性。

紧跟上了世界新趋势的节拍。

当时《大数据时代》这个书出版的时候，我们第一时间就送到总理那儿，还送到国务院办公厅，这本书的译者周涛老师因此被评为中国经济十大先锋人物，也被誉为"数据少帅"。他20多岁就已经是教授了，总理常常会请他作为智囊团的一员来给咱们国家的大数据战略提供非常多的意见和建议。

后来湛庐又出版了《生命3.0》，讲的是在人工智能时代，人类怎么能够跟机器共存，怎么获得更好的发展，人工智能时代能给我们带来什么？一系列这样的书的出版，我们都跟上了世界的潮流，这对我们国家来讲是非常非常重要的。

这样的工作，是我作为一个出版人特别想去做的，这也是我认为的真正意义上的畅销书。我觉得大家术业有专攻，我并没有说看不起那些鸡汤类的、励志类的畅销书，但就我个人的背景而言，我更愿意去做能够让我们国家迅速地去对接到世界发展的各个前沿的书，能够帮助我们整个国家去做更好的战略布局，或者能促进产业发展，真正帮助到每一个产业的从业者、企业家，能够创造更多的独角兽型的企业，甚至创造更多巨无霸式的企业，像华为那样，站到世界的前沿。我们常年都往海尔、腾讯等企业送书，真正地放到了张瑞敏先生、马化腾先生的车里，或者直接放到他的办公室里。

最近我们推出的《财富的起源》等图书，张瑞敏先生正在读，他还组织海尔所有高层学习这本书。我感觉做这样的畅销书，能够对我们国家的长远发展，甚至完成世界级的逆袭，带来更大的贡献。

总体而言，在我职业生涯的第三段，正好赶上了咱们国家经济的腾飞，向世界对齐，更好地去实现中国梦的阶段。在这个阶段，我们更好地找到了应该怎样服务于整个国家的建设的路径。尤其在创建湛庐文化之后的这个阶段，我们又进入了互联网时代，进入了数字经济时代，我们也积极地去拥抱了各种各样的服务形式。今天您看到了，我们有这样的视频直播间，还有音频的录制间，装备都是非常非常专业的，形式上我们也在不断创新。

庞沁文：具体地说，您在互联网时代做出了哪些新的探索呢？

韩　焱：在这样的一个时代，虽然阅读纸书还是大家很好的终身学习的途径，但大家现在的学习更碎片化了，学习形式也更多样化了。因此，我们在积极地把我们的书籍提供给学习者的同时，也努力提供多种形式的知识服务。现在每周大家都能看到湛庐文化在做直播，请来了各方的神仙，都是各个领域的大牛，来给大家做阅读的指导以及知识的分享。同时我们也上线了湛庐阅读 APP，在里面做阅读服务。我们和其他的知识服务商可能不太一样，我们不仅通过讲书、音频专栏，视频课等来解读，帮助大家理解一本书的核心内容，同时也注重告诉大家怎么样去通读、精读和泛读每一本好书，我们还开设了精读班带领大家一起精读。

比如说《大数据时代》，读者自己读起来有一些困难，我们就找到了领读官，把它拆解了，带领大家连续读 15 天到 20 天，每天读一个章节，读 15 到 20 页。通过这种定时、定量、定标的方法，把一本十几万字的书，拆解成十几天的一些小任务，让大家循序渐进地，在专家的带领下，和其他的同样在读这本书的读者一块完成这样一个阅读任务，效果非常好。很多人都反馈，觉得以前买的书没有办法找一整块时间来读完，非常地可惜，但是通过精读班，一年可以有效地读完很多经典书籍。

我们湛庐现在还在做很多新实践，我也希望能够和同行一起来探索，我们作为一个出版者，怎么能更好地完成自己的转型，怎么能够在这一个终身学习者迅速涌现的时代，帮助大家去完成自己的阅读学习和自我提升。

在做新媒体阅读探索的过程中，我们深切感受到在数字化时代，在大数据时代，在互联网时代，拥有更好的学习和更好的教育，是非常重要的。所以我们推出了《学习的升级》这本书，作者是苹果公司第54号员工，他也是苹果公司的前副总裁，他建立了苹果教育这样的部门，成立了苹果大学，做了非常多的工作来促使这个时代用技术解锁教育当中未被解锁的那块处女地。这个工作启发了很多中国的教育者，大家觉得这是一个很好的话题，也是一个很好的升级契机。全国政协委员，也是中国教育协会的朱永新老师，跟我们在搜狐网一起做了一次直播，当时在线观看的大概有近百万人，产生了特别大的社会反响。我们打算在今年12月的时候，继续把这个作者，也就是苹果公司的副总裁库奇请到中国来，让他直接跟国内很多一线的优秀教育者，包括很多中学校长、小学校长去交流，给他们做培训，让技术怎样升级学习，这样的一些理念直接渗透到我们的基础教育当中去。我们觉得这些工作都是非常非常重要的，也是我们倾尽全力在做的。

基本上我整个20多年的职业生涯可分为这样三段，其实是紧扣着咱们国家整体的国家竞争力的发展和塑造，紧扣着我们出版业整体使命怎么样向前推动的。确实对于我来讲，如果像您刚才讲到的，大家觉得我做了一些贡献，我确实觉得是与有荣焉，是时代正好给了我们这样一个机会，让我们在这个时代里面可以做弄潮儿。如果没有这样的时代，我们可能都没有用武之地，所以非常非常地感谢这个时代。

四、如何判断一本书是否值得引进

引进畅销书，首先第一步，你肯定是要先找到一个有价值的思想。第二步，要搞清楚你找到的这个有价值的思想，跟中国当下的需求和社会的脉动契合度到底有多大。

庞沁文：您刚才介绍了您整个的策划引进畅销书的历程，您在畅销书引进方面有这么丰富的经历，您能总结一下，怎么判断一本书是否应该引进吗？

韩　焱：您说的这个特别关键，其实我们也走过弯路。最开始的时候我们真的是非常着急，就想把世界上各个领域里面最尖端的东西，一股脑地引进到中国来。恨不得让大家一夜之间就完成对接。在这个过程当中，引进的一些书它就变成先烈了。很明显，在很多对接方面我们没有办法一口吃成个胖子，一步到位是不可能的。

后来我们就意识到，必须要对我们国家的发展现状进行深入的了解，要研究企业家的知识结构，研究大多数企业发展所面临的阶段性问题等等，在这个基础之上，我们再来决定到底应该引进哪些最好的书给大家。不光是引进，我们还会组织国内的一些作者，去写作出更好的图书来服务于企业界的现实需求。我们湛庐的编辑通常分成策划编辑、营销编辑，还有文字编辑，也就是责任编辑，在我们研究一个选题是不是要去引进的时候，其实是几方面一起在联动。我们审视一个选题是不是应该引进，当然要看这本书能否实现最广泛的传播，但我们并不是力图让每一本书都成为畅销书，对到底需要出什么书，我们有一个多样化的布局，在这个基础之

《证券分析（经典版）》

投资者的兴趣主要在以适当的价格取得和持有适当的股票。

第十章　财经书与汲取国外前沿文化精华　317

上我们确实会挑选一些具有爆品特质的书，加以重点推广。湛庐"神仙会"对畅销书的策划营销也特别特别的重要，出版人虽然是十八般武艺样样精通，但我们在每一个领域，都不可能做到像那个领域的专家那么精通。

比如《证券分析》这本书，可以说是价值投资的圣经，像这样的书我们判断它是一个爆品，我们就把证券业的从业人士组织到一起开一个小型研讨会，大概有那么五到八个人，大家一起讨论《证券分析》在当下为什么是中国读者所需要的，为什么证券行业的人需要人手一本。我们还把雪球大V这样的人，他们都是关注个人投资的，更是关注股票投资的。我们又把他们再组织起来开一个研讨会，就是把这路神仙聚会在一起，探讨这本书对个人投资者有什么样的帮助，怎么帮助大家去更好地投资。关于《证券分析》我组织了五个针对不同人群的神仙会，有的是单独的一个领域里面的人在谈，也有的是我们把交叉领域的人放进来，大家一起来谈。一个真正的爆品需要扣上社会跳动的脉搏，我们不可能靠一己之力，靠我自己的一个头脑就做到这一点。通过神仙会我们很好地借用了各路神仙的神力，在他们各抒己见的过程中，我们把这本书的爆品潜质从各个方面加以挖掘，让更多的人可以认识到。

《影响力》是一个销量过百万的书，其实在湛庐做之前，国内其他出版社已经引进过了，但当时并不成功，我们认为其原因是没有完成跟市场对标，之前可能单纯把它当作一本社科类图书引进。我们做了大量

韩焱与《影响力》作者罗伯特·西奥迪尼

韩焱畅销书出版口述史访谈

的工作，对标来对标去，后来发现，《影响力》里面讲到的说服他人的那六种武器，最适合的是营销和销售人员，他们最应该去掌握这些技巧，他们更应该把自己产品的好，传达给别人。

上一版图书它针对的是所有大众，是所有人都应该了解的心理机制。而我们这回没有瞄准整个大众市场，而是去对标营销人员和销售人员，所有的营销工作都围绕这个群体来做，然后就引爆了。所以我认为做畅销书，首先第一步，你肯定是要先找到一个有价值的思想，这个东西是非常非常多的。第二步非常非常重要，需要做的是，要搞清楚你找到的这个有价值的思想，跟中国当下的需求和中国当下的社会的脉动，契合度到底有多大。如果说正好合上这个节奏了，那它就会一飞冲天，如果不是那样，要不就是当了先烈了，就是来的太早了，要不就是来的太晚了。一定要扣好这个节奏，才是你推广最佳思想的最好的时机。这个是我们在做畅销书时候的一些思考。

庞沁文：一本图书是否能畅销，一个核心的问题，就是看其是否和我们这个时代的脉搏相契合，我觉得您谈的这一点是非常正确的。

五、引进畅销书具体的策划、编辑、营销过程

从一本书的策划，到它的编辑，一直到它的营销推广，在每一个环节都倾注了非常多的心血，都做了很多创新性的工作，它们聚合在一起，才有可能产生一个爆品。

庞沁文：请您以具体的畅销书为例，谈一下您在策划的时候是怎么想的，您在具体编辑的时候，又做了哪些编辑工作，又通过什么样的营销工作，使得这本书达到了更好地契合时代的目的。

韩　焱： 我觉得就一本书很难说，我可以分阶段来说，刚才我介绍了，在我们考虑是不是要做这个选题的时候，我们更多地会用神仙会这样的形式，集结社会的力量，把很多外部的头脑，各个领域里面最聪明的这些人，把他们的意见汇集起来。在这个很好的奠基之上，我们来判断其最后可能成为畅销品的可能性有多大，一旦选题确定以后，我们会设法找到最权威的译者或者作者。《证券分析》这本书，我们找了巴曙松老师作为译者，大家都知道巴曙松老师在我们国家金融界，是大师级的人物，证监会很多重要官员都是他的学生，那我们就请巴老师的团队，来翻译《证券分析》，这就在翻译质量上得到一个很好的保证，同时在专业性上给这本书做了很好的一个背书。除此之外我们在国内找了很多专家写了导读，插到这本书各个重要的章节里面，介绍这个章节对于中国的投资者、对于中国的证券行业，能带来最大的作用和影响是什么。咱们也别让读者猜了，也别让读者自己悟了，就请这些专家直接把所有的写出来。所以你会看到在这本书里面，我们放进了很多中国的投资专家和金融专家为每一章做的这样的导读。

再比如，杨天南老师，他是研究价值投资和巴菲特非常资深的一个人。所以，我们策划请他专门做了一本书就叫《精解证券分析》。也就是说对于一本经典的图书来讲，我们真的是帮助读者做到把它嚼碎了，让大家以最简便，最快捷的方式，去吸收它的精华。除了《证券分析》这本书以外，我们在很多很多书中都做了这样的工作，帮助大家去认识书的价值。在一些书里可能没有导读，但我们配上了精读班，精读班里会有这个行业里面最重要的专家、最会读书的人，他们作为导读者、作为领读官带着大家把这本书读完。通过导读，我们可以把外国舶来品，让它本地化，让它更加亲民化。这样我们就能够很好地去完成作者的思想跟大众思想的对接和落地，类似的工作我们做得非常非常多。

除此以外，在内容的扩展上，你会看到我们以音频、视频等方式，再一次去阐释了这个内容，这个对大家也很重要。因为对于我们来讲，我们非常明确地知道学习者有通过视觉、听觉等不同的学习方式来学习的需求，有很多读者就反映说，他真的会买一个有声书，然后他再买一本纸书，他一边放着有声书听，一边在纸书上去画线，这个就证明他的听觉先于他的视觉，这样的人是靠听来获取知识的，和我们大多数人直接去看文字、去画线的人不大一样。那么我们的这种做法，也是大幅地增加了这本书被大家接受的可能性。

常常有人觉得我们的书宣传起来、营销起来，动静特别大，本来十万量级的书，有的时候让人感觉到这个书是百万量级的，当人家来问我们，我们就特别老实跟大家说，没有没有，这个书就是十万量级，可能在别人家这个动静真的是百万量级才会有。我们的同事是比较擅长利用各种各样的媒体，包括传统媒体、新媒体去发声。这是我们同事练出的一个非常好的功力，真的是能够把一本书，到底适合哪种媒体，应该用什么样的内容形式来宣传，都做得非常到位。这对我们整个营销，起到了非常非常大的作用。

今年我们推出了一种日历，叫《湛庐珍藏历》，是我们跟大英图书馆合作，精选了366个馆藏，做成的一本日历。大英图书馆是世界上最大的图书馆，作为出版人来讲，我们倡导阅读，推广阅读，就应该让大家对世界上最大的图书馆有认知，所以我们就做了这样的一个珍藏历。在做这个珍藏历的时候，我们就做了很多本地化的工作。通常的一个日历，它上面能承载的内容是非常少的，你看到它就是366张图，然而我们要为此做大概有几百万字的资料准备，然后为每一张图是什么，它珍贵在哪里，做了一个配合的一分钟解说音频。我们还专门做了小程序，就叫作湛庐珍藏历，然后从2020年1月1号开始，每一天都陪伴大家。

我们特别细致贴心地在服务读者和服务用户方面做了一些非常具体的工作，工作量很大。但对于读者来讲，收获也会非常非常地大，有很多妈妈都说，这样就相当于我带着自己的孩子在逛世界最大的图书馆，可以给他一个很好的文化素养的培养，这本书给了读者很好的服务。

我们从一本书的策划，到编辑，一直到营销推广，在每一个环节都倾注了非常多的心血，都做了很多创新性的工作，这些工作聚合在一起，才有可能产生一个爆品。

六、与作者交往中编辑能获得什么

拜访作者和作者沟通交流，带给我们更多的是一些视野，是一些可能性。从他们身上可以看到他们所做的事业给世界带来的巨大改变，看到个人可能为社会做出什么样的贡献。

庞沁文：您策划了这么多的畅销书，产生了这么大的影响，您在整个畅销书策划营销的过程中，肯定和作者，包括一些其他的人物都会有一个频繁的交往，请您谈一下您和各个作者，以及其他相关人士交往的故事。

湛庐大师行系列活动

韩　焱：我们和作者的来往挺多的，湛庐有一个品牌活动，叫作"湛庐大师行"。我们的作者里面很多人都是诺贝尔奖得主，还有就是各个领域里面最高奖的获得者，比如说心理学领域的最高奖获得者、设计界的最高奖获得者、物理学界的最高奖获得者，等等，我们每年会邀请三到五位各个领域的一流作者，请他们来到中国参加一些重要的大会，国家级别的大会，或者是行业内的大会，如乌镇的互联网大会，腾讯视频V视界大会、教育界的一些年会、人工智能协会的一些年会，等等，请他们在会上做主题的发言。

除了参加大会，做主题发言之外，我们还会带着他们去参观中国的一些跟他们非常相关的企业。我们曾经带他们去参观过联想、海尔、腾讯、阿里等，也包括最重要的一些教育机构，像清华、北大的实验室，我们也都会带他们去，让他们能够很好地了解到中国现在发展的真实状况，也帮助他们找到可以和中国对接的可能性。我们还会请他们向公众演讲，跟各行各业的人跨界交流，请一些媒体做专访。每位知名作者来，我们都会为他做一个特别的欢迎聚会。比如我们曾为《生命3.0》的作者泰格马克做了一个欢迎聚会。他来的时候是一个中秋节，我们专门在一个中式的庭院里面，做了一场"生命3.0之夜"，把中国的凡是跟人工智能相关的、教育相关的，还有产业发展相关的人，从政府到企业，到实践者，我们都请过来。那一次的碰撞效果非常好，大家产生了很多新的想法和新的连接可能性。

很多作者都参加过"湛庐大师行"，像麻省理工学院这些著名的教授，我刚才讲到《生命3.0》的作者泰格马克，还有《智慧社会》的作者彭特兰，还有詹姆斯·沃森，就是他找到了DNA的双螺旋结构，因此获得了诺贝尔生物学奖。我们还请来过复杂科学的领军人物，也是圣塔菲研究所的专家布莱恩·阿瑟，张瑞敏首席执行官曾专门请他跟海尔的员工见了面，然后他们做了一个高端的对谈，就在湛庐文化的中厅。这些都让他们有了很好的面对面交流的机会，我们特别乐于促成这些事。

我们的作者里面，有专门在做国际重大奖项评选的，有一个评选叫作全世界最值得大家关注的、最著名的、顶尖的 50 位管理思想者（Thinkers 50），当年我们就力推张瑞敏先生和柳传志先生，我们把他们两位都推介过去，做了大量的工作，帮助他们进入到最后的评选阶段，张瑞敏先生就被评上了，后来还去英国领了奖。我觉得这些都能够让国际社会更好地了解中国制造业的转型，是一个中国企业走出去的非常非常好的机会。

除了把作者们请到中国来以外，我们自己也会定期地去拜访一些作者。今年夏天的时候我就去旧金山见了几位非常重要的作者，比如大家都知道心理学界有一位泰斗级的人物，叫菲利普·津巴多，他是斯坦福大学的心理学教授，做了著名的斯坦福监狱实验，就是选两组学生，一

韩焱（右）与心理学家菲利普·津巴多（中）

组演狱卒，一组演犯人。管理犯人的人，就会对犯人来作恶。他的实验很好地揭示了好人为什么会作恶，伊拉克的美军为什么会虐囚。他从心理学上对人性进行挖掘和理解，作出了特别特别大的贡献。他还提出了"路西法效应"，阐释好人是如何变成恶魔的。他是心理学界当之无愧的大师和泰斗。

我们去拜访了他，希望能引进他的口述史。他年纪已经非常大了，我们觉得，留下这样一些史料是非常非常重要的一件事，就像今天咱们在做的这些事情一样。我们去拜访了津巴多，我跟他交流了很多，包括他现在正在做的项目，就叫作英雄项目。他特别想挖掘的是，在人类当中有一群人，他们永远会先人后己，当危机出现的时候，他们永远会去拯救别人。他就想研究出来是什么样的一些人更容易成为英雄，或者怎么能促使更多的人做出英雄行为。我们跟他交流了很多，我们觉得在中国这样的文化里面，有大量的英雄人物，从黄继光到雷锋，一直到小英

韩焱（右）与《园丁与木匠》作者艾莉森·高普尼克

雄赖宁，整个就没有断过。他对中国的英雄也非常非常地感兴趣。我觉得我们所做的很多的工作，其实是一种文化交流的工作，是把中国很多特有的文化，或者传统文化里面的那些非常闪光的部分，传达给这些世界级的最聪明的头脑，让他们能够更正确地去认识、去理解、去看待。虽然他们都已经是很厉害的人了，但他们对中国的认知还是非常非常有限的，我们在与他交往过程当中，时时在提醒自己，要发挥好文化交流的作用。

那次我还去拜访了加州大学伯克利分校的一个世界上很有名的认知心理学家，也是一个教育家，她叫艾莉森·高普尼克，是一位女士。我们出版了她的一系列的图书叫"天生学习家"，包括《园丁与木匠》《孩子如何学习》等，她是世界上研究"婴儿怎么开始学习"这方面最权威的人。我们也谈了非常非常多的话题，她虽然是一个认知心理学家，但她自己跨界到了人工智能领域，她想研究在人工智能时代，我们怎么能够更好地去发展人类的智能。她认为，人类的智能是很厉害的，婴儿是宇宙当中最厉害的学习大师，她想研究怎么能够让人工智能学会婴儿的学习方法，促使人工智能能够获得更大的发展。

我在跟他们交往的过程当中发现，国外的这些专家和大师级别的人物，他们的跨界特征是非常非常明显的，他们总能够成为一个多样智能的人，他们生活得很精彩，往往一个人的头脑就可能抵得上好几个专家的头脑。他们自己的人生也很丰富，一辈子过得好像别人几辈子一样。我觉得他们都是我们这些学习者和我们孩子们的非常好的学习榜样。我们的思想怎么能够变得更加的丰盈，我们的人生怎么能够变得更加的丰富，这些大师们确实给了我非常非常大的启发。他山之石可以攻玉，把他们的好方法拿来普及给我们的读者，这对我们来讲是一个很大的使命。

因为我们在推《学习的升级》，我也去拜访了苹果公司的副总裁约翰·库奇。我去了他的家，他家就像一个小型的苹果公司的展览室，展示了苹果公司发展的历史。他家里摆满了照片和各种物品，从苹果公司的第一代电脑开始，到第二代，一直到现在，他的家见证了他和乔布斯一路走来，他们的深厚友情，也见证了苹果公司的发展带给他自己生活的改变。他还买了一块地，在这块地上他一步一步地建成了一个葡萄酒的庄园。

拜访作者，和作者沟通交流，带给我们更多的是一些视野，是一些可能性。从他们身上可以看到他们所做的事业给世界带来的巨大改变，看到个人可能为社会作出什么样的贡献。个人能给世界带来一些什么样的可能性，也就活生生地展现在你的眼前了。所有这些对我来讲，都是受益匪浅的。

庞沁文：*"湛庐大师行"邀请了国外优秀的作者到国内来，产生了很大的影响，在组织国内作者到国外去方面有过什么活动吗？*

韩　焱：湛庐文化还有一个品牌活动，是带领着国内的很多精英去美国访学，我们就叫"对话最伟大的头脑"。我们会带着国内各行各业的头部企业的掌门人，或者叫掌舵人，带着他们到美国去见各个领域里面最顶尖的思想者，希望能够帮助他们站在未来的十年、十五年，提前站在那儿，再以终为始，回头看，找到自己的发展路径。我们已经连续做了大概三四届了，每一次反响都非常的好。我们带企业家们去了麻省理工学院（MIT）的媒体实验室，为什么叫媒体实验室？因为媒体都很关注这个地方，所以最后就命名为媒体实验室了。那个实验室是一个玻璃大楼，好几层高，在里面汇聚了各种各样的实验室，是一个实验室的集群，在里面你会看到各种各样新思想的迸发。比如说里面有最新的脑机接口的实验室，有最新的智能车的实验室；还有怎么能够用室内的光源去培养植物的实验室，这个问题解决以后，我们就可以盖起一栋大楼来，在大楼里面种蔬菜、小麦等，更好地解决全世界几十亿人吃饭的问题，也可以使整个钢筋水泥城市的空间得到更好地利用，让每一个大楼的任何角落，都能够变成种植蔬菜、水果的肥沃土地。

媒体实验室里有非常非常多的大开脑洞的实验室，可以从不同的角度引发大家很多的创新，艺术家也可以在里面找到自己进一步发展的方向，尤其是可以让投资人看到从生物学、物理学，到编程，再到人工智能这样的各行各业，在未来都有一些什么样的可能性。湛庐文化的理念是：对话最伟大的头脑，与最聪明的人共同进化。我们把最伟大的头脑定义为世界上各个领域最尖端的这群人，包括研究者，包括实践者。我们把最聪明的人定义为三类人：一类人是我们找到的这个最伟大的头脑，他们是贡献思想的源泉；第二类是我们集结起来的这些专家，可以理解为传播这些最先进思想的人；第三类人是我们的读者，他们愿意去亲近这些最伟大的思想，愿意在这些巨人的思想之上获得发展，甚至是创造出更多的精彩，去丰富自己的工作和生活。

我们在和我们的作者，也就是最伟大的头脑交往的过程中，总不断地提醒自己说，我们一定要履行好这样的使命，做好这样的传播，做好这样的对接，做好这样的解读。我们的每一个作者都有自己的独特之处，他们都在自己的领域里面做出了最引人注目的成就，每一个人身上都有着很多的故事，散发着一些独特的魅力。

七、出版人是干什么的

出版人是把那些最值得带给读者的思想，做出很好解读的人，是每一个思想者和大众之间的那个超级连接者？

庞沁文：在您所接触的这些最伟大的头脑当中，或者说作者当中，您印象最深、感受最深、受启发最大的一位作者是谁？

韩　焱：我觉得对我影响挺大的作者之一应该是巴拉巴西。巴拉巴西其实是一个匈牙利人，后来到了美国，现在他在哈佛大学有自己的实验室，专门研究复杂科学和网络科学。他是一个有非常好的"转型力"的人，跟我现在在做的事也挺像的，他自己做的是世界最尖端的一些研究，大家认为他是未来诺贝尔物理学奖的热门得主。他和大多数的研究者一样，在自己的研究圈子里面，用自己的圈子里能够听懂的那些话，每天做着跟同行之间的交流。他深深地扎在自己的实验室里，扎在那个象牙塔里面，一往无前。

但历史发展到今天，你要想让自己的成果获得大家的关注，就不能再这样"闭门造车"了。大家都知道，科学家最怕的是别人抢先发表自己的一个发明。达尔文、华莱士还有很多科学家都是这样，大家都在做着同样的研究，只不过有一个人的成果比另外一个人早公布了一天，他就变成了名扬世界的、给世界带来转变的教父级人物，划时代的巨匠。科学家为了自己科研成果的普及，他也必须学会向大众去宣讲他的成果，让大众甚至更多的各行各业的人，都能够理解他现在正在做的事情。巴拉巴西之前已经写了一些很成功的著作，我们曾出版过他的《链接》《爆发》，还有一本有关网络科学的教材《巴拉巴西网络科学》，这本书是学计算机和复杂科学的这些学生们，大家基本上必读的一本教材。

巴拉巴西在专业领域已经非常成功了，但他去年勇敢地进行了一次转型，他就开始向大众宣传数据科学和网络科学的一些研究成果了，他写了一本书叫作《巴拉巴西成功定律》，把现在复杂科学领域里面的研究成果，运用到了对于成功者的研究上。他所说的成功者，不是指我们自己认为的成功，而是指社会普遍认为你成功了，你的成功真的是给世界带来了改变。他研究这样的成功者，都有一些什么样的共性，他们做对了什么，所以就变成了成功者？他把成功变成了一个科学定律能够去解答的东西，也就是说有一些可以遵循的科学方法，去促使专业人士能够在自己的专业领域获得更大的成就。他完全抛弃了自己原来研究者的讲解方式，转换了一种语言体系，专门从怎么写一本畅销书的视角去写。他要成为一个会向大众讲故事的人，他还向电影明星学习，聘请了美国好莱坞那些明星的经纪人来做他的经纪人。从他自己整体的外形包装上，到给他拍的内容推广的视频上，然后到整套营销推广的方案上，都做了一个全新的更新和改变，他写的书从一个学术型的图书，转变成了大众型的图书。我们在这个月底会推出这本书，你就会看到一个科学家，在不断地去做着尝试，不断地从自己这一端去靠近大众，努力地想让大众能够理解他自己的伟大理想。

我们出版人的事业也是这样的，我们在湛庐内部就定义自己，要成为最好的、具有内容解读力的团队。大众对出版人是不太理解的，常常会有人来问我们，书是你们写的吗？你们是作家吗？还有人会问，你们是改字的吗？大家都不太理解我们在做什么。

庞沁文：那您认为出版人是做什么的呢？

韩　焱：我们需要让更多的大众理解我们，我们既不是产生思想的人，也不是单纯地在找错的人。我们是把那些最值得带给读者的思想，做出很好解读的人，我们是每一个思想者和大众之间的"连接者"。有人认为出版人是播种者，还有人认为出版人像普罗米修斯一样是盗火者，但我觉得在这个时代，出版人最重要的就是要做好思想的解读，用大众能够听得懂的语言，去把那些专家的思想，他的精髓传播给大众。我们在做的这种直播也好，我们做出的任何一个音频视频产品也好，都是在力图做这样的事。

一个专家他站得越高，他就离大众越远，他思想里面很多东西要想让大众听懂，就会越难。他走向人类知识那个已知和未知的边界越远，他想回过头来，把最前方的消息传递给读者的时候，真的是更难。但是他愿意做出这样的一些改变，做一些普及工作，对我们来讲是很大的鼓舞。大多数的研究者，不愿意做这样惠及普罗大众的事情，对他们来讲转身确实有一个难度，同时他们也不愿意把自己的精力更多地放在这上面，但这确实是一个造福社会的好事。巴拉巴西由专业转向大众的华丽转身，对国内的专家学者花时间来把自己的思想通过畅销书阐释出来，起到了很好的一个示范作用。这对写作者，对他的研究者同行，对我们这样的内容传播者，都有很好的一个鼓舞作用。最近而言，巴拉巴西对我的鼓励和帮助是最大的。

庞沁文： 我觉得您所讲的专业成果大众传播问题，对于我们做出版科研的人来说也是一个启发。怎么样让出版专业的研究成果得到一个更广泛的传播，也是我们做畅销书出版口述史努力的一个方向。

八、出版是一场因缘际会

无论我们做了什么样的策划，做了什么样的呈现，做了什么样的营销，都是为了让出版这场因缘际会更美好，让更多的人能够跟这本书相遇相识相知。

庞沁文： 在出版人里面，谁对你影响或者启发比较大呢？国内的或者国外的都可以，可以是有过接触的，也可以是通过其他方式了解的。

韩焱： 出版人方面，对我影响比较大的，其实是一个叫迈克尔·科达的人，他是西蒙与舒斯特的一位老总编，我们还引进了他的一本书，这本书是我在华章公司的时候引进的，写的就是迈克尔·科达自己。我们当时是西蒙与舒斯特的几位老同事大家一起做的，译者也是西蒙与舒斯特的一个同事，是一个中文功底很好的人，那本书我们就把它命名为

《因缘际会》。我们觉得整个出版的精髓，就是出版者在创造着一场场的因缘际会，既是作者和出版者之间的因缘际会，也是出版者通过自己的工作，带来的读者和思想者之间的一场因缘际会。思想在时空当中不断地去交错，你自己到了书店之后，在一排排书架之间浏览，你为什么会拿起一本书，为什么会把它带回家，然后要花上很多个小时来读完这十几万文字，这真的是一场因缘际会。就是因为这一场场因缘的产生，最后才交叠出了一个人思想最后的脉络。你读过什么样的书，决定你将成为什么样的人，你就是你读过书的总和，人们常常会这么说。

庞沁文：人写了书，书也塑造了人，出版人在创造着出版的因缘际会。每一个人也在创造他自己人生的因缘际会。

韩　焱：所以我们的使命，就是要做促发这场宝贵的因缘际会的人，不管从选题上来讲，我们挑选了什么样的思想进来，我们做了怎么样的

《千面英雄》

英雄是我们每个人内心都隐藏着的神性，只是等待着我们去认识和呈现出来。为了实现这种成就，我们要像神话中的英雄一样，接受冒险的召唤，跨越阈限、获得援助、接受考验、被传授奥义，最终回归。

策划，包括我们做了怎么样的内容呈现，以及我们做了怎么样的营销，都是为了让出版这场因缘际会更美好，让更多的人能够跟这本书相遇相识相知。迈克尔·科达写的《因缘际会》，向我们展现的是一个出版人应该秉承的职业理想是什么，操守是什么，然后在和每一个非常难搞的作家约稿、催稿，以及请他改稿的过程当中，如何发挥带领作用。虽然作家在他的领域里面比每一个编辑功力都要深，但编辑是为读者负责的人，他是能够帮助作者把自己的思想做更好的阐释和呈现的人。我们有自己必须要坚守的职业角色，在这种情况之下，你怎么定位自己的角色，怎么能够不卑不亢地赢得每一位作家对你的尊重，非常重要。

怎么样去选择好的选题，怎么样能够跟作家沟通，让这个内容得到最好的删减，或者是增加，这体现出编辑的水平。有时候你很难说服作家改任何一个字，在这种情况之下，我们需要用自己的实力说话。一个出版人需要思考一个出版品牌它所承载的使命和它想完成的对这个世界的改变，它想给所有的出版公司的同人带来的成长，想给读者带来的价值，这些东西是通过一代代出版人延续下来的。国外的很多出版品牌，都有百年以上的历史，他们能基业长青，靠的是对这些优良品质的传承和坚守，他们在工业革命、互联网革命、数字革命到来的时候，能够很好地完成对接转型，这对我有非常大的启发。

国内有很多好的出版人，但对我影响最大的出版人我还是选择了一位国外的出版人。我觉得他们走过的这个产业发展的道路非常的长，历经的历史变迁也很多，我希望借鉴他们的经验，运用到我们自己的出版产业发展当中来，这对我们来讲是非常非常重要的。我还想说的是：他山之石可以攻玉。如果您没有看过这本书的话，我特别推荐您看看这本书。

采访人： 我以后会认真学习这本书。非常感谢您今天精彩的口述，请您说说您此刻最想说的一句话。

韩　焱：我想说的是：好书总是下一本。每当大家问我，你最喜欢的一本畅销书，或者你最引以为傲的那本畅销书是什么时，或者我们跟友商在竞争的时候，没有竞争过别人，我们非常心仪的一本书被别人拿走的时候，我对自己说的话，对同事说的话，都是：最好的书永远都是下一本，我们还有很多的机会。我也想说，我的心态一直是一个开放的心态，我觉得我能带来的最好的畅销书，永远都是下一本。

韩焱畅销书出版口述史访谈

每隔一个时期，总是会有一些带有一定天赋的作家，结合这个社会情绪的变化，创造出一种全新的表达方式，关键看你能否与他相遇。

——知名出版人、中南博集天卷文化传媒有限公司副总编辑

毛闽峰

/ 毛闽峰在接受畅销书出版口述史访谈 /

第十一章
励志书与治愈励志文化
毛闽峰畅销书出版口述史访谈

采访时间	2018年8月9日
采访地点	博集天卷办公室
采访对象	毛闽峰
采 访 人	庞沁文
摄　　像	徐静华　宋玉婷
整　　理	庞沁文

/ 采访人按语 /

把网文做成书，为社会传奇人物立传，是互联网时代两种常用的操作畅销书的思路，但能把做畅销书的思路变成畅销书的现实，变成畅销书运营的成功案例，变成畅销书运营模式的编辑屈指可数。毛闽峰凭借他灵敏的嗅觉和务实的操作在不经意之间策划运作出了《从你的全世界路过》《你要去相信没有到不了的明天》《褚时健：影响企业家的企业家》《廖智：感谢生命的美意》等畅销书，为畅销书运营提供了值得借鉴的成熟模式，也为广大读者树立了开启自我传奇人生的榜样。

一、关注流行读物出版，只要是适销对路的优质内容就推荐给读者

每隔一个时期，总是会有一些带有一定天赋的作家，结合这个社会情绪的变化，创造出一种全新的表达方式，关键看你能否与他相遇。

庞沁文：您在畅销书出版方面可以说是大名鼎鼎了，但我们对您的详细情况还不是特别了解，请您先做个简单的自我介绍。

毛闽峰：我在出版行业从业有十多年了。我待过好几家北京的民营图书公司，做过不同的工种。这是我第二次回到博集天卷，十多年前我就在这家公司工作过。后来还去过磨铁、时代华语、万榕书业。

早期我还做过数字出版，当时在中文在线，负责数字版权内容的引入，参与过杭州移动阅读基地的创建。

庞沁文：中文在线的第一桶金，是通过参与移动阅读基地带来的，开始一直是亏，从那个时候它才奠定了生存发展的基础。

毛闽峰：五六年前，我负责时代华语下属的一个子公司。当时我们做了一本年度畅销书《重口味心理学》。这本书的传播中有一个引爆事件。湖南卫视的《快乐大本营》节目组去拍主持人谢娜的房间，拍到了她房间里有一本《重口味心理学》。节目播出后，这本书的销量暴涨。

这本书最初来源于天涯论坛的一个帖子，那个时候天涯社区还很火。我们团队里的编辑周显亮看到了这个帖子，很兴奋，觉得可以做书。他与作者联系上之后，发现作者本人是心理学专业的硕士，有着过硬的心理学专业知识储备。于是，我们重新梳理结构，严谨地修订稿件，把一

个热帖做成了一本心理学书。经过反复讨论，最终提炼出这本书的宣传语"怎样证明你不是一个神经病"，非常有传播力，也是后来谢娜事件的关键引爆点。

《重口味心理学》

你只需要遵循你内心想要的结果去行动，那些行动会引导你到达你想要的方向。

庞沁文：这是一本心理学方面的书，与励志有关吗？

毛闽峰：我们做书并不一定要局限在某个领域，我们不带有任何的先入为主的偏见，并没有说一定要寻找某个类型的书。不管是心理学的，还是励志的，和类型相比，更重要的是对一本书的市场判断。

我们就像是在森林里漫无目的行走的猎人，有些猎物不该打，因为还很小；有些猎物则一看就显然是捕猎的好目标。或者编辑不叫捕猎者，叫采集者吧。有些蘑菇才刚冒头，应该让它再长长；有些蘑菇已经长成了，根据经验判断，这种蘑菇十分美味，值得采集回来。

庞沁文：就是说，你不在乎蘑菇的类别，只看是否有营养？

毛闽峰：是的。我们不带偏见地去发现有价值的东西。后来我离开时代华语，又回到了曾经的东家博集天卷。

庞沁文：您为什么选择回到博集天卷呢？

毛闽峰：换过很多工作单位以后重新回到这家公司，有一个重要原因是对这家公司的老板和一些同事都比较熟悉；另一个是，我觉得自己在外面飘荡多年，似乎已经掌握了采集者的一些方法和路径。在变化的潮流和趋势里面捕捉选题，发现新东西，发现新语感，发现新的表达方式，发现新的营销方式，是一件很难的事。当时我感觉自己可能摸着点门了，想在一个合适的平台上做出更多的探索和验证。

庞沁文：您对自己做书的基本定位是什么呢？

毛闽峰：我认为编辑就是要做用户喜欢的书。编辑应该在法律许可的范围内尽可能地去找到那些能够让这个社会的年轻人、知识分子以及真正的阅读者感到有趣的有价值的内容，并把这些内容制作成出版物提供给用户。

我做书的评判标准是：它是不是适销对路的优质内容，只要是，我就把它好好地做成书，把它推荐给用户。最近这几年，励志的内容更容易被读者喜爱，所以我才比较多地做了励志类图书。

从我的从业经验看，我更关注流行读物，或者叫通俗读物这么一个类型。我是20世纪70年代出生的人，在我的学生和青年时代，非常流行的文学网站是榕树下，它代表了那个时代的文学潮流。很多文学青年在上面写作，同时成长起来了一批优秀的作家。安妮宝贝（后更名为"庆山"）就是其中的代表。作为在上海这样一个繁华都市成长起来的年轻女性，她将自己的生活经历与独特的语感相结合，形成了一种很新的都市文学风格，带动了一波流行。

在安妮宝贝之前，王朔用北京部队大院的那种方言的语感和文风，创作出一批作品，受到了大量读者的欢迎。之后韩寒等也用他们独特的语言风格引领了青春文学的流行。

每隔一个时期，总是会有一些带有一定天赋的作家，结合这个社会情绪的变化，创造出一种全新的表达方式，关键看你能否与他相遇。这叫作江山代有新人出，各领风骚三五年。

二、互联网时代，一个网络热点或许会是一部畅销书的摇篮

作为一个编辑，你无法预见，两个月后，你的作者可能就会变成另外一个人。

庞沁文：2014年您荣获年度新锐出版人时，组委会的颁奖词是：对网络作家非凡的嗅觉，对崭新读者非凡敏感，他策划出版了《从你的全世界路过》《愿有人陪你颠沛流离》等超级畅销书，这些非凡的图书，也给中国图书界刮起了一次又一次非凡的飓风。请您先谈一谈《从你的全世界路过》的策划营销过程。

毛闽峰：五年前，我跟张嘉佳见面是非常偶然的。张嘉佳之前也出过小说，他还是电影《刀剑笑》的编剧，获得台湾电影金马奖最佳改编剧本的提名。

我见到他的时候，他手上有两个作品，一个是"睡前故事集"。他那段时间每天晚上睡觉前，在微博上写一个情感故事，陪伴大家入睡。当时非常火，转发量很高，可以上热搜的程度。另一个作品，是用自己家的金毛狗子梅茜的口吻，写的一系列"狗狗故事集"（这部作品就是后来的《让我留在你身边》，是上海的浦睿文化制作出版的，也有百万册的销量）。

见到张嘉佳，和他沟通，是不带任何预设的，也没有太多的功利性。朋友介绍说他很有意思，可以去见一下，就去了。他在南京有一个小酒馆，

我就去那个小酒馆和他聊天，喝啤酒。他讲到他写的微博和句子，讲到他为什么会在微博上写故事，为什么会用拟人化的方式去写一条狗……聊着聊着，我就说，虽然你过去的书不是那么成功，但没准我们可以合作一下，多的不敢说，卖个几万本还是有把握的。他说可以。我们就这么合作了。说起来就是一个很简单的见面，就像今天我们俩见面一样。基于人与人之间一种直觉的信任感和不带有太多功利色彩的平和心态。

两个月后，有一天我在微博上浏览，看到韩国的一架客机在美国滑出跑道，这是一起大家都很关注的飞行事故，上了微博热搜。但居然有另一条微博的热度超过了这个热搜。就是张嘉佳写的一个故事。那一刻我突然感到当时的签约有了点不一样的意义。作为一个编辑，你无法预见，两个月后，你的作者可能就会变成另外一个人。

当时我就去和嘉佳说，这部书的内容差不多了，我们尽快出版吧。我有预感这本书会火，但真是没想到，会火到那种程度。当时张嘉佳在

《从你的全世界路过》

我想告诉你，坐会儿，喝一杯，或者看看风景，然后就继续往前吧。属于你的另一个全世界，终会以豁然开朗的姿态呈现，以我们必须幸福的名义。

微博上写了三十多个故事，其中一个故事的主人公叫茅十八，送了女朋友一个自己配音的导航仪，在导航仪里叮嘱女朋友行车注意安全，不管去哪里，仿佛都一直陪伴着女朋友。这个故事的语言风趣且饱含深情。还有一个故事讲主人公在餐厅里吃饭，上个洗手间出来到大街上透口气，然后就迷路了，后来打个车才回到这家餐厅。这个看似离奇其实充满温暖的故事，在微博上被转发了几十万次。

我们就整理编辑了这些故事，进入出版流程。一次编辑会上，讨论这本书的书名。有编辑提议叫《我要丧心病狂对你好》，后来我们想了很多个书名，从中挑选出几个，让张嘉佳在微博上发起投票，让读者来决定书名。被最多人选择的就是《从你的全世界路过》，还有很多人选，这本书不管叫什么名字我都买。

从文化流行的趋势看，某一种地方特色可能在某一个阶段十分流行，甚至变成当时的主流，也许是京味小说，也许是海派文学。张嘉佳在南京生活了很久，他笔下描写的南京市民特有的生活方式，还有他笔下人物的南京方言，也在一段时间内，有幸成为了一种潮流。

《从你的全世界路过》这本书成为了当时现象级的畅销书，目前累积销售可能达到了一千万。编辑作为一个普通的采集者，在丛林中采集到一些简单而美好的故事，因缘际会之下，风靡了整个华语地区。

《云边有个小卖部》

我会好好吃饭，睡觉，活下去，我会活得特别好，好到不得了。

庞沁文：您还出过张嘉佳的其他图书吗？

毛闽峰：今年我们出版了张嘉佳的新长篇《云边有个小卖部》，仍然非常畅销，上市没多久就破了百万。这本书描写了主人公与乡下的外婆之间的深厚情感。很多年轻的孩子看了之后都非常感动，说等放暑假一定要去看望自己的外婆。如果我们的出版物能给整个社会带来这样一种温情和温暖，作为从业者，我会非常心安。

应该说，我们只是在带给喜欢文学的人，或者初入社会的年轻人一种温情：我要回去看看我的外婆；我要对别人好一点；虽然我现在还很穷，但我的心是可以行走四方的；我应该重新规划一下自己的人生路，不应该浪费时间了……如果能把这些温暖的鼓励通过图书传播给广大的读者，我们会非常开心。这样一种基本的价值观在我的团队内乃至公司内部都是非常一致的。

《你要去相信，没有到不了的明天》

有些东西你要相信它才会存在，你要相信自己，要相信奇迹，不必感伤不必害怕，因为你就是那个奇迹，只有相信奇迹的人，奇迹才会选择你。

庞沁文：《愿有人陪你颠沛流离》的作者卢思浩2013年出的第一本书是《你要去相信，没有到不了的明天》，您方便介绍一下这本书的策划运营情况吗？

毛闽峰：《你要去相信，没有到不了的明天》是一个特别年轻的学生的励志随笔集。这位学生作者叫卢思浩，他当时在人人网上写日志，写自己如何学习英语，如何自己搞定出国留学的申请，如何一个人在国外生活……人人网上有很多人喜欢和关注他。他向传统出版社投稿，没有反馈。一位年轻编辑，是人人网上的资深用户，也是卢思浩的朋友，她向我推荐了卢思浩。我看了之后，有一个基本判断：卢思浩所写的文字，很契合年轻人的需求，他的文笔很好，内容也对年轻人有帮助。同时他和他的读者互动很密切。因此，我们就做了《你要去相信，没有到不了的明天》。我们在中关村图书大厦做新书发布会和签售，当时他还在墨尔本读书，来的时候穿了一件T恤，就像一个小朋友，来参加签售的读者也全部都是小朋友，来了五六百人。五年过去了，这本书再版了，累积销量也有百万册了。这也是不可思议的。这本书的写作、编辑和传播的过程，是一个轻松的、不带有先入为主的价值判断的商业过程。作者、编辑、读者都在这个过程中得到了公平而琐碎的乐趣。作者很意外地出了一本书，很意外地被这么多人喜欢。编辑用自己的职业训练把书制作出来，用了一个很好的书名和好的营销方式，为读者提供了精神食粮。读者通过阅读这本书知道了：哪怕是一个家境不错的孩子，仍然要刻苦学习，努力再努力，才有机会；那我的家境还不如他呢，我是不是应该要更努力一点？

庞沁文：通过您刚才的介绍，我发现一个小秘密。您刚才说的《重口味心理学》来源于人人网的热帖，《从你的全世界路过》来源于微博热点，《你要去相信，没有到不了的明天》来源于人人网的网络日志，

第十一章 励志书与治愈励志文化

等等。这就是说您操作的畅销书有一部分来源于网络热点。由此我们可以发现利用网络热点出书是畅销书运营的一条重要思路。但互联网热点是否适合出书，出书了是否能够畅销有很大的不确定性，真正把网络热点转化为畅销书的成功案例并不多，您能够在不经意间抓住网络热点，组到热点人物的书稿，使不确定性转变为确定性，成功实现畅销，其中个人的努力是不可否认的，值得我们学习借鉴。

三、一个富有传奇色彩的人物，或许是一部畅销书的绝佳题材

我就抱着一张白纸的心态充满热情地去做自己想做的事，然后就会有更有能力的人加入，就会有各种各样的机遇出现，我们就可以把这件事情推演下去。

《乖，摸摸头》

这个世界上的大部分传奇，不过是普普通通的人们将心意化作了行动而已。你想不想用普通人的方式活成一个传奇？

庞沁文：据我所知，您还操作了大冰的《乖，摸摸头》，您可以介绍一下当时的情况吗？

毛闽峰：与张嘉佳的作品前后脚，我们在第二年做了大冰的书。大冰的第一本书《他们最幸福》，是中信出版社出的。也是一个偶然的机会，朋友说，大冰来北京了，要不要见一面，聊一下。就这样跟大冰见了面，谈到了他自己和他的创作。

大冰当时是山东电视台的主持人，主持的节目叫《阳光快车道》。他是山东汉子，本人很帅，阳光热情，有冒险精神，很爱旅行，也热衷于做各种各样的公益活动。他的身份很多元，是一个主持人，同时也是一个歌手，是作家，还是一个很好的旅行者。

《他们最幸福》讲的是他在行走的路途中遇到的一些特别的人和事。他谈到了一些新的创作内容，我觉得是很特别的，反映了主流媒体很少报道的一些"奇奇怪怪的人"的生活方式。这些人，也许是一个退伍回来的老兵，也许是漓江街头的一个弹唱歌手，也许是在很偏远的地方做公益的一个年轻人，也许是在新疆有过很离奇遭遇的一个小女孩，或者是一个生了重病的母亲，被儿子背着旅行遍整个中国，后来病就好了。

我们当时就觉得这些故事是值得广泛传播的，我们的社会是多元的，年轻人的事业和生活空间比过去开阔得多，如同万花筒。后来我们就和大冰做了他的第二本书《乖，摸摸头》。三个月不到，印数就超百万了。

这些书的畅销，和之前的畅销书相比，区别就在于短时间的爆发。格拉德威尔写的《引爆点》里说到，一个小型的车祸现场很可能只有十个人围观，但在新型的媒体时代，若能抓住引爆点的话，这十个人围观的小型车祸现场，能够在短时间内被整个城市的人都知道。

对于传统出版来说，一本书在一个月内卖1000本是不错的业绩，有1000个人随机路过书店，大家都把它买回去看了，口口相传，卖到

10万册可能需要三五年。随着媒体形式的变化、传播方式的变化、社会环境的变化，一本书如果能抓住引爆点的话，就能够在两三个月之内，销量达到100万，这个是过去传统出版人没有想象到的一种销售空间。

庞沁文：《引爆点》那本书我也看过，其总的观点是引爆流行有三个原则，一是要有关键的联系人，二是要有很强的附着力，三是要有适合的环境。您觉得《乖，摸摸头》这本书为何能被引爆呢？

毛闽峰：在关键联系人方面，大冰本人是一个传奇性人物，他在读者中具有一定影响力。在增强图书的附着力方面，我们也做了许多工作。比如图书的封面，我们设计了蓝色的边框，采用了书中的小女孩在朝圣路上的一张照片，她穿的衣服黑乎乎的，但神态特别虔诚。书名叫《乖，摸摸头》，带有一种抚慰之情。以前从来没有人用这么奇怪的名字去命名一本书对吧？书的名字不应该工整吗？不应该意味深长吗？但我们就用了非常非常直接的俚语，确实取得了特别好的效果。

我们也非常注重营造购买环境，创造了一种新的营销方式——百城百校畅聊会。我们找新华书店或者是学校的社团，组织读者参与，与大冰愉快地聊一聊。大冰有很多民谣歌手朋友，他带着这些民谣歌手和年轻的读者举行免费的音乐会，大家唱唱歌，谈一谈自己的困惑。每个年度，要在100座城市里做畅聊会，这个宣传力度和工作强度还是很大的。许多出版机构举办图书首发，都会邀请媒体参加和报道。我们努力和图书的读者密切地大量地互动，这纯粹是一个体力活。畅聊会这种形式在过去也是不可想象的，因为过去的交通不够便利，大家的生活水平也不高。感谢整个社会的发展，交通住宿的便利让人们的流动变得简单了，作家有机会和喜欢他的读者进行直接的沟通和交流。畅聊会可以说是一种全新的图书营销和推广的方法。当然我们没有刻意地说要创造一种畅销书的类型，我们只是想做一些让年轻人喜欢的东西。

《廖智：感谢生命的美意》

人一生可能拥有很多天很多分很多秒，可是每个人能真正把握得住的只有当下那一秒。

庞沁文：《廖智：感谢生命的美意》也是您操作的吗？

毛闽峰：《廖智：感谢生命的美意》是2013年10月出版的。我们是怎么发现廖智的？2008年汶川地震，这个叫廖智的姑娘在地震中失去双腿，失去了婆婆，失去了孩子，她的先生也跟她离婚了。这样一个被命运重创的一个女孩，在2013年4月雅安地震的时候，竟然到雅安去抗震救灾。她本人是地震中的幸存者，有一些抗震经验，她就去雅安帮助那些受灾的普通人。《北京青年报》报道了这件事，还拍了一张照片，说雅安地震最美笑容廖智。我和我的合作者陈江，看了以后很受感动，我们就打算出一本关于她的书。

我们通过记者找到了她的联系方式，她当时正在上海参加舞林大会的录制。她曾是一个舞蹈老师，她带着假肢去参加舞蹈比赛。我们到上海找到她，和她聊出书。她说有出版社找过她，希望她自己写一本书，她拖了很长时间。除了地震带给她的那些冲击，还有很多其他问题，比如她没有写作经验，很难在短时间内用文学化的语言，把自己的故事写出来。我和陈江对她说，可以采用采访加口述的方式来完成这本书。

后来我们列了一个长长的提纲，在上海花了两个星期的时间采访她。

在这个过程中，我们发现，廖智非常擅长表达，有非常好的语言组织能力和叙述能力。我们在整理口述的时候，保留了她很多自己的语言，充满情感的短语和俚语，还有一些口语化的表达方式。

廖智很年轻，很瘦小，也很好看，这样一个美丽的姑娘，几乎失去了所有。她讲到自己如何度过生命中从心灵到身体最受折磨的时光，讲到房子塌下来把她的腿压住了，后来那个腿是如何被扯出来的。很真实，也很震撼。采访的录音我一直留着，我们把它变成了文字，出版了《廖智：感谢生命的美意》这本书。

在这个图书出版案例里，编辑参与到了产品的创作过程中。你如果一直等待廖智自己去写，这个产品就不会问世了。我们带着摄影师到上海体育馆，拍摄她攀岩。后来在公园里，她坐在一个石凳上，笑眯眯地望着前方，假肢就放在身边。摄影师迅速把这一幕拍了下来。后来我们就选用了这张照片作为封面。这本书的版权输出到东南亚，输出到中国台湾地区，在很多地方都特别畅销。

最初，我们没有想要去做一本感动所有中国人的书，我们只是偶然发现在这个世界里，廖智的故事真的很特别。她首先让我们感动，我们和她一起把她的故事变成图书，并且我们很真诚地把它推荐给了我们的用户。

庞沁文：王石曾在《褚时健：影响企业家的企业家》一书的序中引用过巴顿将军说的一句话，"衡量一个人成功的标准，不是看这个人站在顶峰的时候，而是看这个人从顶峰上跌落低谷之后的反弹力"。从顶峰跌落谷底后的反弹力来看，褚时健先生无疑是一个成功者，这本书在当时产生了很大的反响。

请问当初您怎么会想到出《褚时健：影响企业家的企业家》这本书的呢？

毛闽峰：这本书的出版缘起于王石写的一篇文章《我为何崇敬褚时健》。后来我们将这篇文章作为这本书的序言。文章里说一个 80 多岁的老人，穿一件白衬衫，在山上大汗淋漓地种橙子树，你能想象中国企业家的这种精神吗？

我们看过这篇文章后，就想出褚老的一本书。我们通过各种方法，联系到当时褚老的律师。我买了一张机票，直接跑到昆明找到这个律师，跟他讲我的来意。这个时候我在想，一个编辑保持一颗对事件好奇的初心，是做好一件事情的原动力。能做成当然好，做不成就做不成了。我只是按照一个编辑的思路，去尝试一下。我说我希望能够见到褚老，我们希望可以做一本关于他的人生的书。当然所有的一切都要经过褚老的许可。律师说，给我打电话的一天有几百个，直接跑来的只有你一个。褚老在玉溪，我跟他讲你要去，他若有时间就见你，没时间你就自己回北京。很感谢褚老的律师。就这样，我到了玉溪，到了褚老的家，褚老在家里见我。后来我至少去了两三回，老人家非常忙，每次见我十分钟，也特别信任我们。

通过褚老介绍，我们见到了云南省作协的先燕云老师，她是一直报道褚老、云南企业的资深媒体人、作家。她非常了解褚老的完整历史和相关信息。她介绍了另外一位专门研究褚老怎么运营云南糖厂的记者。他们两位共同写了《褚时健：影响企业家的企业家》这本书。后来中信出版社出的《褚时健传》是王石老师找记者写的。我们这本书的作者是褚时健身边的人，与他本人关系密切，经常采访他，也非常了解他。这本书是褚时健亲自授权的，很厚，销量非常好，影响也特别大。

当时并没有想过要用褚老的人生经历去感动、影响中国的年轻人，并没有抱着这样宏大的目标。只是觉得这样一位传奇经历的老人家，值得出一本书，那我们就试试看。在整个过程中，会有各种各样的奇迹或者说是顺缘出现。我常常觉得非常神奇的是，当你要去做一件事情，就像是在一张白纸上画画，只要你开了头、付诸努力，纸面上就会出现一幅连自己都意想不到的完美图画。实际上，以人类的智慧，很难预见到一定能做成一件什么事。反正我个人是很难预见到明年能做出一本什么样的畅销书，既没有这种奢望，也没有这种能力。我只能说，下周大概可以做一件什么事，我抱着一张白纸的心态充满热情地去做自己想做的事，然后就会有有能力的人加入，就会有各种各样的机遇出现，我们就可以把这件事一直推演下去。

庞沁文：《乖，摸摸头》记录了大冰多年来遇到的各种奇奇怪怪人物的传奇故事，《廖智：感谢生命的美意》叙述了廖智在汶川地震中失去双腿后依然微笑着面对生活，后来又在雅安地震时帮助受灾人们的传奇故事。《褚时建：影响企业家的企业家》叙述了褚时健历经劫难，80多岁后依然可以靠种植橙子树再次东山再起的传奇人生。这三个案例表面上看各不相同，但其内在本质上都是传奇人物的传记。由此可见，为社会传奇人物立传也是一种很好的畅销书运营思路，您在这方面的探索也非常成功。

四、互联网时代，如何做好畅销书

一个编辑如果能把现在的这种社会的变化和读者的变化结合在一起，把本职工作和社会的变化结合在一起，就能生产出市场上大家都看到的畅销书。

庞沁文：无论是抓网络热点还是传奇人物传记，您总是在不经意之间就能推出一部部畅销书，这其中有什么秘诀吗？

毛闽峰：一个编辑如果能把现在的这种社会的变化和读者的变化结

合在一起，把本职工作和社会的变化结合在一起，就能生产出市场上大家都看到的畅销书。我之所以能够做出这些畅销书，只是很偶然地或者说很幸运地遇到了一些优秀的作家。

庞沁文：您太谦虚了，不是说每一个优秀作家都可以偶遇的。有的编辑和优秀的作家即使偶遇了，也可能擦肩而过。您可以对您选择畅销书的标准做一个总结吗？

毛闽峰：首先，它的内容要有正面的传播价值，这是最重要的。其次，要找到传播的路径。如果一个作品特别有传播价值，但同时也特别深奥，一两句话都解释不清楚，那也很难传播。对畅销书来说，它需要通俗易懂，有较低的阅读门槛，有广泛的受众群体。我认为这两点是最重要的，编辑应该在这两个方面去努力。

庞沁文：但是这就涉及一个问题，就是说你根据什么来判断一部书的内容是否有传播价值呢？

毛闽峰：我们做判断的时候，有几个非常硬的指标，比如要去做数据调研、关键词搜索、各种平台的指数等。多年来，我们也形成了一套自己的方法论。从选题到制作的过程，哪怕只是起书名，也不是凭喜好来决定。总之，是用数据来说，数据是不会骗人的。哪怕搜索一张图片，你也会知道这种图片的热度；哪怕是一个话题，你也可以搜到有多少人在关注它。一定要做一个勤快的善用搜索工具的人，感谢互联网工具。

庞沁文：您举个例子，怎么样通过数据来判断用哪一个书名？

毛闽峰：比如我们曾经做过一本关于自控力的心理学书，讲人应该如何更有自控力，这是一本引进版的心理学书。这个类型的产品一度非常非常多。编辑罗列出了大量的书名进行筛选，我们通过检索关键词和内部讨论，最后选择了《别让小情绪害了你》这个书名。

当我们把"自控"这个词在新浪微博里搜索时，发现大家讨论"自控"的时候，会反复提到一句话，"大道理人人都懂，小情绪难以自控"。你会发现自控这个词，并不是冰冷的心理学术语，它总是出现在某个具体带有情绪的场景里：我知道吃冷饮不好，但我今天又吃了一个冰淇淋；我知道不该和父母顶嘴，但我今天又和我妈吵架了……都是在受到某种情绪伤害后，才想起自控。

图书编辑需要重点操作的三个要素分别是：书名、封面、封面文案。具体到封面的色调应该怎么调，目录应该怎么制作，篇章页应该怎么制作，我们有一套严格的方法论。起书名还有很多的技巧，比如《卷卷就能瘦》这个书名中就有驱人行动的意图。在推进一个重点产品时，我们还会做样本调查，有点类似电影的看片会。比如做张嘉佳的《云边有个小卖部》的时候，专门去南京的高校组织了两场试读会。以匿名的方式，邀请几十名大学生参加文本试读。同时，也请了几十名张嘉佳的粉丝来进行试读。试读完，他们要填一张表。我们会根据试读结果，进行一些预判和准备。当然，这是一个比较特殊的方式，并不是每本书都需要这样做。

庞沁文：目前，人们对畅销书的看法各有不同，您如何看待您所操作的畅销书的价值呢？

毛闽峰：一部文学作品或者图书作品的地位和价值，应该由更专业的人，或者用更长的时间来评判和解读。当下一时的畅销并不能说明什么。

我策划的这些作品中确实有很不错的，比如张嘉佳的书曾获得中央电视台的年度图书大奖，褚时健老师的书也曾获得新京报评选出的奖励。

有些书因为过于畅销而收获了各种各样的表扬和批判，其中有些表扬有些过分，也有些批评过于苛刻。在我看来，都是有些极端的。

回顾我在博集天卷的这几年，每年都做出了至少一本百万级的畅销书，只能说，我和整个团队是非常幸运的。这样的概率，每年都有一本销售100万以上的书，在出版行业里面，并不是经常发生的。

庞沁文：您觉得您在畅销书运营上有什么不足的地方吗？

毛闽峰：我们不可能做到让所有人都满意，没有任何批评的声音。我们要正视批评者对这些书的善意的批评，也希望将来能尽量让他们感到满意。做出让更多的人满意的图书，这肯定是我的职业追求。

五、互联网时代畅销书的特点及未来

励志书的读者，往往是那些感觉生活特别无望、备受打击的人，他只是很偶然地听到这本书的名字，他也没有什么钱去进行更高级的消费，很可能买一本盗版书，就靠着这些闪闪发光的句子熬过他人生中最难熬的时光。

庞沁文：您觉得互联网时代，畅销书的内容有一些什么样的特点？

毛闽峰：传统的写作、出版是一种很神圣、很高级的文化活动，图书承载着更多的社会责任。随着互联网时代的到来和商业化社会的冲击，出版卸下重担，好像没有过去那么重要了，正在褪去神圣化的光环。现在的年轻读者阅读一本书，可能真的只是为了哭一下，为了笑一下；为了在某一个场合下表现一下；或者为了获得某方面的知识；为了得到一种心灵的慰藉。读者花钱去消费这个产品，他获得了应有的回报，就觉得很开心。编辑为读者提供了他喜欢的图书，他就完成编辑的使命。

总之，我觉得出版行业正在发生从重到轻的变化。人总是会成长的，在成长过程当中，每个阶段所选择的都是不一样的。我们能够很有幸地在读者的青春期，为他提供有价值的内容。即使后来他把它否定了，他也是在这个基础上才获得了进步。满足青春期读者的阅读需求这件工作值得我们持续地去做。

当然，我并不否认，追求崇高、追求神圣、追求永恒，依然是出版行业最重要的发展趋势。我们不仅要关注现在流行什么，更要关注十年之后什么还在流行。

两年前，韩国的一个出版机构邀请我去坡州出版城做一个演讲、一个分享。我在当当网、京东网和亚马逊上对近十年一直在畅销的图书做了一个分析。我发现，近十年来持续畅销的图书是《红岩》，而且销量非常大。《红岩》是20世纪五六十年代出版的图书，继承了优良的革命传统，带有强烈的革命英雄主义色彩，显然承载着一种沉甸甸的社会价值观。它今天仍然在流行，是一本现在的年轻人也非常喜爱的读物。我觉得这一现象非常值得研究。

互联网时代，畅销书趋势变化的第二个特征是由大众变成小众。一方面，互联网使得许多具有不同兴趣爱好的人聚集在一起，形成了许多小众的部落。另一方面，有一大部分读者开始喜欢在互联网上进行阅读，除了一些平台提供的电子书阅读，还包括了很多网上的碎片化阅读。真正喜欢纸书阅读的人，变得越来越少。纸书阅读成为一种少数人的奢侈行为，纸书成为奢侈品。

沉浸在纸书阅读中成为一种特别的享受，一种很独特的体验，甚至比看一场电影给人的印象更加深刻，确实也没有任何一种产品能够像纸书这样，带给人们沉浸的感受和深入的思考。

我很庆幸在出版这个比较冷门的小众行业里面工作，能够真真正正地了解它，我觉得自己很幸福。因为它相对冷门，不像影视等文化行业那样眼花缭乱，没有那么多诱惑，就不那么让人焦虑，就不那么容易让人受到名利的剧烈的冲击。我可以真正投入到内容本身中，去观察、去分析与内容相关的一切。

庞沁文：互联网时代畅销书的特点，你刚才也说到了一些。我想要了解的是，在互联网时代，各种媒介都非常发达，图书作为一种特定的媒介，为什么还能够畅销呢？在这样的时代，我们应该如何更好地发挥图书媒体的作用呢？

毛闽峰：我觉得图书媒体只是在多样的媒体里面占据一个小小的领域，或者说是一个小小的补充吧。肯定不是主流媒体，主流媒体是那些更便捷的和展示形态更加丰富多元的媒介。图书媒体有它的优势，它是一种沉浸式的互动方式。读者投入的时间和它自身的传播时间都比较长久。

这样一种媒体，哪怕没那么大众，肯定一直会有人喜爱。有一部人在自己的成长过程中，一直保持着良好的阅读习惯。杂志和报纸这些纸质媒体已经渐渐被取代了，图书虽然也有下滑趋势，但暂时还不会消失。因为杂志和报纸的调性和特质很容易被其他媒介取代，而图书是深刻的、安静的、独处的、沉浸的，相对不容易取代。

至于如何才能更好地发挥图书媒体的作用，我没有想过这个问题，我觉得恐怕很难，这也是由它的特质所决定的。

中国的图书市场时常会让我产生一种感动，或者是一种感触。中国有那么宽广的地域，不同的地域，风貌和生活方式完全不同。因为出版工作，我见到了各种各样的作者和各种各样的读者。购买我们图书的读者，尤其是励志书的读者并不是传统意义上的知识分子。励志书的读者，往往是那些感觉生活特别无望、备受打击的人，他只是很偶然地听到这本书的名字，他也没有什么钱去进行更高级的消费，很可能买一本盗版书，就靠着这些闪闪发光的句子熬过他人生中最难熬的时光。

实际上，以中国幅员之辽阔，人口之众多，我们的图书产品有很多人在消费，作为从业者，觉得还是很幸运。

庞沁文：您认为在新的变化的时代，畅销书还有可能吗？

毛闽峰：肯定还是会有的。畅销书会以各种各样的方式出现。各行各业都在剧烈动荡中，我也得时刻做好准备，在这个竞争激烈的城市里，总要活下去吧。

庞沁文：面对新媒体的挑战，你觉得纸质图书有可能会消失吗？

毛闽峰：从趋势来看，肯定会越来越小众，但应该不会一下子消失。在一个小众领域里，也会突然出现现象级的作品，还是挺有意思的。

庞沁文：那您觉得畅销书未来发展的趋势是什么？

毛闽峰：我只能说我完全不知道，因为这是一个变化非常快的市场，哪怕是最畅销的这些作家，很可能再过两三年就会被读者遗忘。因为读者是会成长的，或者他要看更高级的内容，或者他改变了阅读的趣味，甚至可能他一本书都不读了。我觉得我们这个小小的工作，实际上也是充满着动荡和不确定性。我们和读者一样，要在这个不断变化的社会里做出相应的改变，尽量让别人满意。

六、那些能打动责编的畅销书精华

一个编辑应该更加理性，热爱是一个不错的基础，但他更应该跳出来一点，要服从商业规则。

庞沁文：您刚才谈了一些您如何运作畅销书的案例，可以谈谈这些书对您个人的影响吗？书中哪些精华的内容，哪些精彩的话，它首先感动了你，以至您想把这些内容贡献给您的读者。

毛闽峰：您说的是感动我吗？

庞沁文：对。就是说您做了这么多图书，它是不是感动了您？它不感动您，您为什么要推荐给别人？

毛闽峰：我觉得我做的这些书，很难感动我，我必须坦诚地这样说。如果以能感动我，作为出书的标准，我可能就做不出这么多畅销书。真正感动我的图书，应该是像《红楼梦》这样级别的。从我的内心感觉来说，我做的这些图书，有打动我的部分，比如一些句子和细节，也能打动我。

庞沁文：也不一定说感动您，可以说一些您认为对读者来说是有价值的内容。

毛闽峰：比如《你要去相信，没有到不了的明天》，这个既是书名，也是作者的一种生活态度，同时也呈现新媒体时代的一种语感吧。又比如张嘉佳的《从你的全世界路过》《让我留在你身边》，都具有一种非常温和又切入人心的风格，肯定会打动年轻人的。

张嘉佳的《从你的全世界路过》的文笔非常优美："我希望有个如你一般的人，如山间清爽的微风，如古城温暖的灯光。从清晨到日暮，从山野到书房，只要最后是你，就好。"你看我都会背了，这段话充满了诗意，它肯定会感动年轻人。

再比如大冰写的故事。一个游荡了半个世纪的男人，回到家里面见妈妈得了重病，妈妈也没去过别的什么地方，他背起妈妈就走，说从现在开始你的儿子放下所有的一切，就跟你在一起，无论走到哪里。潜台词是说如果不行了，那最后就是死，儿子也陪你在一起。他背着妈妈从中国的东北一直走到了最南方，最后他妈妈的病奇迹般地好了。这样的故事和其中传达的情感，肯定会让读者感动。这也是在签售会现场，很多读者给我们的反馈。

根据我个人的经验判断，一些内容肯定会让年轻人觉得特别好，也很容易打动年轻人。在我年轻的时候，也不例外，这些作品肯定会让我特别感动。

庞沁文： 那什么样的书能让现在的您感动呢？

毛闽峰： 像《红楼梦》，或者《金刚经》吧。我偶尔也会去读读《地藏经》，其中包含的人生哲学部分，是更深刻的阅读体验。从技术的层面来看，我刚才提到的《引爆点》等一系列的图书是非常值得看的。美国编剧罗伯特·麦基的《故事》，是任何一个做编剧，或者研究小说结构者的必读书。

以色列年轻的历史学者尤瓦尔·赫拉利写的《人类简史》，凯文·凯利著的《失控》和贾雷德·戴蒙德著《枪炮，病菌与钢铁》等书，肯定是很不错的。我个人对社科类图书更感兴趣。

有些书是对经典著作的研究成果，同时用通俗化的方式表达出来，这类图书也值得一读。《蒋勋细说红楼梦》系列虽然也有人批评其中的硬伤，我个人认为还是很好的。南怀瑾写的《金刚经说什么》，还有《正见》《人间是剧场》等图书也给我留下了深刻的印象。这些书都很畅销，只是受众范围没那么大。从感动我这点来说，我会选择这些图书。

我做的是通俗类图书，或者说是流行类图书，很大一部分是为年轻人服务的。比如廖智的故事，你如果在现场听她本人讲述，肯定会落泪。从廖智身上你能感知到巨大的生命冲击力，还有一些人性深层次的东西。文字的观感终究不如活生生的人所带来的冲击力。再比如在褚老的书中，你所感受到的那种历经沧桑后的云淡风轻。这些内容都给我留下了深刻的印象，不一定能够用感动这个词来形容，更多的是喜爱或者钦佩。

如果一个编辑仅仅只是从喜爱出发，他是没办法制作一个产品的，因为他会陷入自己的情绪里面。一个编辑应该更加理性，热爱是一个不错的基础，但他更应该跳出来一点，要服从商业规则。

庞沁文：我能够明白你的意思。作为一个编辑，并不能只根据自己的喜好来选择作品，而是要根据目标读者群的需求来进行选择，如何更好地满足读者们的需求。

毛闽峰：对，您说得特别对。

七、做好现在，静待未来

我们不一定非要有一个明确的目标，一定要去打造一个什么样的畅销书，但我们一定要有一个初心，就是一定要把我现在该做的工作做好，畅销书也许就会自然地来到我们的面前。

《褚时健：影响企业家的企业家》

只要活着，就要干事，只要有事可做，生命就有价值。

庞沁文：最后，我想做一个总括式的总结，就是提一些重点的问题。在您所做的励志类图书里，您最喜欢哪一本？

毛闽峰：我最喜欢张嘉佳的《从你的全世界路过》。原因就是张嘉佳用一种非常诗意的语言书写了一部分人的新感受和生活新状态。这些内容让人哭了又让人笑了，最后让人拍拍身上的灰尘，勇敢向前，直面感情和自己的人生。

庞沁文：正如你刚才说的，能够鼓励你熬过生命中最困难的时光的金句，你认为是哪一句？

毛闽峰：有很多很多。

庞沁文：就随便选一句吧。

毛闽峰：还是慎重地选一句吧。有一句话对我非常有用，就是《金刚经》里面的：一切法从心想生。

庞沁文：一切法从心想生？

毛闽峰：做事情所抱持的心态，那个法心是非常重要的。你看乔布斯也会去做禅修。我就会想到，生活中的很多事对人的冲击是很大的，人很难保持冷静，更不要说是禅定了，那是非常高级的状态。让自己的心保持稳定、平静是非常困难的，我觉得自己的心每时每刻都在动荡和飘摇。个人而言，如何能让自己的心安住，面对人生的种种际遇，这是我最希望知道的。

庞沁文：您作为出版人，做出了这么多畅销书，还曾被评为年度新锐出版人。您的感受是什么？

毛闽峰：过去总是在不断努力，一直在努力地改变自己的生活状态，为之奋斗了很多年。后来获得了一些成绩和认可，但过去的焦虑和那种生活习惯，实际上没有任何改变。对个人来说，过去所焦虑的，现在依然感到非常焦虑。唯一可以让人忘记焦虑的就是沉浸在一种做事情的状态中。让自己能够处在这样一种状态里，可能就是我所追求的吧。做好自己能做的，希望能够让更多人满意。

庞沁文：非常感谢您精彩的口述，给我们提供了好多畅销书运作案例，使我们也打开了眼界。整体来说，您在畅销书运营方面是做出了好多成绩的，可以说是比较有成就的出版编辑之一吧。

通过今天的讲述，我感到您各个方面的修养还真是很深厚的。畅销书的产生虽然是很偶然的一个事情，但是为什么这些偶然的事情会发生在一个不偶然的人身上，这也是有它的必然性的。

您以一种很平静的心态来面对生活，面对工作，面对未来。这种心态真的是需要我们好好学习的。未来一切都在变化和不确定当中，我们真的很难预测，我们真的也不知道未来会发生什么。但是我们可能都需要一个坚定的应对生活中任何困难的一种平常心，靠着这种平常心，不断地在生存，在努力，在进取。

我们不一定非要有一个明确的目标，一定要去打造一个什么样的畅销书，但我们一定要有一个初心，就是一定要把我们现在该做的工作做好，畅销书也许就会自然地来到我们的面前。

后　记

　　改革开放 40 多年来，中国书业在不断探索中取得了长足的进步，书业市场呈现百花齐放的景象。伴随各出版社之间的激烈竞争，畅销书在文化消费中的导向作用越发突出，书业市场对畅销书愈加重视，一本畅销书不仅可以带来可观的利润，而且可以提升出版社的品牌效应，带动其他图书销售，更重要的是畅销书常常能成为重要的 IP，通过版权运营向电影、电视剧、网络剧、衍生产品等领域延伸，产生更为广阔的文化影响和市场影响。"畅销书"已成为中国书业在市场化道路上日趋成熟的重要标志。对单本畅销书的研究并不鲜见，但从史的视角研究畅销书就不多见，用口述史方法研究畅销书史则可以说是一项空白。

　　为此，我于 2018 年初申报了改革开放以来畅销书出版口述史课题，当时的设想很宏伟，我提出了三个目标，最高目标是制作类似《改革开放 30 年》《激荡三十年》那样的《改革开放 40 年畅销书出版口述史》电视专题片，第二个目标是出版带有二维码口述音频、视频的《改革开放 40 年畅销书出版口述史》图书，第三个目标，也就是最低目标，是采集一定规模的畅销书口述史料。我通过广泛查阅资料，对改革开放 40 年畅销书出版史有了一个基本的了解，并撰写了《改革开放 40 年图书出版热点回望》一文在 2018 年 12 期《出版参考》刊登，在此基础上初步拟定了畅销书口述史提纲与采访对象。随后我们召开了改革开放以来畅销书出版口述史提纲讨论会、改革开放以来畅销书口述史研讨会、改革开放以来畅销书口述史座谈会等多次会议，邀请三联书店总经理路英勇、著名文学评论家白烨、中国人民大学教授周尉华、北京印刷学院张文红教授、中国书籍出版社总编辑刘向鸿等众多专家、学者出席会议，对课题研究进行指导。通过深入研究，提升了课题的理论深度，加深了对畅销书出版口述史的理解，明确了采访对象与采访内容，提升了采访技巧。我们通过多方联系，采访了安波舜、六神磊磊、唐浩明等畅销书运营者、作者、评论家等，请他们分别口述他们策划运营畅销书或者与畅销书有关的故事。

每一次采访我们都会制定最适合口述人的访谈提纲，并尊重口述人的意愿，围绕访谈提纲，引导口述人还原畅销书出版的很多细节。每一次访谈，首先是针对书本身谈起，谈书的畅销原因，对书的深刻印象，策划、编辑、营销这本图书的一些亲身的感受和体会等。其次是从人谈起，请口述者谈与畅销书有关的人，与哪些人交往过，哪些人对畅销书的产生做出了贡献，或者是产生了影响，或者在和口述者的交往过程中给他留下了哪些比较深的记忆。最后是围绕事谈起。就是说在做畅销书的过程当中，发生过一些什么样的事情，或者哪些事情在口述者的心目当中的印象比较深一些。

尽管我们做了很多的准备，但课题的进展并不令人十分满意。理想很丰满，现实很骨感。由于该课题规模宏大，涉及的口述人较多，每个采访对象工作又比较繁忙，有的口述对象甚至根本联系不上，加之其他课题干扰，2019年11月结项时，只是初步完成了采集保存史料的最低目标。

尽管课题开展比较艰难，但依然实现了以下四个方面的创新。一是课题采用口述实录的口述史研究方法研究改革开放以来畅销书出版史，这在畅销书出版史上可以说是首次，实现了研究范式的变革。通过对畅销书出版亲历者的访谈、录音录像，丰富了研究主体，拓宽了研究方法，创新了技术手段，实现了研究主体、研究方法和技术手段的变革，形成了一种新的畅销书史研究的范式。二是课题的口述人不限于出版人，扩展到了作者与有代表性的读者。我们认为出版并不仅限于编印发，出版是作者创作、编辑选择加工发行、读者接受对社会产生影响，进而影响作者创作的一个循环系统，基于这样的认识，我们认为畅销书出版口述史的采访对象不应局限于出版人，还应该包括作者和读者、评论家。这实现了对畅销书多角度的关照，能够全方位地来反映整个畅销书发展的历史，拓宽了研究视野。比如我们邀请了畅销书《曾国藩》的作者唐浩民来口述《曾国藩》的创作出版历程，邀请网络红人六神磊磊口述他眼中的《金庸作品集》等。三是课题不限于对畅销书的策划、编辑、营销过程的口述，而是把读者接受、作者的创作、畅销书对社会的影响、畅销原因、读者价值、内容精华与相关人物交往等都纳入了研究的视野，意在通过搜集围绕畅销书各方面当事人的口述史，多角度多层面勾勒出畅销书的发展轨迹和脉络，全方位展现畅销书的发展对社会文化变迁产生的影响，力图展现各个历史时期人类发展的心灵史。课题不局限于对过去畅销书策划营销的追忆，而是立足于对畅销书进行再思考，对畅销书的主题、观点、策划营销等进行再评价，力争从新的高度对畅销书进行新认识。这更有利于判断图书能否畅销，有利于畅销书选题的策划。四是课题通过对口述人的采访获取了许多有关畅销书出版运营的创新性观点与对这些畅销书内容价值的创新性认识。本课题从畅销书的视角认识新中国历史嬗变的过程与特征，丰富了新中国思想文化史研究，为未来中国思想文化发展提供了有益借鉴和帮助。比如安波舜在口述中提到他策划《狼图腾》时完全没有做市场调查，也没有征求读者意见，他只是根据他的人生阅历与主观感受判断出这本书形象地反映了人类追求自由的天性，这本书深深感动了他，他就得出了这本书会受到读者欢迎的结论。比如汪家明在口述中说，《老照片》的价值在于他还原了历史，并引导读者牢记历史，汲取历史经验，坚定地迎接未来。比如周百义在口述中说，《雍正皇帝》《张居正》的最大价值在于它启发今天的改革家要注意把握时机、注意应用谋略，不能只凭感情用事，否则的话很难取得改革的成功，等等。

2020年12月，为了配合第三届中国全民阅读年会的召开，《新阅读》杂志约我整理发表了《唐浩明口述：用最美好的年华做最有价值的事》《周百义口述：二月河的〈雍正王朝〉与改革谋略》《张荷口述：杨绛的〈我们仨〉充满了互爱、互助、共行的家庭文化》《汪家明口述：〈老照片〉与复原历史的反思文化》《安波舜口述：姜戎的〈狼图腾〉与竞争、拼搏的狼文化》5篇文章，还撰写了《改革开放以来畅销书出版扫描》的卷首语，然而在刊物发表的文章加起来也不足4万字，大量的口述史料依然无法面世，为此我在"改革开放以来畅销书口述出版史"课题采集史料的基础上，提出了资助《改革开放以来畅销书出版口述史》图书出版的申请。

我申请出版《改革开放以来畅销书出版口述史》图书的目的在于存史资鉴，积累文化。具体地说是为了保存改革开放以来畅销书出版的史料，留下那些影响一个时代的畅销书的背后的故事，整理畅销书折射出的观念变革、历史变迁、在读者心灵中的印记、畅销书中的故事及畅销书背后编辑、策划、营销的故事，为学者们解析时代变迁背后的深层次原因和社会机制提供资料，为当前和未来我国畅销书出版事业的发展提供借鉴，从畅销书的角度为我国的文化强国建设做出自己的贡献。

同时我也深感原来采集的畅销书口述史料存在内容重复、答非所问、主题不突出、结构不合理、语义不连贯、亮点被掩盖等不足之处，为此，我对采集到的口述史料进行了全面的修改加工，以期能达到图书出版的水平。

受篇幅所限,《改革开放以来畅销书出版口述史》只精选了聂震宁、安波舜、唐浩明等 11 位口述者的口述畅销书史料,其他人的口述史料有待以后进一步整理。尽管有一些客观的局限不能通过修改来完善,但书中的一些精华还是得到了很好地体现。在修改加工的过程中,我力图从原有材料提炼出新的主题,尽可能将内容按一定的结构排列,分成几个有内在联系的段落,每一段落的标题尽可能地富有新意、耐人寻味、给人启迪。同时将畅销书给口述者留下的最深刻印象突出,把口述者口述到的一些最精彩的部分、最能打动人心的部分、最能够给时代产生影响的部分彰显出来;力图把有价值的东西浓缩起来,把最有价值的内容奉献给读者。比如每一次对口述者的访谈,都会尽可能突出口述者最喜欢的人物形象、最精彩的故事、记忆最深的细节、最能获得共鸣的一句话,等等。

《改革开放以来畅销书出版口述史》的内容具体包括:"'哈利·波特'系列图书与注重想像的魔幻文化——聂震宁畅销书出版口述史访谈""《曾国藩》与修身治国的儒家文化——唐浩明畅销书出版口述史访谈""《雍正皇帝》《张居正》与讲究谋略的改革文化——周百义畅销书出版口述史访谈""《狼图腾》与竞争需要拼搏的狼文化——安波舜畅销书出版口述史访谈""《金庸作品集》与笑傲江湖的武侠文化——六神磊磊畅销书出版口述史访谈""《老照片》与复原历史的反思文化——汪家明畅销书出版口述史访谈""《我们仨》与互爱、互助、共同前行的家庭文化——张荷畅销书出版口述史访谈""名人书与成功者的明星效应——金丽红畅销书出版口述史访谈""财经书与由执行到创新的财经文化——卢俊畅销书出版口述史访谈""财经书与汲取国外前沿文化精华——韩焱畅销书出版口述史访谈""励志书与治愈励志文化——毛闽峰畅销书出版口述史访谈",共 11 个部分。由此可见,我们所选的畅销书，都是能够代表某一种文化现象，在某一个时期产生广泛影响、受到广泛关注的图书。比如说我们选的《狼图腾》所体现的像狼一样地拼搏的狼性文化，就受到了华为、百度等企业的推崇，受到了许多部队官兵的喜爱，可以说是那个时代的时代精神。我们所选的《曾国藩》体现了传统知识分子注重修身养性、忠诚报国的儒家文化，曾国藩这一立德、立言、立功三不朽具全的传统文化代表人物形象成为了许多人学习的楷模。《我们仨》反映了每一个家庭里，成员在承担好自己应该承担的角色同时，也更好地做自己的家庭文化，钱锺书、杨绛、钱瑗这三口之家，成为"父亲怎么做好父亲、母亲怎么做好母亲、女儿怎么做好女儿，同时各自更好地做自己"的典范。

改革开放至今已有40多年的历史，总结中国书业40多年来畅销书的发展脉络，找寻畅销书背后的时代故事，探索历代畅销书背后的畅销机制，有助于大家重新认识新中国思想史嬗变的过程，有助于中国出版业更好地开创未来。具体地说，《改革开放以来畅销书出版口述史》出版的理论意义和现实意义体现在以下几个方面。

一是有助于丰富新中国思想文化史研究。畅销书的产生与当代社会文化、时代变迁有着紧密的联系，整理畅销书折射出的观念变革、历史变迁、在读者心灵中的印记、畅销书中的故事及畅销书背后编辑、策划、营销的故事，可为学者们解析时代变迁背后的深层次原因和社会机制提供资料。

二是有助于拓宽畅销书出版史研究方法，打破畅销书出版史叙述一元性和垄断性。从中国出版史研究的范式来看，研究多采取"宏大叙事"模式，但由于"宏大叙事"居于强势地位，所以往往构成对"私人叙事"的侵犯、涂抹、覆盖甚至清除。本书以畅销书为主题，在书中汇集了作者、编辑、出版者、评论家、读者等多人的口述史，打破以往的一元性叙述，以多角度多层面勾勒出畅销书发展的轨迹和脉络。

三是有助于从畅销书入手推动中国出版业未来的做大做强。因时代不同，市场机制不同，畅销书呈现不同的现象。梳理改革开放 40 年来畅销书面貌，深度剖析历代畅销书背后的畅销机制，找寻其发展路线，为中国畅销书出版下一步的发展提供思路。

总之，《改革开放以来畅销书出版口述史》的应用价值体现在它可以为出版管理者制定畅销书出版政策、引导畅销书发展提供有益借鉴，为出版从业者从事畅销书出版实践活动提供鲜活的参考经验，为畅销书研究者和大专院校的老师和学生的研究与学习提供全新的畅销书案例与史料。更为重要的是该书还可以为广大青年读者提供畅销书的内容精华，使其获得有益的人生借鉴。

本书的出版得到了中国新闻出版研究院院长魏玉山等领导的大力支持，中国书籍出版社总编辑刘向鸿为本书的编辑出版提出了具体的建议，中国书籍出版社副总编辑游翔参与了具体的采访与编辑工作，中国出版网的邓杨、尚烨，中国书籍出版社的李靖等参与了口述史采访的摄像、录音工作，曾卓、徐静华、宋玉婷、汪之岸、黄丽、崔璐等研究生参与了口述史采访的摄像录音及初期的文字整理工作，本书责编庞元等也付出了辛勤劳动，在此一并向他们致以谢意。

庞沁文

2023 年 10 月 8 日